蒙默 整理

# 蒙文通

# 中国古代民族史讲义

# 蒙文通（1894—1968）

中国现代历史学家，国学大师。历任成都大学、成都国学院、中央大学、河南大学、北京大学、四川大学教授。学识渊博，经史贯通。致力于经学、史学、理学、佛学、民族史的研究，在中国古代史及古代学术文化研究领域造诣很深，成就甚高。

有《蒙文通文集》六卷传世。

图书在版编目（CIP）数据

蒙文通中国古代民族史讲义 / 蒙文通著. —天津：天津古籍出版社，2008. 12
（名师讲义）
ISBN 978-7-80696-569-6

Ⅰ. 蒙… Ⅱ. 蒙… Ⅲ. 古代民族—民族历史—中国
Ⅳ. K289

中国版本图书馆CIP数据核字（2008）第153521号

蒙文通中国古代民族史讲义
蒙文通/著
出版人/刘文君
*
天津古籍出版社出版
（天津市西康路35号 邮编300051）
http://www.tjabc.net
E-mail:tjgj@tjabc.net
唐山市天意印刷有限公司印刷
全国新华书店发行
开本880×1230毫米 1/32 印张9.125 字数190000
2008年12月第1版 2008年12月第1次印刷
印数1—4000
ISBN 978-7-80696-569-6
定价：24.00元

蒙文通

# 序

天津古籍出版社拟出版一套《名师讲义》丛书。从书名看，意思很清楚。他们来征求我的意见，我很赞成。

这些位名师，都是20世纪执教于中国各著名大学的知名学者，他们的学术地位早有定评。如闻一多、朱自清等位先生，都是一代人师；再如游国恩、雷海宗、周祖谟等位先生，也都是各自学术领域中的权威。他们虽都已去世多年，但薪尽火传，其衣被学人，早非一代。他们虽有许多传世之作，但也有大量当年以讲义形式行世的作品，不甚被人注意保存，极有流失之虞。据我看，其中蕴藏的精金美玉决不会少。

今天常常听到“抢救文化遗产”之类的呼声。天津古籍出版社要出版的这一套书，不正是此种功德之举的具体体现么？我认为，这些讲义是弥足珍贵的寿世之作，把它们成批整理出版，嘉惠学林，是做了一件大好事。

我听说此事正在进行，十分高兴。但因病中医嘱不宜长时间执笔，只写此短序，聊当前军旗鼓云耳。

季羡林

# 目 录

第四 南方民族之移动



第五 赤狄东侵



第六 白狄东侵



第七 东北貉族之移动

## 巴蜀史的问题

# 前 言

本集收录了先君子文通公的讲义二种：一、《周秦民族史》，二、《巴蜀史的问题》。《周秦民族史》是一部老讲义，讲用在十年以上，曾经多次修改。本次重印是以川大讲义作为底本，而保留了河北女子师范学院讲义的第一章，增加了为龙门书局出版《周秦少数民族研究》时所写的《序》和另三篇附录。《巴蜀史的问题》是1959年所写的一篇论文，后经多次修改补充。1961年在川大历史系讲授“巴蜀史”专题课时，曾作为讲义印发。后将两种修改本整合为一，收入先君《巴蜀古史论述》(巴蜀书社1981年出版)，今据此重印。兹为便于读者，窃不自嫌浅陋撮取其鄙意以为纲要大旨者，略缀赘语，置于简端，至于能否有裨高明，则非所敢知也。

## (一)《周秦民族史》

大家知道，我国是一个统一的多民族国家，而且自古以来就是一个统一的多民族国家。这个统一的多民族国家是有其长期、复杂的形成、发展和巩固的历史过程的。传说“禹会诸侯于涂山，执玉帛者万国”。商汤时有三千余国。及至周初，有一千八百国。到春秋时，尚有千二百国(《春秋大事表》考出一百四十余国)。至战国时，存者只有十多国，最后并为七国。到秦始皇二十六年(元前 221 年)兼并东方六国，建立起统一的多民族国家，已经历近二千年的历史了。秦朝的统一虽然还不是我国现有版图的大统一，而只是一个大部分地区的统一，但它奠定了我国进入一个崭新的长期统一的(其间也有间断的短暂分裂)、不断发展的、日益巩固的多民族国家的基础，到现在已是二千二百多年了。我们这个长期统一的多民族国家，是我国各族人民共同缔造的，在世界上是独一无二的、无可伦比的，是值得我们骄傲的、引以为荣的。

我们这个举世无双的长期保持正常统一状态的统一的多民族国家的形成，是有它与其他国家不同的独特条件的。第一，我国社会经济的发展，早在二千多年前的战国时期，已经出现由于商品生产和商品交换的发展而形成的比较稳定的大小市场，加强和密切了国内各地区和各民族之间的经济联系和经济互补，从而奠定了建立统一国家的“经济基础”。当然，这个“经济基础”还是比较薄弱的，远不是近代资本主义上升时期的那种全国性统一市场，但我国国内大小市场在战国时已开始形成则是无可置疑的。第二，从夏代开始，我国已经形成了一个日益发展壮大的、日益成熟的华夏族(或称诸华、诸夏，汉族的前身)。华夏族是一个具有开放性、开拓性的民族，开放就能包容而不排他，开拓就能进取而日益进步。因而它是一个有先进文化、先进经济、有吸引力和凝聚力的民族。所以说它是“长时期内许多民族混血而形成的”，说它有如滚雪球一样越滚越大。这样，它就自然成为中华民族的主体，成为凝聚全国各族人民的核心。具备了这两个条件，统一的多民族国家的出现就只是时间问题了。而我国历史的这两个条件的成熟，正是在本讲义所论述的时段中。第一个条件是多年来学者们讨论已多的问题，此不赘述。第二个条件虽不是本讲义作者明确提出的论题，但作者在讲义的论述都可认为是和这个论题紧密联系的。

一、先君曾说：民族史应以民族活动为中心，民族常常是移动迁徙的，不能局限在某一个地区。他对周秦民族的考察正是从这个视角出发，这就成为本讲义的重心，而本讲义在河北女子师范学院讲授时就是名为《周秦民族移住史》。首先，他指出西周末百五十年之间，北方大旱饥馑，而淮汉流域则雨泽丰沛，于是周王室就开拓南方而移民淮汉，在早已开拓的伊洛河济地区反因人民流离而荒芜不堪，这就给非华夏民族腾出了移住活动的空间。原住陕北、甘肃东部一带的猃狁之戎、姜氏之戎和犬戎在多次打败西周王室之后，在元前 771 年杀死周幽王于骊山，其子平王被迫东迁洛阳，关中周地遂先后为戎人各部所据。作为戎裔的秦国，在东周初逐渐强盛之后，自甘肃天水地区向东发展，不断从戎人手中夺得原来的周地和周遗民，关中戎人被迫东出殽函进入河南西部，为扬、拒、泉、皋、伊洛之戎，分布至广，且在元前 649 年联军同伐京师，入王城，秦晋两国出兵讨戎援周。此后戎人与周王室周旋了一个时期，因受到新兴于河南新郑的郑国的阻挡，没能东渡黄河，遂折而南走，越过外方山进入颍、汝上游地区，且至谢西。汝南为戎蛮子，汝北为陆浑之戎，夹处晋楚之间，后为两国所灭，余部为阴戎、九州之戎。戎人另部也有在春秋前期自豫鄂西入楚南者。作为戎裔的申、吕、许、缯诸姜姓小国，本在周都西北，宗周灭后都先后南徙汝汉江淮。西北戎人远徙华夏地区的遗迹在考古学和民族学上都还可以得到印证。

狄人古称鬼方，居陕甘北部，其中赤狄春秋初已至晋西、晋北，晋文公为公子时曾避难于狄，时狄尚在晋西；居狄十二年而转至卫、齐、曹、宋、郑、楚，则狄已自晋西，北沿太行南下而至晋东，显因受到秦晋夹攻之故。在元前651年以前，狄人逐灭黎侯（山西黎县），接着又灭邢（河北邢台）、灭卫（河南淇县），其势甚猛，但以受到齐国在东面的拦截，不得渡黄河，西面又受晋国的阻击，于是西南而侵成周王畿，首先攻占温邑（河南温县南），后来又挑起周襄王的兄弟不和，元前636年与叔带合兵攻周，襄王被赶到郑国。得到晋文公出兵勤王打败狄人，才得返回王城。晋人攻温，捕杀了叔带。晋国因此取得被狄人所占领的卫国和周王的东阳和南阳之地（朝歌以北至中山为东阳，朝歌以南至轵为南阳）。狄既不得志于周、郑，齐霸已衰，遂向东侵扰齐、鲁、宋、卫，且决河于宿胥，东走更远达渤海地区，迄至晋灭赤狄潞氏、甲氏、留吁、铎辰、廧咎如而后止，前后逾六十年，于是狄地尽入于晋，晋地自山西而河北、河南，以至山东腹地，此见晋国东向扩地之广，亦以见狄入华夏据地之广。《左传》载元前628年“狄有乱”，次年而史见白狄之名，当是白狄自此而后与赤狄分离。白狄之初也居晋西，夹处秦晋之间，或时从晋，或时从秦。及赤狄既亡，乃沿赤狄之故道东来，居赤狄太行旧壤，也可能是晋国魏绛和戎所招来。其部落以肥、鼓、鲜虞最著，而鲜虞最大。鼓在今河北晋县，肥在藁城，鲜虞则清代河北的“新乐、行唐、灵寿、平山、井陉、获鹿、无极、曲阳及定、易、唐、完诸县，并在其提封之内”。元前 507 年，鲜虞曾败晋师于平中，且俘虏晋将观虎。元前 496 年，晋大夫中行氏作乱，率狄师袭晋，虽然未克，但可见鲜虞之强。春秋晚期改称中山。战国时处赵、燕、齐三大国之间，都顾（河北定县），地方五百里。魏国曾一度灭掉中山，但不久又复国，徙都灵寿。元前 318 年，中山与燕、韩、赵、魏同时称王，史称“五国相王”。元前 295 年为赵所灭。

楚为南方大国，都丹阳，初在汉水中游，后迁枝江，又再迁于郢（湖北江陵）。楚国领土辽阔、族类众多。濮人周初也在汉水中游，“巴、濮、楚、邓、吾（周）南土也”。及至春秋已处江汉间，在楚的压力下又由楚西部南下入江，东至岳州，南入湘沅。卢戎本在梁州，经金州（陕西安康）、竹山（鄂西北）入居南漳，曾与罗子（居宜城）大败楚师，后随罗南迁枝江，又更南入湘而居平江。楚武王克州、蓼、随、唐，而“大启群蛮”。“庸人（居竹山）率群蛮以叛楚”，是春秋前期蛮人皆居楚之西北；至战国时“吴起相悼王，南并蛮、越，遂有洞庭、苍梧”。则是蛮人已南徙湘中了。虽然记载简略而楚境非华夏民族的移徙已可见其大概了。而楚的郢都因战国晚期被秦攻占，也不得已而东迁于陈（河南淮阳），又徙寿春（安徽寿县），可以说也是远徙了。

华夏北方的追貉（通貊），宣王时尚居王畿之北，后为狄人东徙所逼，乃经晋北东徙燕北。春秋初，齐桓公伐山戎，就是因山戎侵扰燕国，这个山戎就是追貉。桓公伐山戎并及令支、孤竹，令枝也就是离枝、骊戎、骊土之狄，都在晋之东北及燕北，也当同是貉族，住地相近，所以与山戎一起活动而受到讨伐。春秋中期，无终嘉父使使如晋请和诸戎，无终居今河北蓟县玉田一带。就是燕北的山戎。元前 541 年，晋中行穆子败无终及群狄于太原,无终显然是此次战役的群狄之首。由于群狄与无终合,故狄入鲁宋间而山戎见于泰山侧,《鲁颂》有“淮夷蛮貊”之语,此貊正是这个山戎。晋北之无终至战国而为赵武灵王时之无穷,稍后又有走赵南居秦赵之边者,故赵又南伐山戎。陈寿、范晔述秦汉东夷之国,居挹娄(肃慎)、朝鲜之间有夫馀、高句骊、沃沮(后又分南北)、涉四国,涉就是追,又名涉貉;这四国当是骊戎、狄相及追之东徙者,都应是貉族。涉貉之南为三韩,三韩地为古之辰国,可能是殷末箕子所建。韩原在王畿之北,后徙涿郡方城,又后徙海中,据有辰地,故又称辰韩。北方民族之徙,当是韩先走,涉次之,相又次之,骊次之,山戎无终又次之。无终后还居代北,战国时又有东胡、林胡、楼烦来居之,也当都是貉人。东胡在燕北,而西接赵境,林胡、楼烦先在燕赵北,后及赵西。东胡为匈奴所破(余众为乌丸、鲜卑),林胡为赵将李牧所降,楼烦亦为匈奴所并,余众有居河套之南者至汉犹存,卫青后乃亡。

秦西诸戎,在秦国东向发展之际,又从后面侵夺秦的领土,及秦穆公“用由余之谋,讨伐戎王,益国十二,开地千里,遂霸西戎”。乃有陇西、北地之地。及至战国,义渠、大荔之戎兴起,各筑城数十,皆自称王,而秦的陇西、北地又失,及秦孝公用商鞅而秦又强,至昭王灭义渠(元前 272 年),于是乃重建陇西、北地、上郡三郡。

东夷之国,奄与淮夷、徐戎最大,武王、周公、成王三世伐奄而后奄亡,淮夷、徐戎亦经伯禽、周公、成王三世征讨而后南迁。穆王时徐又复盛,“率九夷伐宗周,西至河上”,穆王虽讨之而徐犹存。厉王时徐又入寇,宣王讨而平之。春秋时淮夷又兴,北扰杞、鄫等国,鲁又出兵讨伐,徐与淮夷乃附从诸夏。及楚日益强大，吴又突兴，徐为吴灭而淮夷附从于楚。东夷民族，当其强大时则举族北上，及其衰弱则又复归南方。

不难看出，周秦时期六七百年间非华夏民族的移徙是频繁的，情况是多样的，其与华夏诸国的关系是复杂的，矛盾和争战也是存在的，有时甚至是激烈的，特别是来自西北的戎狄之族，大量深入到中原以至汝、汉、江、淮各地，延续的时期也很长久，到最后都被华夏国家所兼并（当然也有少量被非华夏国家所兼并的，如潞子、鲜虞）。这就导致了各民族的混居杂处，成为同一国家的编户齐民，就必然增强民族之间的交往、影响和互助，而为民族融合创造了条件。

由于史料的缺略且极零散，上述民族迁徙的概况主要是根据诸族出现的地理位置及其历史顺序而梳理出来的，但地理有古今之异，而纪年又各国不同，且有的记载又模糊不清，因此很多地方都需要进行考证。先君对此着实下了一番功夫。顾颉刚先生的《当代中国史学》书中在评述先君“对古代沿革地理的贡献亦很大”时，特别提到的几篇论文，都已编入本讲义。故在读本讲义时，望能对这些问题给予重视，以求准确掌握。先君本来是准备编绘一份“年表”和若干“地图”以帮助读者的，但因年老力衰事杂而未能着手，幸好现在有了谭其骧先生主编的《中国历史地图集》可以解决不少问题，但先君在一些问题上的见解并不完全与谭图相合，这就只好请读者卓裁了。

二、揭示了一些非华夏民族国家的强大及其与华夏国家的关系。犬戎与申侯、缯侯共杀周幽王于骊山而西周灭亡，这是众所周知的事，但是戎人之强早在周初就已显露出来，文王受命之四年（约为元前1052年），“昆夷侵周，一日三至周之东门，文王闭门修德而不与战”。此昆夷即犬戎。穆王西征犬戎，俘其五王，而迁戎于太原。夷王又征太原之戎，虽获马千匹，但戎人仍然强盛。宣王立，使秦仲伐西戎，反为戎人所杀(元前 824 年)。后又遣兵伐太原戎，竟不能克(元前 797 年)。五年后王伐条戎、奔戎，王师败绩。又二年，王师又败绩于姜氏之戎。且这两战是由王师和晋国合力进行的。宣王前期能平淮夷、征徐戎、伐荆蛮，号为中兴之主，然至晚年竟对戎人无可奈何！接着，元前 779 年，幽王命伯士伐六济之戎，军败，伯士战死。同年，戎人围犬丘，俘虏了秦襄公之兄世父。则幽王之被杀、平王之东迁，已是势所必然的了。春秋之世，戎人既入中原，元前 649 年夏，扬、拒、泉、皋、伊雒之戎同伐京师，入王城，焚东门，秦晋联军伐戎救周，戎始离去。秋，晋侯推动戎人与周议和，可能并未成功；第二年，齐桓使管仲促成戎与周议和，又使促成戎与晋议和，可能都未成功；所以在次年，戎人又寇京师，于是才有齐桓公征发诸侯之师前来戍周。显然，这时的戎人还是相当强大的。数年后，陆浑之戎又来居伊川，虽说是“秦晋迁之”，实则是秦“贪于土地，逐我诸戎”。而晋则利戎人之来，西可捍秦，南可捍楚，于是招来使居伊雒之间。秦晋殽之战(元前 627 年)，就是“晋御其上，戎亢其下，秦师不复，我诸戎实然”。且“自是以来，晋之百役，与我诸戎相继于时，以从执政，犹殽之志也”。晋国拉拢戎人是得到了相当大的好处的。不仅可以捍御秦楚，且又利用戎人侵鲁、侵宋，甚至侵王畿，故招致了王室大臣詹桓伯对晋国发出了“逼我诸姬，入我郊甸，……戎有中国，谁之咎也”的怨言。陆浑处于两大之间，附楚则晋怨，附晋则楚怨，很难两面讨好，元前 525 年，晋国因陆浑“甚睦于楚”，于是借祭祀雒水为名，乘陆浑不备，出兵将陆浑灭掉，周也乘机捞了一把，“周大获”，可能是俘获了许多戎人。陆浑首领投奔楚国。陆浑是戎人中最强大的一部。此后就剩下力量不大的九州之戎、阴戎了。戎人另部戎蛮子（又作鄤子、贸戎、茅戎）也夹在晋楚之间，居河南临汝，与楚更近，元前 491 年，在晋楚联手下也被灭了，遗民尽为楚国所俘以归。大概在晋楚灭蛮氏的同时，秦西戎部义渠、大荔强盛起来，各筑城数十，皆自称王，秦穆公所开拓陇西、北地一带皆为戎所侵占。元前 430 年，义渠伐秦，侵至渭南，是已深入秦地。元前 335 年，义渠败秦师于洛。元前 318 年，义渠起兵袭秦，大败秦师于李帛之下。表明义渠还是较强大的。后此三年，秦“伐义渠，取徒、泾二十五城”，可说是很大一片土地了，但义渠仍然存在。直到元前 305 年，秦用阴谋“诱杀义渠王于甘泉宫，因起兵灭之”。然后又才重建了陇西、北地、上郡，除掉了东并六国的后顾之忧。

狄人在春秋早期自秦晋北部东南折沿太行南下，元前 662 年伐邢，齐人救之；两年后又伐卫，齐又率诸侯救之，虽当时正值齐桓公霸业极盛之时，但却不能挽救邢卫灭亡的命运，而只能把邢卫丧败的余众迁往黄河以南以避之，狄势之盛不难概见。与此同时，处于晋东之狄皋落氏也想乘灭邢卫之威以侵晋，晋以太子申生为将，申生抱必死之心以与狄战，败之于稷桑。此显当为一大战，惜文献缺载，其详不可知。狄人势力既东阻于齐，西阻于晋，于是斜向西南近逼王畿。元前 650 年，狄人攻占王臣苏忿生的采邑温。数年之间，狄又侵卫、侵郑、侵晋，攻占了晋的狐、厨、受铎等地。元前 636 年，又乘周王兄弟不和，助太叔攻襄王，王出奔郑，太叔居温。次年，晋文公出师勤王，右师围温，取太叔杀之，左师迎王，入于王城，显然是给了狄人以重大的打击，但文献却又缺乏这次战役的记载。这之后，狄人长期是晋的大敌。元前627年。狄伐晋，大战于箕，主帅先轸战死。四十二年之后，晋中军元帅栾武子还拿这次战役与晋惠公被俘的秦晋韩之战、三军溃不成军荀蓥被俘的晋楚邲之战，并列为晋的三大国耻之一，可见箕之战是晋国的一次大败仗。所以晋大臣士燮也把狄人和齐、秦、楚并列为晋的四大强敌。但由于文献缺略没有记录下来，《春秋》反说是"晋人败狄于箕"。《左传》还说是先轸"免胄入狄师"。先君认为这些都是晋史的讳辞和饰辞，是不足信据的。赤狄各部中以潞氏为大，是众狄部的盟主，潞子婴儿还娶了晋景公姐姐为夫人，而其相丰舒主政时竟将伯姬杀掉，可见出潞氏部的强盛，它并不惧怕晋这个大国。后来晋国施行离间计策，表示愿与"众狄"结好，晋君并亲去狄地与"众狄"会晤，"众狄疾赤狄（潞氏）之役，遂服于晋"。这就瓦解了狄人联盟，潞氏陷于孤立，于是在元前594年被晋国灭掉。晋灭潞氏后，强占了狄人的土地，并把狄民当作臣仆之类来赏赐给大臣。潞氏灭后，白狄又来处太行赤狄故土，而鲜虞部最强，大致有方五百里的领土，俨然是个不小的国家，可能不止千乘的兵力，故能在元前507年败晋师于平中，并俘虏了晋将观虎。晋虽进行两次报复性反击，但似乎没取得什么效果，鲜虞反而多次干涉晋国内政。鲜虞在春秋末期改称中山。元前493年，齐、晋干预卫国君位之争，齐、卫求援于中山以抗晋，也可看出中山在当时还是一个不可忽视的国家。入战国，中山虽曾一度为魏所灭，但不久又复国，且战败魏国，继又战败赵国和燕国，并在元前318年与韩、赵、魏、燕"五国相王"。但终因比较弱小，元前

295年为赵武灵王所灭。但赵灭中山亦非易易，而是在燕、齐两国帮助下花了五年功夫才拿下的。鲜虞中山以一千乘非华夏族国家夹处赵、燕、齐三万乘之间，建国达二百余年，也是不可以等闲视之的。

春秋前夕活跃于山西中部的北戎，虽事迹不多，但亦非蕞尔之邦，曾与晋国和邢国交战。入春秋初，曾南侵郑，郑人大败戎师。不久(元前706年)又南侵齐，齐请郑救援，又才大败戎师。以齐之强犹求援于郑而后克，既克而后犹需诸侯之大夫戍齐，是北戎之强也不可小视。若非郑庄小霸，则北戎或早已驰骋于华夏之域了。北戎后居代，称代戎。代、大同义，是晋文公之母大戎可能即此战国初之代戎。代在今河北蔚县。代国包有河北北部之宣化、易县及山西大同、繁峙等地，土地亦广。《寰宇记》说:“代本北狄，姜姓国，周末强大称王。”当是有根据的。战国初，代为赵襄子所灭，有国亦达二百多年。

这里要特别指出，元前642年，齐桓公死，宋襄公因图霸而伐齐，此后的《春秋经》记载了:“正月，宋公、曹伯、卫人、邾人伐齐。”“五月，狄救齐。”“冬，邢人、狄人伐卫。”次年秋，“卫人伐邢。”又次年秋，“齐人、狄人盟于邢。”解说《春秋》的书以“三传”为最古:《左传》只简单说了句:“齐、狄盟于邢，为邢谋卫难也，于是卫方病邢。”《穀梁传》则说:“伐齐，非伐丧也。”“狄救齐，善救齐也。”“狄人、邢人伐卫。狄其称人何也，善累而进之。伐卫所以救齐也，功近而德远矣。”显然这是对狄人活动的肯定。《公羊传》没说什么。只那位被称为“世儒无及”的公羊学大师何休在《公羊解诂》中说:“狄称人者，善能救齐，……犹有忧中国之心，故进之。”“狄称人者，能常与中国也。”这说明汉代的公羊家对狄人这些活动也是肯定的。先君在讲义中也说:“方狄之西侵周,奄有河内,齐霸已衰,宋襄不竞,宋伐齐丧而狄救齐,卫方病邢而狄为邢谋卫,威势既振,大义亦伸。”这样地肯定戎狄,在本讲义中是绝无仅有的,显然是接受了汉代今文家的意见。类此求之,则戎子驹支与范宣子的一段对话也是颇为值得讨论的。驹支不仅解释了宣子的责难,而且还提出了一个夷华民族间“不侵不叛”的和平相处原则。这个原则是大大有益于各民族各自发展,相互交流、帮助而共同进步的,从而产生了深远的历史影响。正是在这一原则指导下,戎、晋长期和平共处,使部分陆浑戎人(特别是其上层)摆脱了“饮食衣服不与华同,贽币不通,言语不达”的质朴状态,而学到了华夏文化,在驹支与范宣子对话结束时,驹子还遵行华夏外交场合常用的赋《诗》表意的惯例,“赋《青蝇》而退”。《青蝇》是《诗经·小雅》的一篇,其中有“恺悌君子,无信谗言”两句,大概就是驹支所要表达的意愿,范宣子遂也不得不表示道歉,还让他参加了这次国际会议。这可说是一个“用夏变夷”、夷狄“进于中国则中国之”的典型范例。至于本来就有较高文化的东夷,除了个别国家还有“用人于社”的陋习外,在郯国还保存了某些在华夏丢失已久的制度文化,引起了重视古代传统文化的孔丘前往学习,并感叹这是“天子失官,学在四夷”的例证。这显然也是值得表而出之的。

孔子所宣扬的最高道德标准的“仁”,虽已见于《国语》、《左传》等书,但最早可能是出自东夷民族的。庄子说“自虞氏招仁义以挠天下”,孟子说虞舜是东夷之人,这大概是最早讲仁义的人。不少文献都说徐偃王“行仁义”,且以仁义而亡,徐戎实东夷的一国。“夷俗仁”之言虽始见于许慎,而“东夷天性柔顺”之说则早见于朱赣，是“仁”实当为远古以来东夷传统习俗。孔子生鲁，自幼濡染其俗，长而好之，遂加以提升阐释，赋以深广的意义，使“仁”成为最高的道德而为孔学的核心，既不玄远，也不神秘，遂得广布于当时而长流于后世。这是孔子的贡献，然究其原始则本来自东夷，不可诬也。

不难看出，周秦时间非华夏族与华夏国家间的关系是很复杂的，其后果也是明显的。战争似乎不少，但仔细看来，从时间上考察，显然还是和平相处的时间要多得多。“不侵不叛”成为夷华长期相处的原则。元前569年，晋悼公命魏绛与诸戎盟誓和好，后来悼公说：“和诸戎以正诸华，八年之中，九合诸侯，如乐之和，无所不谐。”其收效是极显著的。同时，还应看到，不仅和平相处可以促进民族间经济文化的交流，即使是民族战争（这些战争也并不都是非华夏族的主动）也常常是民族间经济文化交流的一种特殊手段和方式。

三、民族融合与地区性统一多民族国家的建立。讲义中有《羌狄与晋民融合》一节，专门论述了晋国大臣韩、赵、魏三家都统属了羌戎之民的历史。赵氏本是北唐之戎，其拥有戎狄之民是很自然的。韩、魏先世虽与周同姓，但“其后或在中国或在夷狄”，显然应与骊戎、大戎同是姬姓一样，是融入戎狄的姬姓，所以他们都被奉为羌、戎的君长。这是一种民族融合的痕迹。且晋在周初之封，就分唐叔以“怀姓九宗，职官五正，命以《唐诰》而封于夏墟，启以夏政，疆以戎索”。怀性就是赤狄的隗性，戎索就是戎法，既封以戎狄之民，当然也就要施以戎狄之法。故说“晋居深山之中，戎狄之与邻，而远于王室，拜戎不暇”。入春秋后，“狄之广莫，于晋为都，晋之启土，不亦宜乎！”晋国所扩大的领土很多都是从戎狄手中夺过来的，不少属民也多是降服的戎狄之族，而这些戎狄之民又常被用来赏赐给大臣。在婚姻关系上，晋献公曾两次娶戎狄之女为夫人，晋文公与其大臣赵衰也娶狄女为妻，晋景公的姐姐也出嫁给赤狄潞子婴儿为夫人，赵襄子也以其姊为代戎王夫人，更是血统上的交流。这是显见于文献者，其漏失未载者可能还要多得多。戎狄之民在这样的君臣统领下，与华夏人民生活在一个共同家园里，当然也就逐步接近、互相学习、互相吸收、彼此婚姻，民族融合便是不可阻挡的历史潮流了。所以到了战国时期，晋国虽然分为韩、赵、魏三国，但在这些国家内已很少见到戎狄之民的踪影了。从可见知的文献记载和出土文物上考察，三国都是典型的以华夏族为主体的地区性统一多民族国家。

从非华夏族所建国家看，白狄所建的鲜虞中山，其国君原称君后称王，有后，又有相、大夫、士，其国家结构显与华夏全同。其与华夏国家的交往，除了战争外，他如结好、会盟、朝见、遣使，以及相互支援等等，也与华夏相同。文献记载：中山之君专行仁义，尊重学者，且对作为当时显学的儒家和墨家都很尊崇。先君子说："中山居山东久，故渐渍于（华夏）文化者深。"20世纪七十年代在河北平山县发掘了春秋战国时代的古城及陵墓三十座，出土文物一万九千多件，其中有史料价值很高有长达一千多汉字铭文的铜器三件，文中引了《诗经》，并有和先秦文献相同词语，实为战国铜器中所仅见的。学者认为古城是中山都城灵寿，陵墓中有中山的王陵，当时一度兴起了研究中山的热潮，先君《周秦少数民族研究》一书也为当时的研究提供了有益的参考。有学者指出："结合古中山的一系列考古发现可以看出白狄逐步华化的轨迹。”“到战国中期末，中山和华夏各国的文化已相当一致了。”完全印证了先君的论断。

不难看出，先君在这里提出两种类型的局部统一的多民族国家的建立。三晋是以华夏族为基础的类型，白狄中山则是以非华夏族为基础的另一类型。战国时的齐、楚、燕三国可以说是三晋类型，秦国可以说是白狄中山类型，讲义中虽没有对此逐一进行论述，但这无疑是可以推而知之的。自西周晚期以来，在全国经济、文化不断提高、华夏民族因民族融合而不断发展壮大的基础上，到战国时期，在祖国大地上形成了同具华夏文化的分据各地的七个大国，虽然他们是各自分立的七个国家，但都是以华夏族为主体的七个地区性统一的多民族国家。小统一是大统一的基础，局部地区的统一是发展形成全国大统一的基础，秦代统一的多民族国家的建立正是这个历史发展的必然趋势。

在本讲义写成之前，先君曾以之写为《犬戎东侵考》、《秦为戎族考》、《赤狄白狄东侵考》等数文载于《禹贡》，正值美国学者欧文·拉铁摩尔在北平访问，读到此数文，拉氏后写《中国的边疆》一书，大量吸取了各文的论点。

这部讲义基本定稿是在1935–1937年间，其时正值日本军国主义者侵略我国方殷之际，先君“痛国是之日非，悯沦亡之惨酷，遂乃发其愤激之情于戎狄，呵斥訾警，几于满纸”，且改易旧日“民族移住”的篇名为“侵略”，严夷夏之防是《春秋》大义之一，结合当时局势，是一种拳拳爱国之心的表现，是完全可以理解的。及至解放以后，先君接受了“中国自古以来就是一个统一的多民族国家”的观点，感到旧稿的一些提法“多有过当者”，从而萌生修改之意，但以其颇为“繁杂”，且年老神衰，未能如愿。1958年据川大讲义交龙门联合书局出版《周秦少数民族研究》时，不得已而“姑仍其旧，幸读者鉴谅”。深表愧歉之意。此稿至今已七十余年，学术日益精进，其当请读者鉴谅者何可一一数之。然此稿所述民族迁徙之迹、民族关系之状、民族融合之势，及对其他问题之分析考论，犹多有为世之学者所少道及者，故敢以此呈之学林。又先君当日常言：几十年来，无论是讲课、写文章，都是把历史当做哲学在讲，都试图通过讲述历史说明一些理论问题。在先君这一教导下，窃不自量，私意以为周秦民族史实为华夏族发展壮大的一个重要时期，而为秦代统一的多民族国家的建立奠定了基础；于古义言之，这也是符合于“夷狄而中国则中国之”的另一《春秋》大义的。侧以为这才是周秦民族史的本质与生命，如此读去，当可另见出一番理趣。鄙拙之见，不审有当于先君子拟行修改之宗旨否，此则非□昧如余所能知也。今并此意陈献于读者，实不胜惭愧惶恐之至。

本讲义在河北女子师范学院讲授时，其编首第一章为《周秦时代之地理形势》。在古代生产、生活技术水平还很低下的时候，地理环境对人类活动的影响是相当巨大的。由于人为的和自然的原因，地理环境又有着不小的古今之变，以当今的地理环境来衡量古人的活动，显然可能会产生误差。因此，讲义特于编首立此一章，对我国各地开拓之先后，各方水陆交通道路开辟的早晚，都作了考论。我国古代文明发生的摇篮的黄河、长江中下游，其生物与气候也有明显的古今变异；古代黄河中下游南北地区又多有沮洳湖浸，或渐沉积为平原，或渐干涸为河道；而长江中下游水道之通塞、湖泊水域之盈缩，其变化也多。如此等等，这些地理状况的古今之变都影响着民族的活动。故先君认为：“周代致戎狄之逼诸夏者，胥当依地理之实以求之。”所以讲义中不惜用五分之一的篇幅来讲述当时的地理形势，不是没有必要的。抗战返川后，先君在川大讲授《周秦民族史》，删取此章以与其他一些考论古地理的论文合为另课《中国沿革地理》（后改名《古地甄微》）的讲义。两课长期同时讲授，可以起到相辅相成的作用。1958 年，龙门出版《周秦少数民族研究》时，就只用了讲义的民族史部分，有些问题就没法在本书中取得解说，显得有些孤单。因此，这次重印这部讲义时，采用河北女师院讲义的办法，保留了《周秦时代之地理形势》一章。且此章在编入《古地甄微》时，删去了《古豫章水道存疑》、《古长江流域之生物与气候》、《周时夷夏之分布与地理》等三节，而此三节也就无所系属未能编入《蒙文通文集》第四卷《古地甄微》，殊感遗憾。这次能把它们保留下来，也颇感欣慰。川大讲义原有权当《叙言》的长文一篇，因主要是讲思想文化，编《研究》时已予删去，兹沿之。另自北大讲义《周秦民族与思想》录出《东夷之盛衰与移徙》一节，为原川大讲义所无，而该讲义竟以此缺失东夷民族之论述；先君自用《研究》原夹有论《瓜州与三危》一稿，持论与旧稿不同，似拟用以修改旧稿者，恨未知插入何处为宜，故未补入旧稿；川大讲义原附有《羌、氐、叟、賨及其北徙》一文，为据《与缪赞虞君论西南民族北徙书》增补而成者。兹将三文并作附录。

## （二）《巴蜀史的问题》

《巴蜀史的问题》写于 1958 年，发表于《四川大学学报》（社科版)1959年第5期。这虽是一篇较全面论述古代巴蜀史问题的论文,但先君从来没有综合前人成果来写文章的习惯,本篇所论多是长期积累的成果,基本都是创新独到的见解。此文发表后,又在两份抽印本上前后作了多次多处批改增补。1961年在给川大历史系高年级作"巴蜀史"专题讲授时,曾把批改本印发作为讲义。1980年,我在整理先君遗稿时,把两份批改本整合在一起,收入先君署名之《巴蜀古史论述》(巴蜀书社1981年出版)中,这就是现在的通行本,与当年《学报》的初刊本已有很大的不同了。

先君在文中首先分析古代巴蜀这个地区的范围,指出在不同的历史时期有其不同的范围,有先秦"巴国""蜀国"的范围,有秦举巴蜀后巴郡、蜀郡的范围,有汉初巴郡、蜀郡的范围,有汉武帝以后巴郡、蜀郡的范围,这些显然各不相同。特别是先秦的"巴国""蜀国",比后来的巴蜀要辽阔得多。同时,他更强调指出,据《汉书·地理志》,还有一个"与巴蜀同俗"的地区,包括了汉代的武都、犍为、牂柯、越嶲以及汉中、益州等郡,"凡与巴蜀同俗的,就是受巴蜀文化影响的地区"。从解放以来的出土文物看,考古学上所说巴蜀文化的青铜器,除在四川广为分布外,在上述地区都有发现,完全证实了先君的论断。先君又指出在巴蜀地区内,前后存在了数十以至百数十个小王侯,古代的巴、蜀只是一种联盟,巴国、蜀国"不过是两个霸君,是这些诸侯中的雄长"。"只是到秦灭巴蜀时,它才是两个比较大的国家,而在巴蜀区域内,都还有某些小的王侯,到汉时依然存在。"从原始社会末期的部落国家到强大国家的出现,应有一个历史过程,这虽是古代史的一般规律,但长期以来竟没人打破常璩在《华阳国志》所提巴蜀至少在周初已是两个纵横千里以上的大国的谬说，直到此文发表才开始改变了这一局面。先君又认为蜀王子孙在汉代依然存在，“《蜀王本纪》一类的资料，就是西南邑君之属（少数民族部落首领）家传的资料”，它是“另成一个系统”，和中原正统说法“有相同的传说，而又有各别的传说”的“不可忽视”的另类传说。蚕丛、柏灌、鱼凫、蒲泽、开明，都“不是谁能凭空杜撰的”，“都是一代之名，而非一人之名”。他们是不同民族，他们的“禅代，是不同部族的禅代”。“此三代各数百岁，皆神化不死，其民亦颇随王化去。”这可能是说有几个蜀王同时并存。这些观点都是新颖而独到的。关于巴，先君认为武王所封宗姬之巴应当是在阆中，故春秋所见巴人活动多在北境。灭庸以后，巴领土扩大，跨越大巴山东西两侧，则必有跨越大巴山的交通线，这就当是今襄渝铁路的路线。此后，宗姬之巴可能徙都江州，元前316年为秦所灭。楚襄王所灭的巴是居住在枳（今涪陵）的枳巴，平都当是这个巴的旧都，被灭时间当在元前280年前不久。巴事多见于春秋，蜀事多见于战国。开明建国二三世间北攻秦至雍（秦都，陕西凤翔），南攻青衣，雄张僚僰，开始了扩张。元前387年，北上攻取秦的南郑；元前377年，联巴东伐楚取兹方，这是蜀最强盛的时代。但在取兹方后不久，楚西向反击，夺取了巴的大片土地，元前361年时，楚已“自汉中南有巴黔中”，兵力进入夔门，直达今重庆市长寿县。巴的东部长寿以东、长江以南，南至今西、秀、黔、彭等黔江（今乌江）下游古称黔中之地（因原属巴故又称巴黔中），都被楚国占有。直到秦灭巴蜀后的三十六年，秦才从楚手中夺得这块地方。秦灭巴蜀后，曾三次建立蜀侯，又三次杀掉，且皆事涉谋反。旧日皆视所立为秦王子孙。先君以其“事最可疑”,“很难理解”,于是从多层面进行了细致的考论,指出所立当为原蜀王子孙,并提出这是“秦汉对少数民族的政策,和内地不同,虽设置郡县,但邑君王侯依然存在”。这就于情于理于史皆合,首次揭出了事实的真相,被学者认为是“精辟的分析”,从而为学林所广泛接受。先君在文中又指出,巴蜀在杜宇时期虽已“教民务农,巴亦化其教而力务农”,但同时也还存在畜牧和狩猎经济;到开明时期,据《水经注》载,传为李冰所凿的二江之一的沱江本为开明所凿,而开明又还聘请了魏国瑕阳的工程师从岷山来蜀治水,这都显示出蜀国的农业这时已有较高的发展。司马错之所以建议秦惠王出兵伐蜀,蜀国的“富饶”就是重要原因之一,且“蜀既属秦,益富厚轻诸侯”。在李冰守蜀前二十五年,“司马错率巴蜀众十万,大舶船万艘,浮江伐楚”时,已随船带有“米六百万斛”,“可见农产量是相当丰富”。“在秦灭巴蜀之前,蜀的劳动人民在生产方面是有很高成就的,它并不落后于七国。”秦举巴蜀后,进行了多次大量移民,并把秦国的改革措施推广到巴蜀;李冰守蜀后,大兴水利,更加速了发展。成都在西汉时已有七万六千二百户,是仅次于八万八百户的长安为全国第二大城市,蜀刀、蜀布等名优特产也驰名全国,这都和先秦的发展基础是分不开的。尽管巴蜀的经济文化在先秦时期已有相当水平,但其发展是极不平衡的。先君从古文献的地理记载考察,发现存在严重的详西而略东的情况,在成都平原西缘岷江流域中上游,记载了一些现今已不能具指的古代的小山小水,而川东及其更东地区则是一片片空白,他认为这就说明巴蜀的开拓是始于西部,“蜀的先代是从山岳下到河谷”,“由岷江河谷发展到成都平都”。这是“蜀的历史的先后之迹”。这些论断也为当今许多巴蜀文化研究者所认同。至于巴蜀文化，先君认为在汉代以前已应有相当的基础，蜀人是“言语与华同”的，尸佼在商鞅被杀后就逃亡到蜀，不仅是避难，而且“能在蜀著书，这必须有一定的环境和条件”。在秦代，“秦之迁人皆居蜀”，迁入的豪侠、不轨之民、吕不韦舍人等等很多，其中知识分子就不少，先君认为：“晚周文化应早在蜀有所传播”，“百家之学巴蜀应该早已有了”。《汉书·艺文志》还载有六国时的蜀人著作。司马相如以辞赋知名游宦京师诸侯之时，文翁尚未入蜀兴学，相如辞赋的语汇多本六经，说明六经之学早已传于蜀了。且尽管文翁在蜀大力提倡儒学，但蜀人自有其传统文化，未能笃信儒学，所以终西汉之世巴蜀鲜有经师淳儒，而辞赋、黄老、律历、灾异之学则传习者历历可数，英伟者不乏其人，司马相如、严遵、扬雄、洛下闳，下及杨厚、任安等等，就是他们中的杰出代表。蜀中的这些特色传统文化可能与先秦的苌弘有关系，也对东方的楚文化有深远的影响。

在此文发表后的1961年，先君又写了《略论〈山海经〉的写作时代与产生地域》一文，主要是根据《山海经》所说的“天下之中”，及所传古代帝王的中心人物和古代文化事物的创造者，以及一些其他文化现象，都是与中原文化传统显然不同的，从而认为这是与中原文化传统不同而以巴蜀为中心的南方文化传统的作品，并进而提出古巴蜀文化是与古中原文化传统不同的一支独立的南方文化的观点。这一论断以三星堆文化和金沙遗址等的发掘而得到证实。而这文中的一些论点和论据早在原《巴蜀史的问题》中已概略地道出，后来都把它删改进了这文中，可以认为这文实是《巴蜀史》一文的继续和发展，欲窥先君论巴蜀文化之全貌者，对这文是不可忽视的（文原载《中华文史论丛》第一辑，1962年上海出版。后收入《巴蜀古史论述》时，据先君手批略有修改。收入《蒙文通文集》第一卷《古学甄微》时即据《论述》本）。

先君曾说，他所写《巴蜀史的问题》、《成都二江考》、《略论〈山海经〉的写作时代及其产生地域》等文，都不是六十岁以前能写得出来的，六十以后心思更深细曲折，有些问题的思考真是有如蚁穿九曲。二三十年前已知而不敢用的史料，这时已能理解了，已能运用了。就是说，不少问题是通过二三十年的反复钻研思考才得到解决的，所以常常能发人之所不能发，道人之所不敢道，常令人读后触类旁通、举一反三，给人以莫大的启发。有学者指出，这些文章"提出了一些影响很大的论点"。这并不是阿其所好的吹捧。

最后，谈谈一些人常说先君文章难读的问题。这不仅由于多数文章是文言，更主要是先君文笔简练，常常是点到为止，没有展开论述，有时是含蕴待发，甚至是意在言外，唐君毅先生就曾对他说过："你每篇文章背后总觉另外还有个道理。"是的，他同意这一看法，显然这就更需要读者自己去体会了。先君曾多次说，廖季平先生当年常常用司马迁的两句话教导他们，说读书要能"好学深思，心知其意"。好学就是要勤学、多学、反复学；深思就是要读到心知其意，要能体会出作者的立言之意。当然，要达到这一要求，并不是轻而易举的，是要下苦功的。

另外，还要谈一点，先君是廖季平先生的学生，对廖氏是极推崇的，他治学受到廖氏的影响也是很大的。但廖氏之学前后六变，而他所承受于廖氏者，则只是以礼制判今古、今学改制、古学从周、今学是哲学、古学是史学等廖氏早期的观点，对廖氏四变以后之学则以其不关经学而闭口不谈。即便是廖氏早期之学也不是全盘接受。显然，先君对廖氏之学是通过他“好学深思，心知其意”的学习后，而再有所继承、有所发展、有所扬弃的。先君对廖氏学的这个态度，是我们读先君之书、学先君之学的榜样。

古人著书，为行文方便，引书每有增减，传述亦有异同，或删节颠倒，或字句错乱，其类繁多，德清俞曲园《古书疑义举例》论之綦详。唯此古人习以为常者，今人则以为不合格式而求其规范。先君为文，亦偶效前人，遂有与近世规范化要求不合者存乎其间。愚与编辑部执事先生遇此辄予核对处理，然由于学力水平及藏书所限，挂漏之处，当所难免，尚希读者鉴谅。

蒙　默谨记

2008 年 3 月于川大竹林村

# 周秦民族史

# 周秦民族史序

文通研究周秦民族，始于1927年冬，时任教于成都大学，初由《左传》略见西戎、赤狄、白狄先后迁徙之迹，既泛滥群籍、搜讨故实以相佐验，乃粗明其事。即以所得资料一教于开封，再教于北京。1936年任教天津，以顾君颉刚之促，始写成《犬戎东侵考》、《秦为戎族考》，继又写成《赤狄、白狄东侵考》、《古代民族迁徙考》，刊布于《禹贡》，国内外学人多以余言为缪。嗣以卢沟桥事变，京、津沦丧，因挈婴孺避居意租界，偕三弟思明寓谢君戌生家。痛外患日炽，国土沦陷，念平昔所学多未写出，惧不得卒业，遂楗户写作，先将周秦民族所研得者并所成四考合写为一编，凡四十余日初稿始毕。时连镇高唐间喋血方酣，乃从海道至青岛转开封、汉口返蜀，以淞沪寇氛亦急也。余既归蜀，教于四川大学，此稿复经修改者再。颉刚入蜀，恿余以之出版，而当时拟作年表及地图，未得成，事遂中辍。1957年夏，余至北京，时科学研究之要求甚亟，颉刚复以出版事相商，余遂以此编与《古地甄微》、《先秦史学史》、《老子王注校本》、《老子徵文》数稿以应。三十年间所写成者仅如此，余之驽钝不足以言治学，其惭恧为何如！然此编随余舟车南北跄踉烽炬间二十余年，惴惴焉常恐毁失，今遂得举其全稿以求教于海内方闻之士，则固一大幸也。忆昔属稿之初，正外寇方炽之际，侵我东北，侵我热河，侵我长城，进窥华北，继之以启衅卢沟，肆虐淞沪，金戈遍于南北，国之危亡若在旦夕，痛国是之日非，悯沦亡之惨酷，遂乃发其愤激之情于戎狄，呵斥訾謷，几于满纸。而今则敌寇已降，失土尽复，海内一统，固若金汤，宇内殊俗异语之族，悉乃同胞兄弟之伦，则昔日诋娸之辞多有过当者矣。初拟修改而后付手民，然一一而改之，其繁难几同重写，时不我暇，故姑仍其旧。谨叙其撰写之端委并志余过，幸读者鉴谅。

1957年6月蒙文通序于北京

（原载《蒙文通文集》第二卷《古族甄微·周秦少数民族研究》作为《序二》）

# 【第一】 周秦时代之地理形势

## 古代开化之东西线

黄河流域，自古为中国文化最高之区。然黄河者，实概括之辞，古有西河南河东河之别。《禹贡》言："西河会于渭汭。"又言："逾于洛至于南河。"《王制》言："自东河至于西河。"又言："自南河至于江。"皆是也。盖以龙门以上，河自北来为西河，以下则河东去为南河，至大伾而河又北行为东河。就文化发达区域言之，在黄河上游固非西河流域而为渭水流域，在下游亦非东河流域而为济水流域，在黄河自身，仅中部之南河一段，而又辅之以洛水。自渭入河，自河出济，以达于海，由东而西，殆一直线，此乃汉族繁殖，文化最高之区，为东河、西河所不逮，此由《禹贡》、《职方》之地理知识，可以见也。《禹贡》、《职方》记山镇川泽，有最详之地带，有简略之地带，有漏误之地带。精详者知为人物会萃、交通频繁之区，简略者则人稀地旷，漏误者则足迹罕至，不能知其委悉者也。《禹贡》记“导河积石，至于龙门”。此西河也，而略。曰：“南至于华阴，东至于底柱，又东至于孟津，东过洛汭，至于大伾，北过降水。”此南河也，则详。曰：“至于大陆，又北播为九河，同为逆河，入于海。”则东河也，又略。于导山曰：“导岍及岐，至于荆山，逾于河，壶口，雷首，至于太岳，底柱，析城，至于王屋，太行。”此沿渭北与南河之山也，则详。曰：“恒山，至于碣石，入于海。”此沿东河之山也，则略。又曰：“西倾，朱圉，鸟鼠，至于太华，熊耳，外方。”此沿渭南、洛南之山也，则详。曰：“桐柏，至于陪尾。”又略。导水于四渎之外，记者曰弱、曰黑、曰济、曰洛、曰渭。黑、弱之记为神话，别有说，此不具论。渭、洛、济外，北之汾，南之湘，此类较大之水尚多，皆不之记，知渭、洛、济三水，于古代文化所系特重。沿渭、洛、济最小之水，亦详记之。于导渭曰：“东会于沣，又东会于泾，又东过漆、沮。”于导洛曰：“东北会于涧、瀍，又东会于伊。”曰：“导沇水，东流为济，入于河，溢为荥，东出于陶丘北，又东至于菏，又东北会于汶，又东北入于海。”又于雍州曰：“泾属渭汭，漆、沮既从，沣水攸同。”于豫州曰：“伊、洛、瀍、涧。”于兖州曰：“濉、沮会同。”于青州曰：“潍、淄其道。”夫泾、沣、瀍、涧、濉、沮之为水，与岍、岐、大伾之为山，其细已甚，而记之特详，岂非以人物所萃，而知之悉乎？《封禅书》言天下名山八，而三在蛮夷中，五在中国，华山、首山、太室、泰山、东莱。此五山自西而东，正沿渭水、南河、济水一线也。其雍、冀、兖三州皆详于南而略于北，豫、徐、青三州皆详于北而略于南，皆以去文化线渐远，人迹少而记亦渐略也。梁独详于西北，徐亦详于西北，则以其皆南下之交通线。淮、汉、东河、西河皆略，长江则谬误漏略最甚，非以人迹最稀，不能明确知其山泽而然耶？

## 周代沿东西线之南北开拓

《周书·职方》一篇，大同于《周官》所载，由《周书》篇序言之，《职方》盖穆王时书也。以《职方》校《禹贡》，则于时汉族开拓之情可见，盖大河之北益辟而北，大河之南益辟而南。《禹贡》于豫州曰："伊、洛、瀍、涧，……荥、波既潴，导菏泽，被孟诸。"而《职方》于豫州则"其薮泽曰圃田，其川荥、洛，其浸波、溠。"于荆州又曰："其浸颍、湛。"《禹贡》惟知荥泽，故曰"泆为荥"，曰"荥、波既潴"，而下流未之知。《穆天子传》云："浮于荥水。"而《职方》称"荥川"，则荥泽之水东南流，《水经》所谓渠水者，即沙水也，《职方》已知之。此非大河之南所知日远乎？波即滍水，入汝者也，溠即涢水，入汉者也，湛入汝、颍入淮者也，《禹贡》不记，而《职方》言之，非日辟而南乎？《禹贡》于兖州曰"潍、淄其道"，《职方》于兖州曰"其浸卢、潍"，于幽州曰"其浸菑、时"。卢即九台水，入潍者也，时水入淄者也，《禹贡》言潍、淄，徒记下流近济之水，《职方》记卢、时，则穷及潍、淄上流来会之水，此非济域之南所知益远乎？"其薮泽曰貕养"，在今莱阳东五十里，《禹贡》东仅及潍，《职方》更及潍东之貕养，《职方》于冀州曰"其浸汾、潞"，于并州曰："其泽薮曰昭余祁，其川虖池、呕夷，其浸涞、易。"涞即巨马河，呕夷即滱水入易者也，皆非《禹贡》所记。则大河以北，又拓地益北，而及于汾、潞、虖池。《职方》于青州曰“其浸沂、沭”，于雍州曰“其泽弦蒲”，于幽州曰“其山镇曰医无闾”，于冀州曰“其泽薮曰阳纡”。此皆《禹贡》所不记，而于《职方》为名山泽，正黄河南北，至周而辟地盖遥也。《禹贡》于梁州曰“沱、潜既道”，于荆州亦曰“沱、潜既道”。郑玄云：“水出江为沱，汉为潜。”盖《禹贡》实不知梁东、荆西之地道，以梁之沱潜即荆之沱潜，潜之号西汉水者，正亦以梁之潜为通于导漾之汉耳，是梁东、荆西无交通，人迹所不常至。其曰：“岷嶓既艺，沱潜既道，蔡蒙旅平，和夷底绩。”皆在梁之西北，盖于梁州所知惟此而已。其曰：“华阳黑水惟梁州”，“黑水西河惟雍州”，“导黑水至于三危，入于南海”。夫三危之水，安得至于南海，雍梁岂果西以黑水为境乎？《禹贡》之妄也。其曰：“岷山之阳，至于衡山，过九江，至于敷浅原。”疏已太甚，谬尤不可究诘。曰：“嶓冢导漾，东流为汉，……东为北江，入于海。”“岷山导江，东别为沱，……东为中江，入于海。”略犹可原。至以衡系岷，以北江系汉，非人迹所不至，得为此大错之说乎？《水经》沿之，以北江为沔，泥古乃至于此也。

## 南下开拓之一线

《禹贡》于兖州曰“浮于济、漯，达于河”，于青州曰“浮于汶，达于济”，于徐州曰“浮于淮、泗，达于河”，于扬州曰“沿于江海，达于淮、泗”，九州贡道，皆资于水，而由青、兖入河，则以汶以济，由扬、徐入济，则以泗以菏，菏、泗者诚由河、济之东西交通线，以南达江、淮之枢纽，又别为南北一交通线也。《禹贡》于豫州曰“导菏泽”，于导沇曰“又东至于菏”，而徐州曰“浮于淮、泗，达于菏”。菏非巨川，而记之者数，知其所系者重。许慎言：“泗水受济水，东入淮。”班固《地理志》言：“泗水东南至睢陵入淮。”（济阴乘氏下）又言：“泗水西南至方与入泲。”（即济，鲁国卞县下）《水经·泗水》：“又南过方与县东，菏水从西来注之。”《水经》言：“济水又东过湖陆县南，东入于泗水。”《泗水注》：“泗济合流，故《地记》或言济入泗，泗亦言入济，互受通称，故（《地理志》）有（南梁水）入济之文。”《水经·济水注》：“菏水上承济水于济阳县，与南济、北济、濮水合，入巨野泽，复东南迳乘氏至湖陆入泗。”（节引）此济泗通沟，以菏为介，而有菏泽、巨野注之，以助其势。河、济为东西交通干线，由菏入泗，南达江淮，又别为南北一交通干线，而菏分济于陶，朱公至陶，曰：“此天下之中，诸侯四通，货物所交易。”陶为天下之中，正以当东西南北两交通线之交会，是固商业之中枢，鲁仲連言“当比乎陶卫”。卫为黄河北上之处，陶为菏济南下之处，皆交通要道也（《韩非子》、《战国策》皆屡并称陶卫）。《史记·苏秦传》言：“韩守成皋，魏塞午道。”《张仪传》言：秦军塞午道，齐师渡清河。《楚世家》言：“夜加即墨，顾据午道。”《索隐》谓在“魏之东，齐之西”。盖亦未详其处。郑玄云：“一纵一横为午，谓交道也。”此非济、泗交会之处莫属，正一纵一横，所谓午道也。孟子以“决汝、汉，排淮、泗，而注之江”为禹功，在春秋“吴城邗沟”，此正由江入淮之道。《国语》言：“吴阙为深沟通于商鲁之间，北属之沂，西属之济。”则又由淮溯泗而北上。夫差正告于周曰：遵汶伐博，战于艾陵。则所谓北属之沂者，《水经注》所谓泗水“南迳鲁城西南，合沂水”是也。非谓出泰山盖县之大沂水也。《泗水注》：“沂水出鲁城东南尼丘山西北，……又西经圜丘北，……又西右注泗水。”夫差遵汶伐博，于

《左氏》哀十一年传曰：公会吴子伐齐，五月，克博，至于嬴，齐及吴师战于艾陵。嬴、博皆在今泰安，艾陵在今莱芜，知遵汶为自西而东。吴人既阙深沟以达鲁城之沂，亦即由泗入汶，而东伐艾陵。由泗入汶，盖遵阐而北，《水经注》：“洙水又西南迳南平阳县，又南洸水注之。吕忱曰：洸水出东平，上承汶水于冈县西阐亭东，《尔雅》曰：汶别为阐，洸水西南流迳盛乡城西，又南迳太山宁阳县故城西，又西南迳太山郡乘丘县故城东，又东南流注于洙水，又南至高平南入于泗水。”（节引）则由淮、泗北上，入汶又一道也。

## 南下线之开拓及黄河南北沮洳地

《禹贡》言：“熊耳、外方、桐柏，至于陪尾。”今文《春秋》家说：“泗出陪尾。”《隋志》：泗水县有陪尾山。《禹贡》之人，以泗水之陪尾，即桐柏之尽处，则于陪尾桐柏间，原不了了。班固《地理志》始言：古文家以安陆横尾山为陪尾。则以江、汉合会处言之，此正地理知识已臻明确之说。今文家守《禹贡》之旧义，以言地理则非，以言《禹贡》则是；古文家救《禹贡》之误，而别为新说，以言地理则是，而言《禹贡》则非；以桐柏之不可接于泗水，《禹贡》之人，固不知也。《禹贡》尚不知有荥川，况于他乎？《管子·霸形篇》言：“楚人攻宋、郑，烧焫熯，焚郑地，……要宋田，夹塞两川，使水不得东流，东山之西，水深灭垝，四百里而后可田也。”则宋地卑下，陪尾、桐柏之间，下至春秋，可灌者尚四百里而遥。《职方》曰：“其浸波、溠，其浸颍、湛。”于后为川者，于《职方》尚为浸，则泗西、淮北、济南，于古固沮洳之区，宜《禹贡》之人不知其实而妄为之说。《禹贡》不知有荥川，而《职方》始知之，徐偃王通沟陈蔡之间，舟行上国，以伐宗周，遂至河上。荥泽之水，前惟黄水东南流，后惟渠水南流，得至陈、蔡，谅此正偃王之通沟，于是穆王方有事于徐，周、徐往来之道，即此一水。《穆天子传》所谓“浮于荥水”者，即此黄水，正《职方》之荥川，此道殆至《职方》时代而始通，为《禹贡》时代所未至，则于江、淮北上入济，菏、泗而外，又一道也。盖此沮洳之区之沉积为平陆，历《禹贡》时期而《职方》而春秋，乃渐次长成也。《尔雅·释水》言：“水自河出为灉，济为濋，汉为潜，淮为浒，江为沱，涡为洵，颍为沙，汝为渍。”其记淮北之水，益更明确，则由《职方》而战国，淮北、泗西、济南，乃益开拓，故所知乃益详也。此淮北、泗上之开拓，盖已甚晚。其在漯、济之北，兖州之域，北至于燕，广漠之区，未尝有封国，盖亦以九河下流，地卑水盛，居民亦寡，《禹贡》于兖州曰：“作十有三载，乃同。”而后“降丘宅土”。正以九河下游地卑水盛，不易治也。兖州田中下而赋下下，正以田虽善而民未众也。《汉书·沟洫志》平陵关并言：“河决率常于平原东郡左右，其地形下而土疏恶，闻禹治河时，本空其地，以为水猥盛则放溢，少稍自索。”是漯川之北，大河之东，亦以地卑水盛，先未开拓。《尔雅》详列九河之名，曰徒骇，曰太史，曰马颊，曰覆釜，曰胡藏，曰简、曰絜，曰句盘，曰鬲津，然后九河之域详，则亦以晚而后开拓，故《禹贡》于兖北亦略无记述也。

## 黄河流域之湖浸

漯以北至燕，济以南至淮，于古既皆为沮洳之区，其地则湖泽尤多，皆入后而渐湮，知古今陵谷之变亦剧矣。其见于《禹贡》者，有大陆，大野，菏泽，荥泽，雷夏，孟诸，潴野，所谓泽也。《尔雅》所记有阳纡，海隅，昭余祁，圃田，焦濩，所谓薮也。《周官》所记有貕养，弦蒲，而涞、易、菑、时、沂、沭、渭、洛、汾、潞、卢、潍、波、溠，所谓浸也。初之所谓泽者，后多湮为平陆，而所谓浸，后已为川流，此地史之变也。《魏风》曰“彼汾沮洳”。《书》家言：祖乙徙耿，水泉泻卤，山川尝圮焉。《左氏》成六年传：晋人谋去故绛，诸大夫皆曰必居郇瑕氏之地，沃饶而近盬。韩献子曰：郇瑕氏土薄水浅，于是乎有沈溺重膇之疾。杜预曰：“沈溺，湿疾；重膇，足肿。”则晋以高原之地，尚泻卤沮洳。《左氏》昭三年传：“景公欲更晏子之宅，曰子之宅湫隘，不可以居，请更诸爽垲者。”《地理志》言：太公以“齐地负海，舄卤，少五谷。”则齐亦舄卤之区。夫太山之东，太行之西，今皆高爽乏水，而古固如此，九河淮泗之域，益更可知也。《史记》苏秦曰：“齐南有泰山，……西有清河。”又曰：“赵南有河漳，东有清河。”又燕王曰：“齐有清济、浊河，可以为固。”夫齐、魏相接在上游，而曰浊河；齐、赵相接在下游，而曰清河。济出于河，河浊而济清。齐、魏上游之河浊，而齐、赵下游之河清。宁非异事？此无他，济出河，泆为荥，经荥泽之沉淀，而浊河为清济。河北行至大陆，经大陆之沉淀而浊河为清河。今之长江，以沿江湖泽之多，而水有所调节，故不为害，古者沿河、济湖泽凡十数，浊河且变而为清济、为清河，更何水之足为患乎？《沟洫志》言：“禹以为河所来者高，水湍悍难以行平地，数为败，乃灑二渠，以引其河，北载之高地，……播为九河，入于渤海。”所谓二渠者，济川、漯川是也。所谓引其河北载之高地者，王璜称“禹之行河水，本随西山下东北去，……乘高地而东北入海”是也。河至大伾，折而北行，沿太行山麓以入于海，所经自为高地。河行高地，则水缓不为害，又可因低地潴为泽，导为渠,则水益分而益缓,上流浊而下流且为清,此古时黄河南北支渠湖泽之所由多于今欤?古之治河利水缓,而后之治河利水急,由贾让言之,古以造湖为上策,引渠中而作堤下,今则惟知作堤一策耳,古之作堤去河二十五里,南北之堤,相去五十里而遥,今则迫河为堤,黄河之于中国,古今利害全相反,正由治河之术古今全相反耶?

## 古代黄河流域之生物与气候

《禹贡》于冀州曰:"岛夷皮服。"知北地之寒;于扬州曰:"岛夷卉服。"知南地之燠。泰山之麓,徐、兖之境,服枲丝,宜桑麻,正以气候温和适中,知古时黄河流域之情形,大同于今日长江流域也。凡孟子所谓"汙池沛泽多而禽兽至","草木畅茂,禽兽繁殖","驱蛇龙而放之菹","驱虎豹犀象而远之", 皆非今日北方之情势所宜然。《小雅》曰"如竹苞矣",《卫风》曰"籊籊竹竿",又曰"菉竹猗猗",斯皆古代北地产竹之证。《东观汉记》言:郭伋为并州牧,"行部到西河美稷,有童儿数百,各骑竹马,于道次迎拜。"刘子玄曰:"晋阳无竹,古今共知,假有传檄他方,盖亦事同大夏,况在童孺,弥复难求,群戏而乘,如何克办。"由子玄之诋《汉记》,可知晋阳汉多竹而唐无竹也。唐时晋阳童子寺有竹,日报平安,知于时晋阳植竹之难。在汉则不然,《沟洫志》言:瓠子之决,"是时东郡烧草,以故薪柴少,而下淇园之竹以为楗。"《后汉书》言:寇恂为河内太守,伐淇园之竹为矢百余万。是彼时北土之竹,多且贱也。《货殖列传》言:"渭川千亩竹,此其人皆与千户侯等。"《地理志》言:秦地"鄠杜竹林,南山檀柘,号为陆海。"其在周季,襄之十八年:晋帅诸侯之师围齐,焚申池之竹木。文之十八年：齐懿公游于申池，邴歜弑公，纳诸竹中。乐毅之报燕惠王书曰："蓟丘之植，植于汶篁。"篁，竹田也。今则竹已为北地所罕见，此古今之变也。古者乐以箫管笙竽，记以篇策简籍，卧则簟箦籧篨，食则簠簋笾箪，盛则筐篚筥笥箕笈，行则簦笠，居则蓬筚，饰以笄簪，数以算筹，渔以筌笱，书以篆籀，扬以箕，约以符，戒以筥，乘以箠，扇以箑，射以箭，竹固古者北地所盛产，故日常器用恒得资之。《唐风》曰："不能艺稻粱。"《豳风》曰："十月获稻。"《小雅》曰："滮池北流，浸彼稻田。"郑玄曰："丰镐之间水北流。"由《职方》郑注以观，则幽、并、兖、豫皆宜稻。昭之五年《传》曰："鄅人藉稻。"《滑稽列传》："西门豹即发民凿十二渠，引河水灌民田，田皆溉。"《沟洫志》言："史起为邺令，遂引漳水溉邺，以富魏之河内，民歌之曰：……终古舄卤兮生稻粱。"《战国策》言：东周欲为稻，西周不下水，东周患之，民皆种麦。皆见古时北方产稻之盛，故曰"食乎稻，衣乎锦"。唐及北宋时称青、齐米价最贱，岂以山东产稻超于江淮欤！盖以川泽既多，水田亦广，而气候寒燠，自亦受其调节影响，固可知也。"我徂东山"，而曰"零雨其濛"；"信彼南山"，而曰"益之以霢霂"。今者北方无此景象也。"零雨其濛"，而曰"仓庚于飞"；"益以霢霂"，而曰"疆埸有瓜"。其近于今日大江流域所谓霉雨时节者欤！《禹贡》于兖州曰："厥贡漆丝。"卫文庐曹曰："椅桐梓漆。"周公西归曰："伊威在室。"漆与伊威，更非今日北方气候所能生存。《高士传》曰："老子乘青牛畚车。"薛道衡《老子庙碑》称："青牛已驾，紫气光浮。"知晋、隋之世北方仍有青牛。《尚书大传》言：泰山："触石而出云，扶寸不合，不崇朝而雨天下。"是其云蒸之盛而霖雨之猝也。则黄河流域，自水泽竭而气候古今之变亦剧，地利遂不复如往时也。

## 古无长江交通

长江在古虽为巨流，而无益于交通，其文化落后，殆以此故。考之春秋，吴楚之战，楚之陵师（陆军）自淮而不自江，舟师（水军）亦自淮而不自江。惟吴亦然。《左氏》昭之二十四年：楚子为舟师以略吴疆，“越大夫胥犴劳王于豫章之汭，越公子仓归王乘舟，仓及寿梦帅师从王，王及圉阳而还，吴人踵楚，而边人不备，遂灭巢及锺离而还”。二十七年：吴子帅师围潜，楚师救潜，令尹子常以舟师及沙汭。三国水道交通，此为最明。《淮南子》言：孙叔敖决期思之水。顾野王言：安丰有芍陂，孙叔敖所作期思陂即此。《魏志》：“建安十四年，引水军自涡入淮，出肥水，开芍陂屯田。”顾祖禹言：盖自芍陂下施水，则至合肥也。肥水出鸡鸣山，分为二流：其一东南流而入巢湖，其一东北流入于淮。《尔雅》：“归异出同流肥。”此正古时由淮入江之道。楚正有事于吴、越，而孙叔敖决期思之水，以通楚之舟师。《汉书·地理志》九江郡合肥：应劭曰：“夏水出父城东南，至此与淮合，故曰合肥。”则夏汭亦自应于合肥求之。昭四年，“吴伐楚，……楚沈尹射奔命于夏汭。”五年，“楚子伐吴，……薳射以繁阳之师会于夏汭。”是其证也。旧解以为江夏之夏口，夫繁阳于今为新蔡，安有兵向东出，而反西会江夏者耶？楚陵师则自繁阳，舟师则下期思，皆自淮以争江，故楚子以舟师略吴疆，及圉阳而还，圉阳今为巢县，以楚舟师之在巢，吴人踵楚之还而灭巢及锺离，锺离在淮，明楚子之来自淮而及圉阳，吴从之亦自江及巢而入于淮，其由芍陂、施水、肥水一道，以通于江明也。子常以舟师及于沙汭，此楚舟师之在淮，而吴之伐楚亦舍舟于淮，期思一水，正吴、楚往来之衡要。夫差之告周曰："余沿江溯淮，战于柏举。"明吴、楚之争，皆舍江而由淮。由淮入江，邗沟为一道，芍陂又一道也。吴、楚交通，以有芍陂之道，故子庚败吴师于庸浦，在无为。舒鸠人叛楚，楚师于荒浦，在舒城之黄陂。子木伐舒鸠及离城，亦在舒城。吴败薳疆于鹊岸，在舒城。楚观兵于坻箕之山，在巢县。以有邗沟之道，故子囊师于棠以伐吴，在六合。使屈申围朱方，在丹徒。而芍陂一道，战伐频繁。顾栋高以为楚居长江上游，而吴居下游，吴、楚之战，楚由江而东，吴由淮而西，此诚考之未审。至以越归楚乘舟在鄱阳湖，更不足议也。

## 古中江水道

《论衡·书虚篇》言："有丹徒大江，有钱塘浙江，有吴通陵江。"焦循释《禹贡》言："岷江至江都，势趋东北，而自江都入海，则曲而东南。故(《班志》)于毗陵明江之在北。南江至馀姚入海，势趋东南，而经震泽折而行御儿、由拳之间，故于吴明江之在南。惟其曲，故广陵曰曲江，惟其折，故钱塘曰折江，中江由阳羡入海，直从阳羡东趋于海也。"段玉裁言："今芜湖河东接太平府南之黄池河，又东接溧水县之固城、丹阳、石臼诸湖。未筑东坝以前，诸湖汇长荡湖而入太湖。"此正古中江之道。宋傅寅《禹贡集解》云："班氏所指中江，今芜湖断港也。(今芜湖县河)自宜兴县航太湖，迳溧阳，至邓步，凡两日水路。自邓步登岸，小市名东坝，自东坝陆行十八里至银林，复行水路，系大江支港，行百余里，至芜湖界，即入大江也。班氏所说中江，古盖有之。"苏轼言："溧阳之西有五堰，古所以节宣、歙、金陵、九阳江之众水，直趋太平州芜湖。后之商人，贩卖簰木东入二浙，以五堰为沮，因给官中废去五堰。……则宣、歙、金陵、九阳江之水，或遇暴涨，皆入宜兴之荆溪而入震泽。”所谓五堰者，即景福三年杨行密将台濛作五堰，施轻舸运粮者也。单谔言：“修台濛五堰，苏、常之水，十可去其七八。”则中江之塞，以苏、常农田故也。《一统志》云：“宣和七年，诏开江东古河，自芜湖由宣城、溧水至镇江，渡扬子，趋淮汴，免六百里江行之险。”明韩邦宪言：“太祖初都金陵，以苏、浙粮道自东坝入，可避江险，浚胥溪河为运河，又凿溧水县胭脂冈，引丹阳诸湖之水，会秦淮以入江，于是苏、浙运道，直达金陵，永乐初运道废，改筑土坝。”则中江之塞而复启，以苏、浙粮运故也。此宋明以来中江时启时塞之故也。宋明之世，尚避大江之险，舍北江而由中江，则秦汉以上，以中江南江为交通要道固宜。自巢湖出裕溪入江处，正中江自芜湖分流处，水道固历历可指。《越语》言：“句践之地，南至于句无，北至于御儿，东至于鄞，西至于姑蔑。”范蠡言：“与我争三江五湖之利者，非吴耶？”惟越境北至于御儿，于今为嘉兴，正南江出太湖入钱唐之道。则越人自南江历太湖，入中江，以通巢湖圉阳，归楚乘舟，正此道也。吴越与楚交通，以有中江之道。故子重伐吴，克鸠兹，在芜湖；至于衡山，在溧水。子西、子期伐吴及桐汭，在丹阳湖。彼时交通，以有邗沟之道而吴楚争徐，以有中江之道而吴楚争越，以有期思之道而吴楚争群舒，固于时之地理情势，有以致之也。《班志》于中江云：“至阳羡入海。”《文选·注》引《水经注》：“中江东南。左会滆湖。”滆湖在常州西南，正汉阳羡地，而班云于此入海？阮元解之曰：“广陵国江都以东，有临淮郡之海陵，志云有江海会祠，言江至此而会海也。会稽郡吴、毗陵、无锡、阳羡、丹徒、娄，为今镇江、常州、苏州地，娄在今昆山。而太仓、松江、海门及江北之通州皆不置县。然则太湖以东至海，犹荒斥为海潮所往来，故叙北江止毗陵，叙中江止阳羡。”则于中江至阳羡入海之文，又可以推知太湖以东，在汉以上之情况也。

## 古代之云梦、九江

胡渭言：《汉志》“南郡华容县，云梦泽在南，荆州薮”。“编县有云梦宫。”“江夏西陵县有云梦宫。”华容今监利、石首二县，监利在江北，石首在江南，编县今荆门洲，西陵今蕲州及黄冈、麻城，皆在江北。《水经·沔水注》云：“云杜县东北有云梦城。”云杜今京山县。又《夏水注》云：“自州陵东界，迳于云杜、沌阳，为云梦之薮。”州陵今沔阳州，沌阳今汉阳县。《元和志》云：“云梦泽在安陆县南五十里，东南接云梦县界。”以上诸州县，皆在江北，由是言之，东抵蕲州，西抵枝江，京山以南，青草以北，皆为云梦。孙诒让云：“全薮陆地，则直跨今湖北汉阳、黄州、安陆、德安、荆州五府境。”是江既出夔峡之湍悍，即入云梦之浩淼。故《子虚赋》云：“云梦方八九百里。”盖地跨大江南北，兼陵互隰，浦溆纵横，此云梦之为渔畋之区，碍于交通，未易远涉也。

九江之说，考之班志云：“庐江郡寻阳，《禹贡》九江在南，皆东合为大江。”张须《无缘江图》（《史记·索隐》作《九江图》）云：“一曰三里江，二曰五州江，三曰嘉靡江，四曰乌土江，五曰白蚌江，六曰白乌江，七曰箘江，八曰沙隄江，九曰廪江，参差随水短长，或百里，或五十里，始于鄂陵，终于江口，会于桑落州。”王鸣盛云：“汉浔阳在江北，今黄州府蕲州东浔水城，今桑落州在九江府城东北五十里江中，鄂陵今黄州府武昌县。”然则云梦西起枝江，东尽蕲州，汇为巨浸。九江西起蕲州，东尽桑落。九江者，正云梦之尾泄也。此就南言之也。《水经注》云：秦九江郡治寿春，则秦汉九江，北步庐寿之域又可知。焦循云“今之桐城庐江间，是固江水所至处”。王鸣盛以为“安丰故城在今霍山西，英山麻城、罗田诸县，山势连延西南趋，江汉水东北迤行，插入其境”。是王氏笃信班、郑汉至大别入江，大别在庐江、安丰之说。以汉入江即在此一带也。是云梦巨浸，九江繁川，颇有今大江以北之地。楚西避云梦之险，故春秋巴楚交通多由陆道。东避九江之险，故通吴越则舍江而由淮。正以其间实一稽天巨浸，险阻未易跋涉也。吴起言：“昔者三苗之居，左彭蠡之波，右洞庭之水，文山在其南，衡山在其北，由此其险也。”此之文山，即《国语》(桓公)伐楚，济汝逾方城望汶山”之汶山。故衡北而汶南，盖就北面言之。三苗恃险，正即云梦九江之间。《吴越春秋》言：太伯仲雍“采药于衡山，遂之荆蛮”。而断发文身，以避蛟龙之害，诚以犀象蛟龙之所居，不可以至。则长江于古代无益于交通，正以云梦九江故也。

## 秦汉浮江之道

荆楚之地，本为湖成平原。古之情势，大异于今，正以薮泽尚未冲积为平陆，繁川亦未会合为巨流，无深确之水道，既无舟楫之利，而车马亦不易通，此古人所以舍江而不由耶？《周本纪》言：“昭王南巡狩不返，卒于江上。”《吕氏春秋》言：“梁败，王……殒于汉。”则西周之世，西涉江汉，固舍舟而由梁。《文选注》引《竹书纪年》：穆王“三十七年伐越，大起九师，东至于九江，叱鼋鼍以为梁”。则东涉九江，于西周之世，亦舍舟而由梁。庄之四年，楚伐随，“除道梁溠，营军临随”，此溠正《职方》所谓“其浸波溠”者也。川则济之，浸则梁之，昭王之梁汉，穆王之梁九江，正以其在上世之为浸而非川，此所以终春秋战国，而不闻有浮大江者也。浮江之事，殆始于秦皇、汉武。《始皇本纪》言：“三十七年……始皇出游行至云梦，望祀虞舜于九疑山。浮江下，观籍柯，渡海渚，过丹阳，至钱唐。临浙江，水波恶，乃西百二十里从狭中渡，上会稽，祭大禹。”徐广以为从狭中渡，盖在馀杭。籍柯、海渚，《正义》言：“《括地志》云：舒州周安县东，按舒州在江中。”说者又谓即贵池分江处，殆从南江一道，故过丹阳。《括地志》：“丹阳在江宁县东南。”则已入中江。《汉地理志》于丹阳郡石城下云：“分江水首受江，东至馀姚入海。”《水经》于沔水（即江水）云：“又东过牛渚县南，又东至石城县，分为二。”王先谦言：“分江首受江，当自今李阳河而分，在贵池西六十里。又西五里曰新河，自河口出江中，有石槎枒横突，为栏江、罗刹二矶，南唐役三十万夫作支流以避其险。《宋史·河渠志》宣和六年卢宗元言：‘池州大江东岸皆暗石，多至二十余处，西岸沙洲广二百余里，谚云折船湾，今东岸有车轴河口，沙地四百余里，若开通入杜坞，可避二百里风涛折船之险。’杜坞在贵口下游，故贵池水一名杜坞河。是沙地通河，古今不易。今新河、车轴河遗址湮废，李阳河之名尚存，窃意江岸洲渚连绵，今自李阳河下，入古夹洲、乌落洲、裕生洲、泥洲相属为一，其下即下池口，又下为铁板诸洲，及铜陵之荷叶洲、新洲老洲头、复兴洲、杨陵洲，东屈而入丁家洲，至泾县，皆即分江中流。其外洲岸连属，自为一水，时代阅久，洲岸流移，而分江水道半合于大江。”“分江水自石城来，合大通河水，又出章家洲、丁家洲之间，又东迳紫沙洲，又东屈迳新洲右,入繁昌县境,合荻港水,又东北迳黑沙洲,入芦席夹迳虎槛洲,出三山右,入芜湖县境,又东入鲁港为南江。南江水入鲁港,东南流左与天成湖通,又东南与五丈湖通,又与泾水合,又合幙溪水琴溪水入清弋江。”《水经注》云:“南江又东迳安吴县号曰安吴溪,又东旋溪水注之。桑钦曰:‘淮水出县(陵阳县)东南,北入大江。’其水北流,左合旋溪,同注南江。”王氏谓:“淮水既东溪水,桑钦言入大江,大江即南江,合旋溪者,自五丈湖东流而同注清弋也。”道元以为注南江,则清弋为南江故道明甚。则秦皇所浮,即分江水,故从此东过丹阳也。《史记·封禅书》记汉武帝,云:“上巡南郡至江陵,而东登礼灊之天柱山,……浮江至寻阳,出枞阳,过彭蠡。”倪文蔚言:“汉寻阳在江北,枞阳在安庆东境,北去巢湖仅百里。自寻阳出枞阳,则北岸必有分江,如今武穴之内湖,可至安庆。岂既出枞阳,复上溯五六百里而过彭蠡耶?则彭蠡为巢湖(而非鄱湖)。”是自汉之寻阳经安庆而至巢湖,又别有分江可知。此盖古之北江。浮江自秦皇、汉武始,而一浮南之分江,一浮北之分江,意者古时大江面积最广,故明之大江,南北两岸相距多四十里而遥。始则两岸各有沙洲,久之洲与洲相接而成分江,分江渐塞,则潴为内湖,再湮遂为平陆也。秦汉浮江,皆分江而非正流,则古代大江之无交通,又可决也。

## 古南江水道

《禹贡》言:“三江既入。”而惟于导漾曰“东为北江”,于导江曰“东为中江”。则三江之条不具。《班志》备言北江、中江、南江,此即《禹贡》之说也。《禹贡》之义,必有南江可知。而《禹贡》无南江者,《班志》言“分江水首受江,东至馀姚入海”。许慎言:“江水至会稽山阴为浙江。”南江之流独远。知古者以翳无间为东,会稽为东南,而泰山为中,(《尔雅》说)实沿海岸线而南北分布。故于东南知有南江之交通。此三江之名,起自古昔,而《禹贡》沿之。然《禹贡》地望,东不至翳无间,东南不至会稽,但专详于黄河南北两岸,已离海而就陆,故于会稽、南江,皆不能明。至秦汉拓地远,而南江之坠迹乃复明也。王先谦依《水经注》脉南江水道言:“旋溪泾水合流后,北迳施家渡,有清弋江之名。又北左与五丈湖通,又至湾址镇北出,右合水阳江。南江水道由此东也。又北左与天成湖通,南江东流,由清弋江入水阳江,以达南湖也。”(南碕湖)《注》又云:”南江又东迳故鄣县南,安吉县北。”《纪要》:“故鄣在广德州东南九十里,湖州府长兴县西南八十里。故安吉在今州治西南三十里。”南江又东北为长渎,历湖口,阮元云:“《寰宇记》箬溪在县南五十步,一名赵渎,注于太湖。赵渎即长渎之故迹。”《注》又云:“南江东注于具区,谓之五湖口。一江东南行七十里入小湖,为次溪,自湖东南出为谷水。谷水出吴小湖,迳由拳县故城下,又东南迳嘉兴县城西。”阮元云:“由太湖至嘉兴,乃南江故道。”王先谦云:“南江自吴东南出,迳泰兴、秀水、嘉善、桐乡、石门五县境,并汉由拳地,道元误以为谷水。”《水经注》云:“浙江自山阴东流迳御儿乡,《国语》‘勾践之地,北至御儿’,是也。韦昭云越北鄙在嘉兴。又东迳柴辟南。《越绝书》称吴‘故从由拳辟寨渡会稽,凑山阴’,是也。”阮元云:“此可为南江即浙江之证,可为南江由吴江、嘉兴、石门、钱塘通名浙江之证。”《水经注》云:“南江枝分,历乌程县南,通馀杭县,则与浙江合。”阮元云:“此水不经吴县之南,从长兴、安吉即注钱塘,异于《班志》南江在南之说,故道元以为枝分。盖谷水自嘉兴而北，以至太湖，南江也。下塘运道，由石门、嘉兴上溯吴江，盖古南江之正流。”范本礼《吴疆域水道图》说：“汉乌程县在今县南，道元所谓南江枝分历乌程通馀杭者，即东苕溪也。”王先谦言：“南江自由拳境西南流，迳仁和县东北之塘栖镇，又屈而东南迳临平镇北，自此南行，宋之下塘运河，其故道也。”“南宋时开运河，自萧山县治北，又东接钱清江，又东出至绍兴府城西，又自城西东南出迳会稽县界，东流入上虞县，接曹娥江。又自上虞县西梁湖堰流至通明坝，入姚江。宋漕渠故道，即南江故道，柯水即曹娥，潘水即钱清，南江绝潘水、柯水而至馀姚。”《水经·沔水注》云：“浙江自临平湖南通浦阳江，又于馀暨东合浦阳江，自秦望分派，东至馀姚县又为江也，又东经黄桥下，又东经馀姚县故城南，又东迳穴湖塘，又东注于海。”惟古昔中国土宇东南至会稽山，故并南江而有三江之目。南江迳会稽者也。《禹贡》不著会稽南江，而三江俄空焉。赖《班志》、《许书》、《郦注》而南江之源委以明，正所谓浙江者也。由今者地形之知识，益臻确实，明大江以南，地层走向为东西，而无南北行之山脉。则南江由广德至安吉故迹虽湮，前人恒以为疑者，今可知其或亦不诬，此又一不出北江而至东南之一道也。

（以上二节引文多所删节）

## 古豫章水道存疑

《左氏》定四年传：“（吴伐楚），舍舟于淮汭，自豫章与楚夹汉。左司马戌谓子常曰：子沿汉而与之上下，我悉方城外以毁其舟，还塞大隧直辕冥阨，子济汉而伐之。……乃济汉而陈，自小别至于大别，三战，……不可。十一月……二师陈于柏举，……

吴师大败之，及清发，……又败之，五战及郢。”昭二十四年“胥犴劳王于豫章之汭”。曰“自豫章与楚夹汉”。定二年又曰“吴人见舟豫章”。则豫章固水名也。顾景范言：“吴、楚所争，实在淮、汉之间，自昔由江汉之间以达于淮，豫章实为要害。而其地今不可考，乾溪在亳州（子荡伐吴，师于豫章而次于乾溪），徐在泗州（楚师还自徐，吴人败诸豫章），弦在光州（右司马稽救弦及豫章），则豫章当在近淮之地，光州寿州之间。”顾栋高曰：“豫章系宽大之语，……柏举在麻城，从寿州循淮而西，历河南光山、信阳三关之塞，至麻城六百里，至汉口九百里，杜氏所云豫章在江北淮水南者，正当即指淮汭而言，……寿州至汉口，中历光州、信阳州、黄州至武昌、汉阳夹峙之汉口，循淮至汉，路径甚明。”豫章之可考者，两顾氏备举之也。焦循言：“自豫章与楚夹汉，分明豫章为水，与汉相通，汉水东至大别，而南入江，豫章通汉之处，宜即近于大别。大隧、直辕、冥阨在今信阳之南，司马谋断其后，则吴似已从信阳来，真孤军深入也。”（节引）焦循之说，固斥顾栋高氏，确定豫章为水，其说甚精。而又以豫章之水由汉而东，达于庐、寿之间，则于地理情势，似不可能。吴师之来，已过三关，故司马谋断其后。柏举在麻城东三十里，清发在安陆西北，则吴师舍舟后自北而南，顾氏所云“循淮而西，历河南光山、信阳三关至武昌”，其说为不可易。夫自豫章与楚夹汉，豫章为水，而吴师之来，已过义阳三关，则豫章之水，其流当自信阳、应山，由北而南，以入于汉，非自庐寿由东而西，以通于汉也。稽之地志，自义阳三关而南达于汉之水为澴河，更西则为涢河，则豫章即澴河也。一统图澴河北达淮，南达汉（图是否足据尚待证实），稍东而狮河又北入淮。豫章之汭，自当于信阳近地求之。吴人见舟于此，越人归楚乘舟亦由此。吴楚交通，系沿淮而西，自信阳越三关而南，以至于汉，则固无所疑也。杨守敬言："疑古时汉水，由安陆通宋河，东趋溳河，入渚波湖，至阳逻南入江。其自安陆以下，天门潜江以上，是汉水枝津分流，为《禹贡》荆州之潜。自宋河不受汉水，汉水始由枝津下潜江天门，至汉阳鲁山入江。"则古豫章通汉，当即在安陆之东，故杜预言："豫章在汉东。"柏举、清发皆沿豫章及近汉处，吴师越三关沿豫章而南，以达于汉，楚之东出，道亦由此，沿淮而东，由芍陂、邗沟两道入江。郢及姑苏间之交通，皆舍江而弗由，纡道期思、豫章诚以云梦、九江之险，非偶然也。淮水自桐柏而西北以通于唐河，又西南至襄阳入汉。则溳河下达于汉，上通于淮，亦犹唐河，事或然也。

## 古代长江流域之生物与气候

《禹贡》荆州"厥贡羽毛齿革"，扬州"厥贡齿革羽毛惟木"。注云："齿，象齿，革，犀皮。"《尸子》言："荆有云梦，犀兕麋鹿盈溢。"《左氏传》：重耳语楚子亦曰"羽毛齿革，则君地生焉"，《吕氏春秋》言："禹入裸国，裸入衣出，因也。"是南方古有裸国，盖地气炎蒸，犀象居之。西人谓我国古象形文字中，多见热带之动植物，因有汉族南来之说。然绝无他证，以验南来。而文字中能象热带动植物之形者，即彼时长江流域之生物也。盖古时黄河流域之气候，略如今日之长江，古时长江流域之气候，略如今日之珠江，故生物亦因之以异。地气盖自北而南移。近代探险家言北极有石炭，是北极在前世为温带或热带亦可知。而探险蒙古者言世界大动物，皆发现于蒙古一带，则最初依动物而生之人类，当亦导源于此。美之人类学家遂谓北极一带，三百万年前气候极暖，哺乳动物均生于此。其后气候转寒，林木逐渐枯槁，动物因之南下。斯盖因大陆漂移，或地轴改变之故，而温带热带以渐南移。凡《孟子》所言草木榛榛，禽兽逼人之概，《世俘》所记克殷所获虎兕之数，皆后来北方之所不能见。而猛兽龙蛇之害，古时恒见之动植物，后或绝也。北方地下发掘，亦见水牛、犀象之骨，蛇鸟之卵，皆足以验古今气候迁移之故，重以湖泽之夷为平陆，薮浸之约为川流，雨量气候，将亦因之，惟我先民文化发生之期，即黄河流域气候最和之际，故古代迄于周秦，文明盛于河域，于时之地理与气候，有以致之也。

## 周时夷夏之分布与地理

周都丰镐，又营雒邑为王城以朝诸侯，东西二都，长短相覆为千里曰王畿，此沿渭水流域以及南河流域者也。鲁卫之封方四百里，太公封于齐兼五侯地，此自南河流域以及济水流域者也（别论于《古史甄微》）。自西而达于东，二都鲁卫与齐实监临之，而同姓甥舅之国，散处其间。《始皇本纪》淳于越言："殷周之王千余岁，封子弟功臣自为枝辅。"《汉兴以来诸侯年表》云："武王成康所封数百，而同姓五十五。"《荀子·儒效篇》云："（周公）立七十一国，姬姓独居五十三人。周之子孙苟不狂惑者，莫不为天下之显诸侯。"《左氏》昭二十八年传成鱄亦曰："（武王）兄弟之国者十有五人，姬姓之国者四十人。"周临天下，同姓之封，所系实重也。《国语》言："昔挚畴之国也由太任，杞、缯由太姒，齐、许、申、吕由太姜，陈由太姬。"则异姓婚媾之封次之，故曰周之宗盟，异姓为后。《郑语》史伯曰："非王之支子母弟甥舅，则皆蛮荆戎狄之人也。”凡于时开拓已久之地。周之兄弟甥舅之国错居之。而未开拓者则弃之以与荆蛮戎狄。若《乐记》言:“武王克殷……未及下车而封黄帝之后于蓟(《吕氏春秋》言封铸),封帝尧之后于祝(《吕氏春秋》言封黎),封帝舜之后于陈。下车而封夏后氏之后于杞,投殷之后于宋。”《史记》又言:“封神农之后于焦。”兄弟甥舅之外,周之所封,仅古帝夏殷之后而止。而三监制殷虚,三公制东土,以与镐、雒之势相维持。虽史迁言“唐虞之侯伯,历三代千有余载”。然周末强国以十数,皆周之新封,百里而上之大国。则所以制天下者已密也。兹列周之封建,以见与于时开拓之地,若合符契。凡山陵薮泽未开化之域,周人所不至者,则一任戎狄之奔窜于其间。要荒之服,戎狄所居,固不以地之近远,而惟视开拓与否。及乎西北民族之南下,则沿地理之关系,投间抵隙,相率而至,侵暴诸夏,至秦卒以夷灭六国,而三古之文化以剧变也。

## 周代封建与地理

一、渭水流域　此周之宗邦,其建国可考者凡十一。文王都丰,武王都镐,而《左氏》曰:“毕、原、丰、荀,文之昭也。”则都镐以后,丰有封国。又魏、骀、芮、岐、毕,吾西土也。骀为后稷封地,即诗之邰,兹并引之。

| | |
|---|---|
| 周　(岐山) | 召　(岐山) |
| 崇　(鄠县) | 丰　(鄠县) |
| 骀　(武功) | 毕　(咸阳) |
| 彤　(华县) | 杜　(华州) |
| 芮　(朝邑) | 梁　(韩城) |

韩 （韩城）

二、汾水流域　此太行以北，汾、潞、昭祁一道，所谓北辟者也。周之建国，皆依乎汾川，可考者凡十一国。而晋处于最前，已与异族相接。所谓晋居深山之中，戎狄与邻。此唐叔之封以怀姓九宗，而疆以戎索者也。

晋 （太原）　　霍 （霍城）
杨 （洪洞）　　荀 （绛州）
贾 （蒲城）　　耿 （河津）
冀 （河津）　　郇 （临晋）
虞 （虞县、平陆）　　魏 （芮城）
西虢 （平陆）

三、河、济以北　此成周之北，太行之外，河以北之国也。河至大伾北行，则并济以北、河以东计之，虖沱、涞、易一道，所谓新辟者也。而封国北限于邢，赤狄之来，首当其冲。封国之多，则仍在衡漳以南，可考者十二，而檀伯附焉。

邢 （邢台）　　黎 （黎城）
卫 （淇县）　　共 （辉县）
南燕 （汲县）　　胙 （汲县）
凡 （辉县）　　雍 （修武）
邘 （河内）　　苏 （温县）
原 （济源）　　檀

四、河、洛以南　此成周以南，伊洛、外方以外，虎牢以西封国也。其东南封国尤众，而强分之且止于此，可考者十国。

焦 （陕州）　　毛 （宜阳）

| | | | |
|---|---|---|---|
| 刘 | （偃师） | 滑 | （偃师） |
| 鄔 | （缑氏） | 应 | （鲁山） |
| 康 | （禹县） | 畴 | （禹县） |
| 密 | （密县） | 郐 | （密县） |

五、汉水流域　此外方、桐柏以南，而并及《职方》所谓溠、湛者，亦新辟日南者也。《左氏》曰：周之子孙在汉川者，楚实尽之。又曰：汉东诸国随为大，则周之所封国多，见于《春秋》者既略，而卢戎已处于襄阳近地南漳，所见诸国之为戎为夏，已不易别。武王封宗姬于巴，于《国策》汉中之甲，乘船出于巴，乘夏水而下汉，四日而至五渚。知巴子之封初在汉，后乃南下入于西汉水至阆中，盖南下而至于江。于荀卿书曰巴戎，蜀地有苴在汉中，倘蜀先亦为汉域之国，而后亦南迁。褒于今为褒城，亦在汉域，庸地括今之兴安，麇都锡穴在白河，皆今为陕西地。后皆南向拓地广远，趋陷异俗，此皆汉域国之不易言者，今惟依申、吕、随、唐诸国言之，可考见者凡十六国，庸、绞诸国地远事晦，不具列也。

| | | | |
|---|---|---|---|
| 申 | （南阳） | 吕 | （南阳） |
| 蓼 | （唐县） | 鄀 | （内乡） |
| 邓 | （邓县） | 穀 | （穀城） |
| 鄾 | （襄阳） | 罗 | （宜城） |
| 权 | （当阳） | 鄢 | （宜城） |
| 唐 | （随州） | 随 | （随州） |
| 贰 | （应山） | 轸 | （应城） |
| 郧 | （安陆） | 厉 | （随州） |

六、波、溠、颍、湛流域　此大河以南，所新辟益南，《春秋》所称为夏路者也。楚夏交通，恃此一线，故曰陈当楚、夏之交。姬姓之国，沈、息最南，已与江、黄诸嬴姓东夷之国壤地相错，则考者凡十四国，以沈即聃，从钱坫说，不复别出。

| | | | |
|---|---|---|---|
| 东虢 | （汜水） | 郑 | （新郑） |
| 管 | （郑县） | 祭 | （郑县） |
| 蒋 | （固始） | 许 | （许昌） |
| 房 | （遂平） | 蔡 | （上蔡） |
| 挚 | （新蔡） | 陈 | （淮宁） |
| 顿 | （商水） | 项 | （项城） |
| 沈 | （汝阳） | 息 | （息县） |

七、菏、泗流域　此菏、泗东西，济水泰山以南之域也。鲁为最大，《明堂位》所谓方七百里者也。滕以狄道，而郳又夷也，事同乎杞。贾逵已云：极，戎邑。郯、鄫之属，益无俟论。周之封国，可考者凡十八国。

| | | | |
|---|---|---|---|
| 杞 | （杞县） | 宋 | （商丘） |
| 戴 | （考城） | 葛 | （宁陵） |
| 单 | （单县） | 曹 | （定陶） |
| 郜 | （城武） | 极 | （鱼台） |
| 茅 | （金乡） | 郜 | （济宁） |
| 任 | （济宁） | 鲁 | （曲阜） |
| 牟 | （莱芜） | 郳 | （邹县） |
| 滕 | （滕县） | 薛 | （滕县） |
| 郧 | （郧县） | 颛臾 | （费县） |

八、济、汶流域　此泰山以北，济、汶南北之域也。而齐为大。太公封齐，而莱夷与之争营丘，其后齐、莱之间有纪，斥地最广，自齐之东南，大略皆东夷也。周之封国可考者凡十国。

| | | | |
|---|---|---|---|
| 齐 | （临淄） | 谭 | （历城） |
| 祝 | （肥城） | 遂 | （宁阳） |
| 铸 | （宁阳） | 郕 | （汶上） |
| 宿 | （东平） | 须句 | （东平） |
| 鄣 | （东平） | 郭 | （东昌） |

由上考之，渭、洛、河、济一线，周之二都三监镇之，大建齐、鲁、卫以临之。于时开化特久之域，即周建藩之主要封国。其齐、鲁以东南，滨海之区，华族所不重，则东夷居之。有莱（黄县）、纪（寿光）、夷（即墨）、介（胶州）、莒（莒县）、根牟（沂水）、阳（沂水）、向（莒州）、鄅（兰山），于馀丘（兰山）、郯（郯城），由泗至淮，所谓淮泗之沮洳区，华夏所不重，东夷居之。有郯（郯城）、鄫（峄县）、偪、偪阳（峄山）、萧（萧县）、亳徐（铜山），而邾、郳、滕已夷也。淮水南北，郑玄所谓趋陷于彼俗者也，嬴偃之族，实繁有徒：有江（正阳）、黄（光县）、道（确山）、柏（西平）、东不羹（舞阳）、西不羹（襄城）、弦（蕲水）、赖（商城）、胡（阜阳）、蓼（霍丘）、六（六安）、英氏（六安）、巢（巢县）、宗（庐江）、舒鸠、舒蓼（舒城）、舒桐（桐城）、舒鲍、舒龚、舒庸、锺吾（宿迁）、锺离（临淮），自波、滍、颍、湛而南，所谓夏道之国，已与此相接也。此皆东南之族，匡衡所谓商、周东不过江、黄，西不过氐、羌者也。宣、幽而后，周东南拓地，用兵江、汉、徐、淮，则夷夏益相逼处，其可考见者遂多。云梦以西，巴、楚、庸、蜀、麇、夔、百濮之属，及他小国，皆要荒不臣

之域，王者不治。江海之区，盖昔皆弃之以与蛮夷，而诸夏未之争者。若西北之族，猃允、犬戎之属，既有关中，内侵日深。南及谢西之九州，东及太行，以入于商、鲁之间。正以山泽之间，昔为诸夏之所弃，而山戎、北戎、长狄之所处。故诸族遂乘隙窜据于其间。北戎居太行及九河沮洳地。鄋瞒居孟诸、巨野、雷夏、菏泽、大野群泽之间，而山戎亦出没于太行，是以赤狄、白狄因之。明于周代地理之故，而后有以审周之封建，其所以辨夷夏之居，及民族迁徙之迹，皆非偶然也。若夫吴、越之居，盖无与于周人建藩之事。燕、蓟独居北鄙，其故已别论之于《古史甄微》，此不详说。审乎此，则周代致戎逼诸夏之祸者，胥当依地理之实求之也。

# 【第二】 周民族之南移

## 西周末年之旱灾

西周末造，一夷夏迁徙之会也。而迁徙之故，殆原于旱灾，实以于时气候之突变。《诗·雨无正》，“刺厉王也”(从郑玄说)，诗曰：“浩浩昊天，不骏其德。降丧饥馑，斩伐四国。”《随巢子》云：“厉幽之时，天旱地坼。”《御览》引《史记》云：“十四年大旱，火焚其屋，伯和篡位立；秋又大旱。”《通鉴·外纪》云：“二相共立……宣王，大旱。”此应据《竹书纪年》文也。知厉王时饥馑为困，自伯和之篡，至宣王之立，为一长期旱灾。皇甫谧言：“宣王元年天下大旱，二年不雨，至六年乃雨。”此固可惊之事也。《诗·云汉》，“美宣王也”，诗曰：“旱既太甚，涤涤山川，旱魃为虐，如惔如焚。”《诗·鸿雁》，“美宣王也，万民离散，不安其居，而能劳来还定安集之”，诗曰：“鸿雁于飞，肃肃其羽，之子于征，劬劳于野。”知宣王时亦患旱灾，而人民离散。《召旻》，“凡伯刺幽王大坏也”，诗曰：“瘨我饥馑，民卒流亡，我居圉卒荒。”《楚茨》，“刺幽王也，田莱多荒，饥馑降丧，民卒流亡”，知幽王时亦以旱灾而人民流徙。《诗·中谷有蓷》，“闵周也，……凶年饥馑，室家相弃”，《疏》云，“平王之时”。《葛藟》，“刺平王也，周室道衰，弃其九族”，诗曰：“终远兄弟，谓他人父；谓他人父，亦莫我顾。”知平王时亦以旱灾而人民之流亡犹昔也。厉、宣、幽、平凡历一百五十余年，而旱灾与人民之流徙不绝于诗，此国史上一大故也。《谷风》之诗刺幽王曰：“习习谷风，惟山崔嵬，无草不死，无木不萎。”则于时旱灾之烈尤为可惊。

近世考新疆气候者，以为“时有变迁。在两汉时期，雨量充足。自东晋以迄唐代，雨量骤减。至北宋（10 世纪）及元代末叶（14 世纪），雨量又略增进。在南宋（11 世纪）及明代中叶（15 世纪），天气又复亢旱”。竺藕舫氏验中国本部历史上之气候，以为“第四世纪旱灾之数骤增，而雨灾之数则骤减。自晋成帝咸康二年迄刘宋文帝元嘉二十年，一百又八年中，竟无一次雨灾，而旱灾则达四十次，岂非第四世纪天气亢旱乎？余则雨灾少者为十五世纪，至十六世纪，旱灾之数为各世纪冠”。以证新疆气候在四世纪与十五世纪骤然干燥之说的为可信。

美人达克勤氏以松柏年轮之厚薄定往昔雨量之多寡，谓“四世纪以后雨量骤减，至十世纪末雨量稍增，越五十年又减，以至十二世纪末叶。至十四世纪初期,雨量复增。但自十五世纪又锐减,以迄十六世纪初叶”。则是欧美近二千年之雨量亦与中国略同。奥人白路克纳亦谓“十二、十三两世纪,欧洲温度较低,而十五世纪之温度则较高”。是皆欧美历史上气候之变迁,与中国不相远。竺氏又言:“据在西美各州古木年轮之测量,断定西历纪元前九六〇年左右,周穆王时代,为雨量丰沛时期。而纪元前七八〇年左右,周宣王时代,为干燥时期。”则《随巢子》、《竹书纪年》、《帝王世纪》及《诗》三百篇所载,信为巨灾。

## 江域雨泽独丰

西周末年,虽中国罹此大旱,而长江流域,似实未受此旱灾之影响。《诗·谷风》,“刺幽王”,曰:“习习谷风,惟山崔嵬,无草不死,无木不萎。”知于时灾祸之巨。古代汉族皆繁殖于黄河流域,当时中国北方必罹旱灾可知。《通鉴外纪》引《竹书纪年》:“孝王七年冬大雨雹,牛马死,江汉俱冻。”江汉之冻,足征南方之温度反低而气候寒,则南方之雨量或丰,未受北方旱灾之影响。竺藕舫氏谓:“南宋时代,黄河流域雨量虽减退,而长江流域雨量则反增加。”又据印人华葛谓:“朝鲜、南满、黄河下游之雨量,依日中黑子之数增加而减退。长江下游之雨量,则依日中黑子之数增加而增进。”依竺氏统计,谓“南宋一代日中黑子之多,为自晋迄明所未有”,知于时长江流域雨量增加为不误。至日中黑子之多则谓“以地面温度之减低”。竺氏又依终雪期之统计,云“自南宋高宗讫于理宗,共有四十次之春雪,则当时温度特别低减,故日中黑子特别增多。依冬春雪之多少,可知当时风暴之途径。风暴由长江流域入海,则风来自北,温度低而多雪。如风暴掠黄河流域入海，则风来自南，温度高而无雪”。西周末年之气候，较之南宋之气候颇觉相似。竺氏谓：“奥国人勃落克纳，以西亚里海海面之升降，而推定纪元前八〇〇年左右，周厉宣诸王时，为湖面（里海为湖）最高时期。即雨量丰沛时期。”而王以中氏口译亨丁顿书，以“里海属于日中黑子多而雨量亦多之地带”。则西周之末，中国黄河流域大旱，而长江流域则气候寒而雨泽丰，故江汉冰冻，牛马以死。《洪范五行传》曰：“周幽之败也，日晕再重，一黑尽上下通在日中。”此殆即于时日中黑子之记载，尽上下通在日中，则黑子之盛也。唐庆臻《中国经济思想史》称英经济家及逢斯倡太阳黑点理论，以为：“太阳倘有黑点出现，即为农业歉收之象征，将由是而引起其他经济事业之衰落。一循环之距离为十年。”却泼曼倡论谓：“经济循环一来复，占时凡十二年。”《史记·货殖列传》载计然之言经济循环云：“岁在金穰，水毁，木饥，火旱，……六岁穰，六岁旱，十二岁一大饥。”白圭之言曰：“太阴在卯，穰，明岁衰恶。至午，旱，明岁美。至酉，穰，明岁衰恶。至子，大旱，明岁美，有水。至卯，积著率岁倍。”中西诸儒先后研究之结果，于经济循环所占之年数，意见颇能一致。计然所言当然不及近世经济学说之详密。然以二千年前之人，于经济变化循环之至理，乃能洞若观火，其识见之度越寻常，岂可思议。计然与及逢斯之能意见一致，盖同据太阳中黑子之考验。斯亦足验证东迁前后，为日中黑子多之时也。合东西之考察与记载观之，则有以见西周末年，长江流域雨泽固丰，故宣幽之世，尽力于开拓淮汉之域，而大移徙国人于此土也。民卒流亡，西北空虚，则以西周之人，逐雨泽先已东南迁也。



《黍苗》之诗曰：“芃芃黍苗，阴雨膏之，悠悠南行，召伯劳之。我任我辇，我车我牛，我行既集，曷云归哉？我徒我御，我师我旅，我行既集，曷云归处？肃肃谢功，召伯营之。烈烈征师，召伯成之。原隰既平，泉流既清，召伯有成，王心则宁。”此固言车牛徒御，以移徙于谢。平原清泉，阴雨黍苗，则有丰年之乐，足以安居。谢在南阳，为汉水流域，故曰“悠悠南行”也。《崧高》之诗，“美宣王能建国亲诸侯，赏申伯”，诗曰：“王命申伯，式是南邦，因是谢人，以作尔庸。王命召伯，彻申伯土田，王命传御，迁其私人。”又曰：“王遣申伯，路车乘马，我图尔居，莫如南土。”此正言宣王迁申伯于谢，而命召伯营之，与以车马而迁其私人，阴雨清泉，已非旱魃所能为虐。时和岁丰，此周之所以迁其人于南邦者乎？则淮汉之域，雨泽正沛，而民之流亡者乐归之，事足验也。

## 宣幽继世南向移民

西周之末，以北方大旱而淮汉流域丰稔之故，人民流徙自然趋于南方。周室盖亦以开拓南方，移民淮汉为职志。《左传》昭十六年，子产曰：“昔我先君桓公与商人皆出自周，庸次比耦，以艾杀此地，斩之蓬蒿藜藋而共处之。”则幽王之时，郑已东徙，固无俟于骊山之祸。《郑语》：“桓公问于史伯曰：‘王室多故，……其何所可以逃死？’史伯对曰：‘其济洛河颍之间乎？’桓公曰：‘南方不可乎？’又曰：‘谢西之九州何如？’”皆其汲汲欲南之意。《史记》言：“（桓公）于是卒言王，东徙其民雒东。”是周末东迁之先，而郑于桓公之世已东徙也。《左传》襄十四年载戎子驹支曰：“谓我诸戎，是四岳之裔胄也。赐我南鄙之田，狐狸所居，豺狼所嗥，我诸戎除剪其荆棘，驱其狐狸豺狼，以为先君不侵不叛之臣。”夫伊雒之间，王畿之近地，陆浑之戎来居之，已荆棘之墟而豺狼之窟，其旷废若是也。戎之东接于郑，郑之始来，亦曰“艾杀此地，斩之蓬蒿藜藋”，则雒东之荒莽犹戎之居也。郑之东接于宋，《左传》哀十二年曰：“宋郑之间，有隙地焉，曰弥作、顷丘、玉畅、喦、戈、锡。”则自郑而东，犹隙地也。夫晋之赂秦，而“东尽虢略”，周之锡郑，则“与之武公之略，自虎牢以东”。伊雒河济之间，皆沃土而开化独早之地，乃荆棘生之，荒凉已甚，岂以旱灾之故，民之流亡者已多欤？地旷人稀，故以之为虢郑之略耶？关中厥田上上，周郑且不居，其情又可想也。

《黍苗》之诗：“悠悠南行，召伯劳之。”“肃肃谢功，召伯营之。”《召旻》之诗：“昔先王受命，有如召公，日辟国百里；今也日蹙国百里。”辟国百里，惟召穆公开拓淮汉足以当之，非召康公事也。曰：“申伯之功，召伯是营。”“于邑于谢，南国是式。”此召穆公之有事于汉。《江汉》之诗，“召穆公平淮夷也”，曰：“江汉之浒，王命召虎，式辟四方，彻我疆土。”又曰：“率彼淮浦，省此徐土。”此召穆公之有事徐淮。此所以为“日辟国百里”，而宣王之功亦宏矣。《左传》昭四年：“周幽为太室之盟，戎狄叛之。”岐阳之蒐，涂山之会，太室之盟，等论齐功，则幽王盖亦欲力征四夷者。《诗·苕之华》：“闵幽王之时，西戎东夷交侵中国，师旅并起。”《何草不黄》，“下国刺幽王也，四夷交侵，用兵不息”。《渐渐之石》，“下国刺幽王也，戎狄叛之，荆舒不至，乃命将率东征”。宣王惟定徐淮，而幽欲平荆舒，则用兵规模益远也。《小雅》之诗：“鼓钟将将，淮水汤汤。”《故训传》谓“幽王会诸侯于淮上”，朱右曾以“幽为太室之盟，颍水出太室而入于淮，意太室会后，遂浮颍而入淮”。《十月之交》，“刺幽王”，诗曰：“皇父孔圣，作都于向，择三有事，亶侯多藏。不憖遗一老，俾守我王，择有车马，以居徂向。”幽王方用兵于荆舒，皇父为濯征徐国之帅臣，则向宜在淮上。《春秋》襄十四年“会吴于向”，于今为怀远县东北四十五里，当即其处，召伯营谢，皇父作向，其事一也，故择有车马以徙之。下篇《雨无正》之诗曰：“谓尔迁于王都，曰予未有室家。”又曰“正大夫离居”，皆为迁向之事。《郑笺》云：“尽将旧在位之人，与之皆去，无留卫王。又择民之富有车马者，以往居于向。”知徙者为王官(用《孔疏》说)。《笺》又云：“作都立三卿，皆聚敛之臣，礼畿内诸侯二卿。”尤见三卿非畿内采邑之制。诗曰：“胡为我作，不即我谋，彻我墙屋，田卒汙莱，曰予不戕，礼则然矣。”《笺》云：“女何为役作我，不先就与我谋，使我得迁徙，乃反彻毁我墙屋，令我不得趋农田。此皇父所筑邑人之怨辞。”则当时作役之浩大亦可知也。

《诗·大东》，“刺乱也，东国困于役而伤于财”，诗曰：“小东大东，杼柚其空，纠纠葛屦，可以履霜。”又曰：“东人之子，职劳不来；西人之子，粲粲衣服；舟人之子，熊熊是裘；私人之子，百僚是试。”岂以作向立三卿皆聚敛之臣，遂至东土之耗斁若斯，而反以奉西人之奢逸耶？《常武》之诗曰：“不留不处，三事就绪。”皇父作向，而“择三有事”，则宣王惟竟武事，不留不处。至幽而后择车马以迁之，以皇父成召虎未竟之功。此周之专力于淮汉也。《左传》曰：“宋萧亳实杀子游。”谓宋万弑闵公于蒙泽事也。宋都睢阳，其东南境最阔，包有彭城，春秋之初，萧亳已入于宋。萧为附庸，亳则颛顼之后，国于蒙者也。则宋之辟地于淮，当在未入春秋之先。知周室既衰，宣幽两世所经略者已毕入于宋。此其东南境所以拓地最远者耶？

# 【第三】 西戎东侵

## 猃狁东侵

西晋以荒歉兵战之余，人民流徙，而羌胡之祸兴。周亦同然，而猃狁、畎戎以构难。猃狁者实荒裔之族，而侵暴中夏。殆即后之所谓塞种者也。《广宏明集》七引荀济《论佛表》云："《汉书·西域传》：塞种本允姓之戎，世居敦煌。为月氏迫逐，往葱岭南奔。"是允姓之戎，即塞种也。吴承志氏以允姓之戎，为猃狁之后。王静安氏以隗姓之狄，为鬼方之后。说皆可从。若然，则猃狁即塞种也。张骞言："乌孙王号昆莫，本与大月氏俱在祁连敦煌间,(匈奴西边)小国也。月氏攻夺其地,人民亡走匈奴。单于以其民众与昆莫使将兵,数有功。时月氏已为匈奴所破,西击塞王,塞王南走远徙,月氏居其地。昆莫遂西攻破大月氏,大月氏复西走徙大夏地,昆莫略其众,因留居。”(节引)《汉书·西域传》言:“乌孙本塞地也,大月氏西破走塞王,塞王南越县度,大月氏居其地,后乌孙击破大月氏,大月氏西臣大夏,而乌孙居之,故乌孙民有塞种。”又言:“大月氏西君大夏,而塞王南君罽宾,塞种分散往往为数国。”塞种屡迁,而月氏皆夺其地,塞王南走印度, 而月氏旋亦至焉。《水经注》:“罽宾之境, 有盘石之隥道。……行二千里许,方到悬度。”《汉书·西域传》:悬度者,石山也,在皮山国以西,罽宾国之东也。则月氏之居祁连敦煌,谅亦为塞种故地。《王会》言:正西昆仑、狗国、鬼亲,正北空同、大夏、月氏。是月氏自北来,然后夺塞王地,居敦煌,则荀济以塞种即允姓戎,居敦煌,说自可依。此《汉书》,当是华峤、薛莹辈书也。允姓之戎西迁为塞王,则周之猃狁为塞种之祸自明。《穆天子传》言:“毕人告戎曰‘陖翟来侵’。天子使孟悆如毕讨戎。”陖翟即允狄即猃狁,此猃狁之初至也。《匈奴列传》言:“至懿王时,……戎狄交侵,……中国被其苦,诗人……疾而歌之,曰:‘靡室靡家,猃狁之故,’‘岂不日戒,猃狁孔棘。’”周室猃狁之祸自是而炽。曰“岂敢定居,一月三捷”,王室威灵犹振也。又言“宣王命将征伐,诗人美大其功,曰‘薄伐猃狁,至于太原。出车彭彭,城彼朔方’,是时四夷宾服,称为中兴。”是异于《毛诗》古文,以《采薇》、《出车》为文王诗也,故《人表》亦以南仲召虎次周宣王世。《六月》之诗言吉甫,《出车》之诗言南仲,而《采芑》之诗又言“显允方叔,征伐猃狁”,明宣王之世将命者非一人。曰“昔我往矣,黍稷方华”，曰“六月栖栖，戎车既饬”，则出师者非一次。《通鉴外纪》惟言：“宣王三十四年王征猃狁。”未知刘氏本之何书。而金文《虢季盘》言：“惟王十二年正月初吉丁亥作宝盘，丕显子白，博伐猃允，于洛之阳。”张石洲依罗次球以四分周术推之，周世惟宣王十二年建子月之三日为丁亥。《兮甲盘》：“唯五年三月既死霸庚寅，王初格伐猃允。”王静安氏亦推算为当宣王世。《不嬰簋》：“唯九月初吉戊申，伯氏曰驭方猃允广伐西俞。”此周先后伐猃狁之可考者。事非一次，盖与《诗》同。《史记·周本纪》、《十二诸侯年表》皆不言宣王伐猃狁事，惟一记姜氏之戎。《后汉书》言：“宣王立，四年使秦仲伐戎。后二十七年（即三十一年），王遣兵伐太原戎，不克。后五年（即三十六年），王伐条戎，奔戎。王师败绩。后二年（即三十八年）戎人灭姜侯之邑。明年（即三十九年），王征申戎破之。后十年，幽王命伯士伐六济之戎（济或浑字之误）。”章怀注云：“并见《竹书》。”此记宣王伐戎事颇悉，亦不言猃狁。则此之言条戎、奔戎、申戎者，即南仲、吉甫、方叔异时以伐之猃狁也。《周语》：“（宣王）三十九年战于千畝，王师败绩于姜氏之戎。”《竹书》以三十九年伐申戎，则申戎即姜氏之戎，即申侯也。戎灭姜侯之邑，或即申侯。申先败于戎，而宣遂克之。斯则猃狁可考见者有三国。塞种之来盖并鬼方、犬戎而属之，故隗姓之赤狄亦号猃狁；亦并姜氏之戎而属之。于后陆浑允姓之戎既至伊雒，亦并先至之扬、拒、泉、皋、犬戎而属之。陆浑之戎亦有姜氏，而晋灭之陆浑子则为允氏，亦以塞种之最强，能并犬戎姜戎而属之，先后一也。

《六月》之诗：“猃狁匪茹，整居焦获，侵镐及方，至于泾阳。”《尔雅》郭注云“焦获为池阳县瓠中是也”，在陕西泾阳县西北。

此允姓之族自瓜州东南下，及宣王世已侵入关中。曰“整居”，则已建牙焦获也，于是北侵镐方，南逼泾阳，是其游骑四出，所渐者广；而丰镐之间，四郊多垒。王先谦言：“獫狁居泾东之焦获，逼近周京，纵兵四出，蹂躏方镐泾阳之地。当日周廷命将，以方叔统重兵扼驻泾西，屏蔽京邑。吉甫自泾阳进兵镐地，南仲筑城于方，獫狁首尾受敌，遂大奔窜。于是吉甫追至太原，南仲移兵西戎，克获而归，杨雄所云‘宣王命将攘之泾北’也。自镐地而至太原，追逐千数百里，功亦伟矣。”于是周之六飞既出，挞伐大张，至于太原，则已逐玁狁于太原之外，故周得料民于太原也。然后周与申戎约为婚媾，召伯营谢而迁申焉；以怀柔之策，施离间之图，于是玁狁不复能为中国祸。奔戎、条戎以远窜，遂不复见。惟姜氏之戎，于其盛时，来战于千亩，则逼王畿之近地。《周语》言：宣王不籍千亩，虢文公谏，弗听。三十九年战于千亩，王师败绩于姜氏之戎。是明以千亩之战，即不籍之千亩，此礼言天子千亩诸侯百亩者也。奈何说者纷纷，以晋州岳阳、河西介休解之乎？《毛诗·出车·序》言：“西有昆夷之患，北有玁狁之难。”《尚书》郑注亦言“南仲一行，并平二寇”，殆二寇之祸，并在一隅，故陈奂《诗疏》以獫狁居泾水之阳，而西戎居泾水之西。则西申者，即泾西之戎乎？《祈父》之诗，见王之爪牙亦在行陈，至是而周亦耗斁也。及周之东，允姓之奸复来渭汭，东及轘辕。则北至太原，南至伊雒，而塞种亦因散居其间，陆浑既灭，此来自瓜州之族，乃澌灭不复存矣。

《左氏春秋》桓二年：“初，晋穆侯之夫人姜氏，以条之役生太子，命之曰仇。其弟以千亩之战生，命之曰成师。”《史记·晋世家》言：“（穆侯）七年伐条，生太子仇。十年伐千亩有功，生少子名曰成师。”若此穆侯十年千畝之战，即宣王三十九年之战于千畝，征申戎破之。则穆侯七年伐条，适为宣王三十六年之伐条戎奔戎。符验若兹，则周晋于此二战，两国共之审矣。然以《年表》考之，晋穆侯十年为周宣王之二十六年，校之三十九年，差十余年。故宋人于周晋伐条及千畝之事，皆先后分别书之。然此固史公之误也。《汉书·地理志》引臣瓒曰：郑桓公“寄帑与贿于虢郐之间，幽王既败二年而灭郐，四年而灭虢，居于郑父之丘，是以为郑。”而《水经·洧水注》引《纪年》曰：“晋文侯二年，同惠王子多父伐郐克之，乃居郑父之丘，名之曰郑。”傅瓒为躬校《竹书纪年》之人，其说固取之《纪年》，文则相合。是《纪年》以幽王既败之二年，即晋文侯之二年，盖文侯与平王同元也。考之史公《年表》，晋文侯之元年，为幽王之二年，所谓幽王既败之二年，乃当于文侯十二年。史公纪晋文侯之年，已先于《竹书》者且十年。于是条及千亩两战，周晋隔越者，亦十数年。《后汉书》、《水经注》所引之《竹书》能自相同，而史公序两国事乃违异也。

## 犬戎猃狁与太原

穆王迁戎太原，而太原遂有戎祸，宣王又伐猃狁至于太原，太原系于戎夏之废兴亦重矣，而释太原者，纷纭莫定。顾炎武言：“朱子以今太原阳曲县即《诗》之太原。案求太原当先求泾阳所在。《后汉书》段颎破先零羌于泾阳，注泾阳属安定，在原州。《郡县志》原州平凉县，汉泾阳地，则太原即今之平凉；后魏立为原州，取古太原名尔。”胡渭说：“汉安定郡治高平，唐为原州，后徙治平凉，故州今固原州也。”胡氏所论，视顾尤悉。然犬戎与周相终始，本居近地，岂徙戎太原而后来固原耶？盖欲求太原，应先求镐方，王肃以为镐京。王基駮云："下章云：'来归自镐，我行永久'，……故刘向曰'千里之镐犹以为远'。"盖此《诗》之方即《出车》之方。《出车》曰："王命南仲，往城于方。""天子命我，城彼朔方。"知方即朔方。《郡县志》："夏州朔方县什贲故城，《诗》所谓城彼朔方。"则今榆林西北二百里废夏州城（在内蒙古自治区杭锦旗界内）。朱右曾言："赵武灵王筑长城，自代并阴山下，至高阙为塞。《汉书》元朔五年卫青伐匈奴，出朔方高阙。《史记·正义》称：'《地理志》：朔方临戎县北有连山，险于长城，其山中断，两峰俱峻，名为高阙。'高阙其镐与？"（节引）临戎城在废夏州西北也。朱氏以朔方高阙说此镐方，于义最谛。镐方既皆在废夏州，知太原即汉五原地，而六国之九原也。朱氏以六国秦赵之九原言太原，不犹愈于以后魏之原州证太原乎？《海内北经》言："有人曰大行伯，把戈，其东有犬封国。"又言："犬封国曰犬戎国。"《地理今释》曰："下文云'贰负之尸在太行伯东'，贰负之尸所在，当与贰负之臣所梏之疏属山相近；大行伯在其西，应在疏属山西北，今内蒙古鄂尔多斯中前后三旗境中。'大行'当读为'大衍'，谓'大沙衍之地'。"此亦赵九原地，谓犬戎迁九原，正与《海内北经》合，此犬戎于穆王迁后之新地，以朱说为最确也。

近世说太原者，恒依违于《尚书》、《春秋》而不敢决，致多违戾，是盖有义焉。《禹贡》冀州所纪，实雍州之太原，曰"壶口，治梁及岐，既修太原，至于岳阳"，此言壶口而西之所至也；梁岐皆雍州渭北之山，大原则九原（即唐之原州，亦近是），岳阳则《尔雅》所谓"河西岳"，即岍山也。曰"覃怀底绩，至于衡漳"，此言壶口而东之所至也；所谓清漳浊漳者也。安在《禹贡》冀州有太原耶？《左传经》昭元年："晋荀吴帅师败狄于大卤。"《传》曰："晋中行穆子败无终及群狄于太原。”杜注:“大卤,太原晋阳县。”古《经》作“大卤”而《传》作“大原”,《公羊》、《穀梁》之《经》则皆作“太原”。《公羊传》曰:“此大卤也,曷为谓之太原?地物从中国,邑名从主人。”何休注曰:“以中国形名言之,所以晓中国,教殊俗也。”则以群狄之至,而冀州有大卤之名,旧史仍之;新史以地物从中国之例,译之曰太原。故公羊子曰:“原者何,上平曰‘原’。”正释地物之义。穀梁子称:“《传》曰:中国曰大原,夷狄曰大卤,号从中国,名从主人。”又《穀梁传》襄五年:“会吴于善稻,吴谓‘善’伊,谓‘稻’缓,号从中国,名从主人。”是则中国译“伊缓”而后有“善稻”之名,译“大卤”而后有“大原”之名。晋阳得名大原,自狄之来晋北始,安在西周以往,冀州得有太原耶?以春秋以下晋之太原说西周以往雍州之大原,其误自《禹贡》郑注始,则以习于近闻而不审其实,沿讹袭非,遂迷误千载而不能正。王静安氏至说“太原兼汉太原西河河东三郡地”,吕诚之氏至说“狎狁獯育,古代已与汉族杂居大河流域,实无本居塞外之证”,倘皆由说太原未谛之故,致所谓“薄伐西戎”者为东戎,“荒服不至”者为畿甸也。

## 姜戎南侵

《周语》:“宣王三十九年,战于千畝,王师败绩于姜氏之戎。”以《后汉书·西羌传》计之,正为宣王征申戎之年。此为本之《竹书纪年》。夫姜氏之申戎,正《诗》之申伯,史之申侯也。《左传·正义》引《竹书纪年》言“平王奔西申”,此自为平王母家。《西山经》有申山,有上申之山,有申首之山,申水出焉。《地理今释》云:“申首之山,今甘肃中卫县南雪山山脉,东趋直至陕西葭州河岸为申山上申之山之首干故曰申首也。上申之山，宜是米脂县北葭州西榆林县东诸山，芦关岭北支至此，故曰上申也。”毕注：申山“即今陕西安塞县北芦关岭”。则安塞米脂以北，西连中卫，为申戎之国，所谓西申也。《祈父》之诗《郑笺》云：“此勇力之士，责司马之辞也。爪牙之士，当为王闲守之卫，女何移我于忧。谓见使从军，与姜戎战于千亩而败之时也。”《赵世家》言：“造父以下六世至奄父，……周宣王时伐戎为御，及千亩战，奄父脱宣王。”此见于时申戎之强而祸之亟。虽爪牙之士，千亩之战，亦在行间。曰“脱宣王”，其不为骊山之祸亦仅矣。《扬之水》言“戍申”，“戍许”，“戍甫”，亦平王之母家，知邑谢之申，即平王所奔之西申，而申戎之徙于南者。曰“戍许”“戍甫”，则宣王徙申，至平王时而许、吕亦在南土，是亦从申之后而南移者也。《国语》：“宣王既丧南国之师，乃料民于太原。”唐固曰：“南国南阳也。”盖宣王以南阳之师，用之四方而亡殁，故料太原之民以任战。则以南阳既耗，故迁申、吕以实之也。

《周本纪》言：“（申侯）与缯，西夷，犬戎，攻幽王。”《秦本纪》言：“西戎，犬戎，与申侯伐周，杀幽王。”曰西夷，曰西戎，曰犬戎，则攻周者宜非一族。《郑语》史伯曰：“申、缯、西戎方强，王室方骚。”又曰：“缯与西戎方将德申，申、吕方强。”则灭周者实申、吕与缯，而犬戎附从之。《竹书纪年》言：“先是申侯、曾侯（曾旧误作鲁）及许文公，立平王于申。”知许亦从申、吕而灭周者。此皆所谓姜氏之戎者。惟申能大败周于千亩之近地，故其力足以灭周也。宣王迁申及诸姜于谢，亦犹穆王之徙戎太原。缯之与许，谅亦西戎，惟缯事不稍概见。《左传》哀四年：“楚谋北方，致方城之外于缯关，为一夕之期，袭梁及霍，围蛮氏。”（节引）缯关在裕州，今为方城县，地近鄤氏与申，此为伐周之缯故国无疑，知亦踵申之后，于鄤氏之前，出轘辕而南徙于此。盖姜戎诸国，亦本在周之西北。及宗周灭后，则皆率其族类，南徙汝、汉，而关中之地，惟犬戎来居之。及入春秋以后，而申、吕、许、缯，又益南至江淮，而汝汉之域，犬戎又来居之。鄤处梁霍，缯处方城，申处南阳，以地道审之，盖缯之南走，当踵申吕之后，而在犬戎入伊雒之前可知也。《薛尚功钟鼎款识》有曾侯钟，云"惟王五十有六祀，徙自西阳，楚王畬(畬即熊字)章作曾侯乙宗彝，寘之于西阳"。薛注："方城范氏，得之安陆，铭云'惟王五十六祀楚王畬章'，按楚惟惠王在位五十七年，又其名为章，此钟为惠王作无疑。"此臣属于楚之曾侯，当即居于方城之缯。此器得之安陆，则缯于楚惠王时已去方城而居于楚境今之安陆，是更南徙也。《汉书·地理志》西阳国属江夏郡，即此铭之西阳。西阳故城，在今黄冈县东。黄安、麻城，皆汉西阳地。此缯已由汉北而南至江上也。《缀遗斋金文》有吕王鬲，云"吕王作尊"。旧释云："吕即甫，申、甫二国地皆近楚，后并为楚所灭，今湖北黄州府有吕王城是。"申、吕同在南阳，缯在方城，左氏庄六年传："楚文王伐申。"盖申入楚而曾、吕皆以南迁，此姜戎之族遂去豫而入荆。左氏昭十三年传曰："楚之灭蔡也，灵王迁许、胡、沈、道、房、申于荆焉。"知申入楚而申犹存，灵王迁之，是亦小国之君。吕、曾亦历久犹存。吕之称王，犹丰王、亳王、大荔、义渠之王之例，更证其为西戎君号。方氏疑吕不称王，误也。《诗·扬之水》曰"戍申"，曰"戍甫"，曰"戍许"，许亦姜姓太岳之胤，其居许昌，当亦犹申、吕之徙南阳，不必为前代之封。许至灵公徙叶在南阳，悼公迁夷，实城父，则又东入淮也。《左传》昭四年：楚子以诸侯灭赖，迁赖于鄢。楚子欲迁许于赖，使公子弃疾城之而还。冬，彭生罢赖之师。八年，楚灭陈。九年，楚迁许于夷，实城父，取州来淮北之田以益之；迁城父人于陈，以夷濮西田益之；迁方城外人于许。夷在安徽亳州西，入楚曰城父，许即迁此，夷濮西田在州西。《水经注》："夏肥水上承沙水，东南流迳城父县故城，《春秋》所谓夷田在濮水西者也。"(节引)盖许之入淮，楚迁之。《寰宇记》言：黄歇封春申君，在寿州，为齐所侵迫，徙都于吴，开申浦。寿州有申名，倘许入淮而申亦入淮也。《续志》：新蔡有太吕亭，《晋地道记》："故吕侯国。"是许入淮，吕亦入淮也。迁方城外于许，则许旧居之叶也。楚之灭蔡，在昭十一年，而许、胡、沈、申又迁。《左传》昭十八年：楚迁许于析，实白羽。在河南内乡县西北。《左传》定四年：许迁于容城。《水经·夏水注》：南郡华容县，"《春秋》'许迁于容城'是也。"应劭亦云然。于是许在华容，吕在黄州，姜戎之族遂并入江，而申曾之属亦悉入楚境，诸戎南徙，此为最遥。《韩非子·说难》言："郑武公欲伐胡，故先以其女妻胡君以娱其意，关其思以为胡可伐，武公怒而戮之，胡君闻之以郑为亲已，遂不备郑；郑人袭胡取之。"(节引)此邻郑之胡也。襄二十八年有胡子，始见于《春秋》，国在安徽阜阳县西北，此胡逼于郑而南徙也。楚之灭蔡，许、胡同迁，定十五年楚灭之。胡子，归姓，或即弦子之隗姓欤，为戎为夏不可知，而襄昭之间，顿、胡、沈、赖，江淮之间乃有新见之国，亦与于晋楚会盟，或非先之所有也。益后逐渐居滕、薛、杞、郳(小邾)之上(如定四年会召陵)，倘亦如胡之微而复兴，由北徙南者欤？若顿于今为河南商水县，即故南顿城。应劭曰："顿迫于陈，其后南徙，故号南顿。"明自北来也。钱坫以"沈即聃国"，顾栋高以"河南商城县之赖即湖广随州之厉"，是皆迁移之可见者。由许、胡之事观之，盖无可疑。而蔡自上蔡而新蔡，而下蔡，又其显焉者也。《左传》桓十一年："郧人……将与随、绞、州、蓼伐楚师。"杜注："蓼国，今义阳棘阳县东南湖阳城。"《左传》文五年："楚灭蓼。"杜注："蓼国，今安丰蓼县。"宣八年："楚伐舒蓼，灭之。"《正义》云："蓼灭后更复，故楚今更灭之。"舒蓼即蓼，安丰之蓼，亦即义阳之蓼可知。故《太康地记》言："蓼国先在南阳故县，今豫州郾县界胡城是。"则有先在之蓼，后徙之蓼，更复之蓼，一也。此蓼之由汉北入淮南，而楚再灭之。金文颇有淥器，淥当即是蓼。《太保簋》言："王伐录子。"《录伯敦》言："录伯戎作朕皇考釐王宝尊敦。"此录固称王，而周则曰伐录子，则录之为戎狄可知。亦犹吴楚称王，而中国固名之曰子之比。《夨命簋》亦言："唯王于伐楚伯，在炎。"则楚、录又皆称伯也。夷狄称王，自为恒见。春秋徐子，在金文有郐王庚，郐王𧿻，郐王子旃，亦有郐王义楚鍴。金文僭有王号而莫可考者甚众，自皆为夷狄。舒即徐字，蓼人淮称舒蓼，即徐蓼，亦僭称王也。

## 犬封古国

《海内北经》有犬封国。又言"犬封国曰犬戎"。此犬封之戎，谓之犬戎也。范书本《竹书纪年》言："穆王西征犬戎，取其五王以东，遂迁戎于太原。"取戎五王，知犬戎于时之盛也。然犬戎先居何地，而后迁之以东？《穆天子传》记穆王西征，由宗周至于阳纡，"犬戎胡觞天子于当水之阳"。穆王东还，由阳纡至于宗周，"犬戎胡觞天子于当首之阿，曰，'雷水之干'"。以西征之道，验东还之道，曰钘山，曰当水，曰鄘人，曰渗泽，去来皆经之，则自是一道，知雷水即当水，而澡泽即渗泽。穆王东还既过钘山，"南征翔行,迳绝翟道”。近翟道之钘,即岍山也。曰“河宗之子孙鄘伯”,曰“天子舍于漆泽,乃西钓于河”。则鄘邦、滲泽,遂接于河。足明岍之北,河之南,即当水所在,犬戎居之。是盖汉安定界。自《穆传》五卷之首,错简入四卷之末,又错漳水、呼沱二简于一卷之首,以东征之交与盟门九河相连属者,乃杂于西巡欘山、钘山之间,于是说犬戎在雁门者有之,在河东者有之。穆王徙之,取五王以东,则一部离安定而东出者也。前世学者或谓“犬戎本国在西宁西北之树敦城”。夫“犬戎树惇”,岂谓城耶?北周唐世所谓树敦城,夫何预犬戎之事?自夏以至西周之末,犬戎世为邠岐之患,其必属于周之近地可知。鬼方、猃允未来之先,北则追貉,西则犬戎,固未为中国之大害,盖本非荒远慓猾之族,未足与鬼方、猃允比也。

《后汉书》言:“后相即位,乃征犬夷。……后桀之乱,犬夷入居邠岐之间。”周自后稷封邰,在武功,而畎戎入居邠岐之间,则周几于不国。娄敬说“后稷封邰十余世,公刘避桀居豳”。《毛诗故训传》言:“公刘居邰,而遭夏人乱,乃避中国之难,遂平西戎而迁其民,邑于豳焉。修其疆埸,民事时和,国有积仓,张其弓矢,秉其干戈戚扬,以方开道路,去之豳。盖诸侯之从者,十有八国焉。”(节引)平西戎邑于豳,则平者犬夷,而遂夺之邠地。以时犬戎方入居邠岐之间,故曰“周道之兴自此始”,以平犬夷也。曰:“我先王不窋用失其官,而自窜于戎狄之间”,周未去邰,而失官窜于戎狄,则以犬戎之陵暴中夏,故后相征之,七年然后来宾,戎强而周几为之臣服,此周之失官也。盖其兴其废,固莫不与犬戎相关。自殷征鬼方而犬戎之事不复见,王季俘鬼戎二十王后,鬼戎衰而犬戎复见于文王之世,知鬼方之来,已服犬戎而据其国，故鬼方之居即犬戎之居也。孟子曰："太王居豳，狄人侵之"，而《后汉书》言："武乙暴虐，犬戎寇边，周古公逾梁山而避于岐下。"于时鬼戎方炽，盖率犬戎以侵周，不尔则蔚宗之谬也。《尚书大传》言："文王受命，四年伐畎夷。"又言："散宜生之犬戎氏，取美马，凡九六焉。"则以鬼方既溃而犬戎复炽。《帝王世纪》言："昆夷伐周，一日三至周之东门。文王闭门修德，而不与战。"盖犬戎之强也。《国语》言："穆王将征犬戎，祭公谋父谏曰：'……今自大毕、伯士之终也，犬戎氏以其职来王，……吾闻夫犬戎树惇，帅旧德而守终纯固，其有以御我也。'王不听，遂征之，得四白狼四白鹿以归，自是荒服者不至。"韦昭曰："大毕、伯士，犬戎氏之二君也。"于是犬戎犹未叛周，乃穆王耀兵，而远人遂以渐贰。及迁之太原，而后中国北边遂有戎祸。《竹书》言"夷王命虢公率六师伐太原之戎，至于俞泉，获马千匹。宣王遣兵伐太原戎不克"，此即犬戎迁太原而又叛者也。猃允既来，犬戎盖亦属焉，故又没而不见。周逐猃允至太原之外，而二寇殆皆慑服。及骊山之祸，犬戎卒覆宗周，则以猃允崩散而犬戎又炽也。

## 犬戎东侵周地

周自穆王西征犬戎，得四白鹿四白狼（见《周语》），获其五王以东，遂迁戎于太原（见《穆天子传注》及《后汉书·西羌传》征《竹书纪年》），而太原遂为祸梗；卒之覆宗周者即犬戎。此犹汉处匈奴于西河，徙羌虏于关中，魏迁氐种于秦川，卒之毒中于永嘉。周晋之祸，可谓异世同符也。《后汉书·西羌传》征《竹书纪年》云："王遣兵伐太原戎不克，后五年王伐条戎、奔戎，王师败绩。"则《诗》之所纪，容有张皇过甚之辞。《周本纪》言："（宣王）

三十九年，战于千畝，王师败绩于姜氏之戎。宣王既亡南国之师，乃料民于太原。"则周室之已惫矣。夫宣王中兴之际，而千畝之战，王师卒败绩于姜氏之戎，则西戎之势固未挫。幽王承戎人五败王师之后，《后汉书》云："命伯士伐六济之戎，军败，伯士死焉。"《注》谓并见《竹书纪年》，则戎势已炽矣。《周本纪》言："（申侯）与缯、西夷、犬戎攻幽王，……遂杀幽王骊山下，……尽取周赂而去。"遂终致此滔天之祸也。《本纪》云："平王立，东迁于雒邑，辟戎寇。"夫肇骊山之祸者申与犬戎，立平王者亦申与犬戎。犬戎既尽取周赂而去，不必即据有周土，王略犹未阙也。《左传·正义》引《竹书纪年》云："申侯、鲁侯（疑'曾'字之误）、许文公立平王于申，以本太子，故称天王。幽王既死而虢公翰又立王子余臣于携，周二王并立。二十一年，携王为晋文侯所杀，以本非嫡，故称携王。"《左传》王子朝亦云："携王奸命，诸侯替之，而建王嗣，用迁郏鄏。"是幽王之祸，而周遂有二王。至二十一年，然后晋杀携王。则于时周之分争对立，历时已久。盖离石之焰已张，而颍、越之兵未戢。《秦本纪》言："秦襄公将兵救周，……平王封襄公为诸侯，赐之岐以西之地，曰：'戎无道，侵夺我岐丰之地，秦能攻逐戎，即有其地。'与誓封爵之。"襄公救周，则党于幽而敌于平。犬戎党于平而夺平地，秦敌于平而襄公将兵送平，而平封爵之，皆事之必不然者。谅其实秦亦攻幽王。自犬戎既去，二王并立，而戎夺周地。携王已衰，然后平王命秦攻戎，于事乃合。《匈奴列传》言："（申侯）与犬戎共攻杀幽王于骊山下，遂取周之焦获，而居于泾渭之间，侵暴中国。"是骊山之祸，周已失焦获，犹保岐丰。曰"戎无道，侵夺我岐丰地"，事更在后，殆二王并立之时。则周土之沦于戎，其时可求也。盖秦襄公以十二年卒，当平王之五年。襄公伐戎至岐，文公十六年又伐戎，遂有周地，岐以东献之周。文公十六年，当平王二十一年，正晋杀携王时也。是秦晋之兵合，而戎与携王皆败。岂携王之前此亦仇秦而敌戎。平王五年戎已在岐，而秦襄伐之。二十一年然后携王为僇。则携王之败于戎者已久。周失岐丰，应在平王五年之前，周之东迁未久也。平王赐秦岐丰，而襄公伐戎至岐，是以戎伐戎也。《秦本纪》言："文公以兵伐戎，戎败走，于是文公遂收周余民有之，地至岐，岐以东献之周。"周之西土，东迁之后，尚得至岐，则渭域之地犹未失也。《左传》庄二十一年："王巡虢守，虢公为王宫于玤，王与之酒泉。"此当周惠王之四年，秦宣公之三年也。酒泉在澄县，为滨洛之地，明洛川之地，东迁之后亦未尽失。戎有周岐丰地，而秦(文公)逐之。宁公武公以来，东向伐戎，灭国者众，而不见有周之旧封，则秦自文公逐戎后，而戎益东，渐逼河外，而关中周地尽矣。则周失洛川，文公以后事也。殆皆戎得之周，而秦又得之戎，关河沦陷，固非一朝之祸也。明渭川、洛川于东迁后犹未失，则猃狁、犬戎之祸，自穆王宣王以来，皆在泾水一道审矣。东迁之初，西虢固一大国。下阳在河北，上阳在河南，即虢略也。酒泉在河西，控桃林之塞而为固，以股肱周室。卒之彭戏、大荔之戎过酒泉入河西，茅津之戎、徐吾之戎逼下阳而处在河北，扬、拒、泉、皋之戎逼上阳而处在河南；咎皆虢之失职，亦由隐之元年以来，虢人侵晋之役不息，未遑西顾，地削于戎，而秦遂坐收其弊也。

## 秦为戎族



《秦本纪》称申侯言："昔我先郦山之女，为戎胥轩妻，生仲潏，……保西垂。”班固《律历志》称张寿王治黄帝调历，言“化益为天子，代禹。骊山女亦为天子，在殷周间”。仲潏生蜚廉，善走，以材力事殷纣。则郦山之女，固在殷周间，当即张寿王所谓骊山女为天子者也。殷周之间，中国安得有天子曰骊山女，斯其为西戎种落之豪欤？故《史记》言“仲潏在西戎”。郦山之女为戎胥轩妻，《正义》言：“胥轩，仲衍曾孙也。”知胥轩为名，胥轩曰戎，自非夏族，此秦之父系为戎也。《左传·正义》引《汲冢书纪年》云“平王奔西申”，盖以别于邑谢之申，则申侯者西申也。范蔚宗引《竹书纪年》云“宣王……伐戎破之”是也。则申侯之先，骊山之女，亦当为戎，此秦之母系亦为戎也。《周书·王会》正北方：“西申以凤鸟。”考《西山经》有“申山”，毕注：“即陕西安塞县北芦关岭。”有“上申之山”，毕注：“即陕西米脂县北诸山。”有“申首之山，……申水出于其上”，毕注：“案其道里，当在陕西榆林府北塞外。”西申之所在，应在陕北，密迩安定，故召犬戎其为祸梗也。《赵世家》言：“蜚廉有子二人，……曰恶来，……恶来弟曰季胜，……季胜生孟增，……是为宅皋狼。皋狼生衡父，衡父生造父，幸于周缪王。造父取骥之乘匹，与桃林温骊骅骝绿耳，献之缪王，缪王使造父御，西巡狩，……乃赐造父以赵城。”《秦本纪·集解》引《古竹书纪年》云：“穆王时北唐之君来见，以一骝马，是生騄耳。”《竹书》以骝马騄耳之献为北唐之君，《赵世家》以为献自造父，则造父即此北唐之君。《周书·王会》云：“北唐以闾。”孔晁注曰：“北唐，戎之在西北者。”则仲潏、造父以来，于西周为北唐戎。此秦同族之赵亦为戎也。见秦之为戎，固自不疑。

《春秋公羊传》曰：“秦者夷也，匿嫡之名也。”何休说：“嫡子生不以名，令于四境择勇猛者而立之。”此秦之非诸夏之族，公羊氏有其说也。《春秋穀梁传》曰："狄秦也，……乱人子女之教，无男女之别。"商君亦言："始秦戎狄之教，父子无别，同室而居，今我更制其教，而为其男女之别。"此秦以戎狄之教，穀梁氏有其说也。《管子》言：桓公"西征，攘白狄之地，遂至于西河，……而秦戎始从。"秦之称戎，《管子》有其说也。《左氏春秋》言臧文仲闻六与蓼灭，曰："皋陶庭坚不祀，忽诸。"使秦系出栢翳，则臧孙辰不应于秦之尚强，而曰庭坚不祀。又楚人灭江，秦伯为之降服出次，曰："同盟灭，虽不能救，敢不矜乎？"江、黄皆嬴姓，春秋之时，同姓为重，秦伯于江不曰同姓而曰同盟，是秦非皋陶之胤，《左氏》有其说也。太史公徒以秦之嬴姓，遂以为伯益、仲衍之后，乃于仲衍至仲潏之世系不能言，又不纪戎胥轩事。于是秦为西戎之说，遂由史迁而泯。骊山女在殷周间为天子事，史家更无述及者也。

## 秦即犬戎之一支

骊山女在殷周间为天子。彼时西戎之强者，前则鬼方，后则犬戎，力足以侈天子之号，非此莫属。《秦本纪》言："西戎、犬戎与申侯伐周，杀幽王郦山下。"《周本纪》言："申侯怒，与缯、西夷、犬戎攻幽王，遂杀幽王骊山下。"《括地志》云："骊山在雍州新丰县南十里。"《土地记》云："骊山即蓝田山。"此骊山之名，与骊山女必有相联之关系。然殷周时西戎之天子，不容得在蓝田山，谅骊山原在西裔，此骊山之女号所由始。及其既入关辅，而新丰因有郦山之名。亦如陆浑之戎出瓜州，及既至伊川，而伊川之山以陆浑名，大荔在泾漆之北，及既至临晋，而临晋得大荔之名。《国语》言"幽灭于戏"，《左传疏》引《纪年》亦云"幽死于戏"，则亦以犬戎之事，而后戏有骊山之名。是杀幽王之犬戎，即郦山女之族；亦即郦山女与秦皆犬戎之证也。骊山女为天子。《庄子》言古天子有骊连氏，或作骊畜氏。殆即作骊山女耶？《王会》云："正西狗国鬼亲。"王肃云："狗国，犬戎也。鬼亲，鬼方也。"《山海经·海内北经》有"犬封国曰犬戎国，状如犬"。秦自大骆以来居犬丘，西戎灭犬丘、大骆之族，庄公伐西戎破之，居其故西犬丘，倘犬丘之名，与犬戎亦实有相联之关系耶？况于殷周间在西戎为天子，自非犬戎之强莫属也。虢公败犬戎于渭汭，败戎于桑田，而伊雒之戎遂同伐王城。盖犬戎至新丰，而新丰始有郦山之名。再至渭汭，渐遂东出，此正郦山女之胤，始至伊洛之扬、拒、泉、皋之戎也。（晋献公伐骊戎，韦昭云："西戎之别在骊山。"以骊戎为骊山之戎可也，谓骊戎在新丰则未必。或即犬戎之去新丰而东者，献公伐之，是时晋之兵决不得逾河西远至渭南，及晋取阴戎而地有侯丽，此徙于伊洛之戎即犬戎，而与郦山女相涉者也）

《国语》有穆王征犬戎得四白狼四白鹿事，而范蔚宗取《纪年》文云："穆王西征犬戎，获其五王以东（以东二字从《穆传注》引），遂迁戎于太原。"则犬戎之盛，种落实繁，遂有五王。以《秦本纪》核之，襄公元年有丰王，宁公三年有亳王，厉共公二年有大荔王，三十三年有义渠王，孝公元年有豲王。诸戎之王，其见于秦者五，殆即穆王所迁犬戎之五王欤？穆公三十四年有戎王，或即此五王之一，则以穆王徙之近塞，而戎卒覆周，遂充牣于关中也。骊山女既为天子，其子孙有国之多，事所必然。《秦本纪》言："穆王以赵城封造父，由此为赵氏。"造父固为北唐之君，亦即季胜之旧国，而赵城又为新封，此亦犹秦与犬丘并立而有国。

《穆天子传》："（自赤乌氏）北征赵，济于洋水。"洋水，漾水也。《汉书·地理志》云：陇西"氐道，《禹贡》养水所出，至武都为汉。"《穆传》又言："赤乌氏先出自宗周，太王亶父……封其元子吴太伯于东吴。"则赤乌之吴，即《封禅书》之吴岳，《尔雅》之岳山也，实为岍山。太伯之奔，固在于此，岍山漾水之间，造父之赵，本国于此，与秦比连，为西犬丘密迩之地。徐广说"赵城在河东永安县"，此于周为耿，后为蒲州河津县，晋献公灭耿以与赵夙居之，而后耿有赵名，不得即造父之居也。

## 昆夷与羌族

《匈奴列传》言：冒顿"后北服浑庾，屈射，丁灵，鬲昆，薪犁"。"浑庾"，《汉书》作"浑窳"，《史记》又作"薰育"，作"荤粥"。是匈奴既盛，而浑庾为之属，安在薰育即为匈奴？《吴越春秋·太伯传》云：古公"为狄人所慕，薰鬻戎妒而伐之。"则薰粥与狄又显然为二也。孟子言"太王事薰鬻，文王事昆夷"。并举别言，固自不为一国。自应劭、晋灼、韦昭、颜籀之徒，为荤粥、猃狁、匈奴为一之说，扬其波者，于鬼方、猃狁、畎戎无往而非一，则大悖也。《山经》、《王会》于诸戎皆并举言之，种落各别，岂谓一族哉。《梁伯戈》言伐鬼方，《盂鼎》言伐鬼方，《兮伯盘》言王初格伐严允，《虢季盘》言博伐严允，则鬼方、严允二名，金文分别言之，未常淆矣。《伐戎剑》记"戎无道，陷虐我丰"，此与平王命襄公辞合，自为犬戎，则名亦自有别。金文与传记皆分别名之，岂可谓为一种一国耶？余盖别证匈奴之属于义渠，义渠灭而匈奴兴，明匈奴之别起于西北。崔浩云："西方胡皆事龙神，故名大会处为龙城。"严安言"深入匈奴，燔其龙城"，此亦匈奴本为西胡之证也，太王居豳而事薰粥，此亦见薰育之在西北。而《五帝本纪》言“黄帝北逐薰育，合符釜山”者自不足信。宋衷《世本注》云：“鬼方于汉则先零戎也。”此鬼方之在西北。而干宝注《易》云“鬼方，北方国”，又不足信也。《诗》云：“赫赫南仲，玁狁于夷。”又云：“赫赫南仲，薄伐西戎。”则玁狁亦在西北。而以荤粥、鬼方、玁狁、匈奴并起北方者，此亦因习见秦汉间事而误。其说始自史迁，此又言古戎狄事者一大悖矣！《左传》昭四年载司马侯曰：“冀之北土，马之所生，无兴国焉。”浑育、鬼方、猃狁之强，苟如马班所谓“居于北边”，则冀之北土，岂无兴国乎？

《尚书·禹贡》于雍州云：“织皮昆仑，析支，渠搜，西戎即叙。”颜氏曰：“昆仑，析支，渠搜，三国名也。”阎若璩言：“昆仑国盖附近昆仑山者。”张骏时酒泉太守马岌上言：“酒泉南山，即昆仑山之体；周穆王见西王母乐而忘归，谓此山也。”《汉志》：金城临羌县西有弱水昆仑，《括地志》谓在“酒泉县南八十里”。今酒泉西南昆仑山，即古昆仑，地固然也。司马彪以“西羌者，自析支以西，滨于河首左右居也。河水屈而东北流迳析支之地，是为河曲”。应劭曰“《禹贡》析支……在河关之西，……羌人所居，谓之河曲羌也”，斯析支在河曲也。《穆天子传》穆王既觞于西王母，东还道中云“至于巨蒐之人”，此即渠搜国。地虽难确指，然在昆仑之东可知也。而《隋书》本斐矩《西域图记》云：“钹汗国都葱岭之西五百余里，古渠搜国也。”则西戎之国，有历世久而远徙葱岭之西者。《广宏明集》七引荀济《论佛表》云：“《汉书·西域传》塞种本允姓之戎，世居敦煌，为月氏迫逐，往葱岭南奔。”则瓜沙之族，远徙葱岭之西者，月氏、大夏之先，古有渠搜及允姓之戎，不必独疑于渠搜。则西戎之裔，非徒于后渐居关中，且有及葱岭之外者。曰“文王事昆夷”，当即昆仑之裔。《郑笺》言：“混夷，夷狄国也。见文王之使者，将士众过己国，则惶怖惊走，奔突入此柞棫之中而逃，甚困剧也。是之谓一年伐混夷，……成道兴国。”《史记》言“自陇以西有绲戎”，则至秦缪之世其族犹有存者。杨恽谓“安定山谷之间，昆夷旧壤”，则亦近于犬戎之国。

《左传》言晋人执戎子驹支曰：“来！姜戎氏。昔秦人迫逐乃祖吾离于瓜州。”《地理志》：杜林以为“敦煌郡即古瓜州”，是瓜州之戎，来居伊洛；绲戎内侵，亦其事也。曰“王师败绩于姜氏之戎”，实为申戎。诸姜昆戎由戎陆浑之戎入居函夏者众，而蹲蹀鬼方、猃允之间。诗曰“混夷駾矣”，《说文》口部引作“犬夷”。《史记》言：“自陇以西，有绵诸、绲戎。”《汉书》作“绵诸、畎戎”，郑说亦谓“畎夷，混夷也”，是犬戎即昆戎。襄十四年晋执戎子驹支曰：“来！姜戎氏，……乃祖吾离被苫盖、蒙荆棘以来归我先君，我先君惠公有不腆之田，与汝剖分而食之。”则西戎固是耕稼之族。《后汉书》曰：“西羌之本，出自三苗，姜姓之别。”证以“羌”之即“姜”，则后时之羌盖为犬戎之族。范书又言：“羌无戈爰剑亡入三河间，诸羌共畏事之，爰剑教之田畜。”则羌亦耕稼之族。陶贡南君谓：“范书言‘爰剑与劓女遇，遂成夫妇。女耻其状，被发覆面；羌人因以为俗。’而《左传》言：辛有见被发而祭于野者，曰，‘不及百年，此其戎乎？’以应扬、拒、泉、皋、伊雒之戎、陆浑之戎先后入伊川，则诸姜氏犬戎为被发，与羌同俗也。”则犬戎之族，宜即羌种。（《后汉书·西羌传》言：“西羌之本，出自三苗，姜姓之别也。其国近南岳。及舜流四凶，徙之三危。”其《南蛮传》言：“犬戎之寇，帝患其侵暴，帝有畜狗，其毛五采，名曰盘瓠。”《魏略》亦言：“得物大如茧，俄化为犬，其文五色，因名盘瓠。”则夷俗所传，南蛮而事涉犬戎，西羌亦事涉三苗，知三苗、犬戎、西羌，夷俗岂言其同系耶？）。《尚书》言："分北三苗。"又言"窜三苗于三危"。郑玄言："苗民九黎之后，分流其子孙为三国。"《水经注》言："三危在敦煌县南。"而昆仑、析支、渠搜三国，皆地近敦煌。苗之分三，即此三国耶？（《书·序》"西旅献獒"。郑玄注："獒读为豪。西戎无君，名强大有政者为酋豪也。"金文《羌伯簋》武羌有眉敖。则郑说为有证。而春秋楚有堵敖、若敖、霄敖、郏敖。是西旅敖名，羌楚共之。同系之说，或不诬也）犬戎以地邻岐邠，自夏以来与周交接最繁。盖以耕稼之人，虽久接中国，未遽为边陲之巨祸也。

## 非子邑秦与犬丘

> 《秦本纪》言："仲潏在西戎，保西垂，生蜚廉，蜚廉生恶来，……恶来革早死，有子曰女防，女防生旁皋，旁皋生太几，太几生大骆，大骆生非子。以造父之宠，皆蒙赵城，姓赵氏。非子居犬丘，好马及畜，善养息之。犬丘人言之周孝王，孝王召使主马于汧渭之间，马大蕃息。孝王欲以为大骆嫡嗣。申侯之女为大骆妻，生子成为嫡，……于是孝王……分土为附庸，邑之秦……号曰秦嬴，亦不废申侯之女子为骆嫡者，以和西戎。"

骊山女既为天子，其子孙必自有国，不自秦始。孝王邑非子于秦，亦不废申侯之女子为骆嫡者，则骆嫡子成所袭犬丘，为仲潏以来之旧土，而非子为新邦，子成、非子，固二国并立。僖之十八年，"秦取梁"。《秦本纪·正义》引《都城记》云："耿嬴姓国。"又云："梁伯嬴姓之国，与秦同祖。"此西方之嬴，与东方之熊、嬴无涉。《春秋繁露》曰："梁内役民无已，使民比地为伍，一家亡，五家杀。"此亦秦什伍连坐之法，是其同祖不疑。则骊山女后有封土者自不仅一秦也。

> 《秦本纪》："秦嬴生秦侯，秦侯……生公伯，公伯……生秦仲，秦仲立三年，周厉王无道，诸侯或叛之，西戎反王室，灭犬丘大骆之族。周宣王即位，乃以秦仲为大夫诛西戎，西戎杀秦仲。秦仲立二十三年死于戎。有子五人：其长者曰庄公。周宣王乃召庄公昆弟五人，与兵七千人，使伐西戎，破之，于是复予秦仲后及其先大骆地犬丘并有之，为西垂大夫。庄公居其故西犬丘。"

自西戎灭犬丘，而大骆之土为墟，至庄公破西戎并有犬丘地，而秦与犬丘二邦遂合为一。曰复予秦仲后大骆犬丘地，知犬丘既亡，秦仲之死，而秦亦灭。庄公并秦犬丘一举而复之，合两邦为一，秦之始强，自庄公始也。于是去秦而居犬丘。犬丘，仲潏以来之根据地也。王肃言："秦为附庸，世处西戎。"仲潏以来，庄公以下，尚居犬丘，远在西鄙群戎之间，亦足见秦实为戎，而起自西裔也。《正义》引《水经注》云："秦庄公伐西戎破之，周宣王与大骆犬丘地。"《括地志》云："秦州上邽县西南九十里，汉陇西郡西县是也。"此据《水经·漾水注》"扬廉川东南流迳西县故城北"之文，而徐广说非子居犬丘，"今槐里也"。此据《世本》"别居槐里"之文。班固言"右扶风槐里，周曰犬丘，懿王都之"。则秦安得都之？西戎安得灭之？此以槐里犬丘当西垂犬丘之误耳。非子邑秦，徐广说"今天水陇西县秦亭"，于今为清水县，则犬丘又在秦州西南也。

## 秦取犬戎岐丰

《郑语》:桓公问于史伯曰:"姜嬴其孰兴?"对曰,"夫国大而有德者近兴。秦仲、齐侯姜、嬴之隽也,且大,其将兴乎?"秦仲以附庸之封而死于戎,不可谓大。《诗正义》言"《年表》秦仲以宣王六年卒"(死于戎)。桓公问史伯之时,乃在幽王九年,在庄公并犬丘后,则可以当大国,倘史伯所谓秦仲则庄公也。《秦本纪》:"庄公居其故西犬丘,生子三人,其长男世父。世父曰:'戎杀我大父仲,我非杀戎王则不敢入邑'。遂将击戎,让其弟襄公。庄公立四十四年卒,襄公立。戎围犬丘世父,世父击之,为戎人所虏,岁余,复归世父。七年,西戎、犬戎与申侯伐周,杀幽王骊山下,而秦襄公将兵救周,战甚力,有功。周东徙雒邑,襄公以兵送周平王,平王封襄公为诸侯,赐之岐以西之地。与誓封爵之。襄公于是始国,与诸侯通使聘享之礼。十二年,伐戎而至岐,卒。生文公。文公元年,居西垂宫。三年,文公以兵七百人东猎。四年,至汧渭之会,即营邑之。十六年,文公以兵伐戎,戎败走。于是文公遂收周余民有之,地至岐,岐以东献之周。"见秦自秦仲庄公以来世与戎战,凡九十二年。由襄公救周伐戎,至是凡二十二年,而秦遂胜戎。《匈奴列传》言:"襄公伐戎至岐,始列为诸侯。"《汉地理志》言:"襄公将兵救周有功,赐受岐丰之地,列为诸侯。"《诗·序》:"终南,戒襄公也,能取周地,始为诸侯。"班《地理志》:"右扶风武功太一山,古文以为终南。"终南在岐东,知襄公已有岐东地。《郑语》:"秦景襄于是乎取周土。"自秦取周土而势已强也。《帝王世纪》言:"秦襄公二年徙都汧。"《括地志》云:"在陇州汧源县。"此汧首也。《括地志》云:"郿县故城在岐州郿县东北十五里。毛苌云：‘郿，地名也。’秦文公东猎汧渭之会卜居之。即此城。”此汧尾也。秦势益强则益徙而东。世父居犬丘，襄徙汧首，文徙汧尾，以剪诸戎。曰“戎无道，侵夺我岐丰之地”，则周之东而宗周之地入于戎。襄文伐戎，皆戎处东而秦处西，明秦之起于群戎之中以兴。王静庵据《虢季子白盘》谓：“猃狁寇周及泾水之北，周伐猃狁在洛水之阳，泾洛二水上游，悬隔千里，下游始相近，则泾阳、洛阳，皆当在二水下游。”（节引）遂易西戎为东寇，以说宣王时事，谓猃狁入寇在洛之下游，而定太原在河东，以抑固原之说。然酒泉正洛川下游地，宣王时已逼于寇，安得惠王时犹属之周。洛源出白于山，泾之东源近焉。又乌有悬隔千里之说。而又未考于西洛，何必定洛即漆沮。况王氏所据《不嬰簋》曰西俞，曰䍐，曰高陵，而说西俞高陵在周西。王氏以洛即䍐，安在即漆沮之洛，而必为东西二道入寇乎？张琦言：“泾阳、华阳皆其称号，非必封邑。《秦纪》昭二十一年泾阳君封宛。”泾阳封在宛，则王氏之疑亦可释也。至汉之池阳，晋惠帝时始析置泾阳，以说周之泾阳又未可也。

## 秦取犬戎洛川

《秦本纪》：“五十年，文公卒，竫公子立，是为宁公。宁公二年，公徙居平阳，遣兵伐荡社。三年，与亳战，亳王奔戎，遂灭荡社。十二年，伐荡氏取之。”《帝王世纪》言：“宁公二年徙居平阳，今扶风郿之平阳亭是也。”司马贞以为“西戎之君号曰亳王，其邑曰荡社。”《正义》曰：“按其国盖在三原、始平之界。”而秦襄公以女弟缪嬴为丰王妻。亳王、丰王，皆宗周既灭而戎之渐居泾渭之会者也。《秦本纪》：“宁公立十二年卒，三父废太子而立出子，出子六年，三父复贼杀出子，立故太子武公，武公元年伐彭戏氏，至于华山。"《正义》曰："戎号也，同州彭衙故城是。""十年，伐邽冀戎，初县之。十一年，初县杜、郑，灭小虢。"《汉地理志》："陇西有上邽县。"应劭曰："即邽戎邑。"又天水郡有冀县，京兆有郑县、杜县。《括地志》云："下杜故城在雍州长安县东南九里，古杜伯国。华州郑县，宣王封弟于咸（当作棫）林之地，是为郑桓公，秦皆得县之。""故虢城在岐州陈仓县东四十里。"《正义》又云："小虢，羌之别种。"则自宁公居平阳，而秦势日东，遂取荡氏。武公东伐彭戏，县杜、郑，西伐邽、冀，县小虢，而疆土日辟。《说文》："亳，京兆杜陵亭也。"则县杜为荡氏之地，以秦已灭亳王也。杜在长安南五十里。而彭衙故城为今白水县东北六十里彭衙堡，知县郑为彭戏氏地，以秦伐彭戏，至于华山，正当郑封。盖郑之故地，彭戏取之。杜之故地，荡氏取之。今秦灭二族，故又取而县之。信乎周人畿内之地失之戎，而后戎又失之秦也。《秦本纪》又云："二十年，武公卒，立其弟德公，德公元年初居雍城大郑宫，卜居雍，后子孙饮马于河。梁伯、芮伯来朝。"《括地志》云："岐州雍县南故雍城。"《都城记》云："梁伯国，嬴姓之后，与秦同祖。"郑玄云："芮，周同姓之国，在畿内，为王卿士者。"《括地志》云："同州韩城南二十二里少梁故城，古少梁国。南芮乡故城，在同州朝邑县南三十里，古芮伯国。"则于时秦之力已及于洛东渭南，大河以西，皆声灵之所被也。按秦自文公襄公以上，所与战伐者统曰戎，倘戎之初来，合而为一，势犹未分。文公以下，宁公武公之世，所与战伐者，不曰戎而曰荡氏，曰彭戏，曰邽，曰冀，曰小虢，皆戎之别也。倘戎于襄文之间，已由合而分欤？襄公以缪嬴妻丰王，而伐戎至岐，则秦之于戎，亦施以间离之术，而戎遂败。文公得岐西地而岐东献之周，宁公而来，诸戎以次芟夷，悉就破灭，而皆在岐东。则戎败而后分裂东窜，故岐东周又失之戎也。至是则戎日替而秦日胜。观秦自襄文以后，东向用兵，所剪伐者皆戎，则知周关中之地，已渐尽于群戎之手。畿内旧封，靡有存者。关河以西之地，戎取之周，而秦又先后取之戎也。

## 秦晋交逼群戎

《秦本纪》："德公立二年卒，子宣公立。宣公四年，与晋战河阳胜之。十二年，宣公卒，立其弟成公。成公元年，梁伯、芮伯来朝。成公立四年卒，立其弟缪公。缪公任好元年，自将伐茅津胜之。"（节引）刘伯庄云："戎号也。"《括地志》云："茅津在陕州河北县西二十里。"自宣公战河阳，缪公伐茅津，则秦兵已渡河而东也。《晋世家》言："献公五年伐骊戎。"韦昭云："西戎之别，在骊山。"《土地记》以"骊山即蓝田山。"则大河东西，秦晋已兵相接。武公之十一年时县杜、郑，成公三年而晋灭霍、耿、魏，此晋献公之十六年也（《秦本纪》系此于武公十三年误，此依《年表》）。其二十二年又灭虞、虢，秦缪公之五年也。其二十年而秦灭梁、芮。秦之境日辟而东，晋之境日辟而西。自河阳之战以来，而秦晋之事日亟。《晋世家》言："当此时晋强，西有河西，与秦接境。"郤芮之赂秦也，则曰："请以晋河西之地与秦。"韩原之战，惠公曰："秦师深矣，奈何？"《左传》纪惠公赂秦，曰"南及华山"。则洛川华山，实秦晋错壤处。晋有河西，则势优于秦，其间小国，吞噬略尽。《后汉书》言："及平王之末，周遂陵迟，戎逼诸夏。自陇山以东，及乎伊雒，往往有戎。于是渭首有狄、貆、邽、冀之戎，泾北有义渠之戎，洛川有大荔之戎，渭南有骊戎，伊雒间有扬、拒、泉、皋之戎，颍首以西有蛮氏之戎。"《史记·匈奴列传》言："当是之时秦晋为强国，晋文公攘戎狄居于河西圁洛之间，号曰赤狄、白狄。秦穆公得由余，西戎八国服于秦。故自陇以西有绵诸、绲戎、翟貆之戎，岐梁山、泾漆之北有义渠、大荔、乌氏、朐衍之戎。"秦之四围，固已包乎群戎之间。秦晋益强，辟地日广，东西交逼，而其间散居之族，莫能抗衡。《左氏春秋》：庄之三十二年，狄伐邢，此晋献公之十五年也。闵之元年，晋灭霍、耿、魏，狄伐卫，虢公败犬戎于渭汭，则献公之十七年也。僖二年，虢公败戎于桑田，献公之十九年也。僖之五年，晋灭虞、虢。僖十一年，伊洛、扬、拒、泉、皋之戎同伐京师。十九年，秦灭梁、芮。二十二年，秦晋迁陆浑之戎于伊川，以秦人迫逐吾离于瓜州，惠公归自秦而诱以俱来者也。自戎处关中，秦迫逐于西而戎日东。晋迫于东，则戎不知所以自存。伐邢、伐卫，此狄之东窜太行也。败于渭汭于桑田，而戎东走伊洛也。自迁陆浑之戎，上距秦取荡氏已六十年，此秦之逼而东也。自迁陆浑戎距晋城蒲、屈凡三十年，此晋之逼而西也。此三十年中，正秦晋日强，东西交逼，而戎狄分道逃迸，驰突诸夏，横决之祸，于斯始也。

## 犬戎侵入伊雒

自秦强于西，晋强于东，日用兵以剪伐小国。而秦晋之兵交于河。于是诸戎之在关中者，乘间东徙，以及于伊雒之间。幽、平之际，熊耳、外方、济、雒、河、颍之交，固未尝有戎狄之踪也。《郑语》：桓公问于史伯曰："王室多故，余惧及焉，其何所可以逃死？”史伯曰：“王室将卑，戎狄必昌，不可逼也。……非亲则顽，不可入也。其济、雒、河、颍之间乎？”史伯以戎狄将肆，不可逼处，而欲桓公入居济、雒、河、颍间，则河、雒所会，幽王之世，尚无夷狄可知。史伯既以戎狄不可逼，而桓公又曰：“谢西之九州何如？”知幽王之世，九州亦无戎。史伯亦只言：“其民沓贪而忍，不可因也，唯谢郏之间。”亦不言其有戎。而春秋之世，伊、雒、九州皆有戎，则皆新自外来可决也。《左氏春秋》僖二十二年曰：“初，平王之东迁也，辛有适伊川，见被发而祭于野者，曰：‘不及百年，此其戎乎，其礼先亡矣！’”是平王之初，诸戎尚未至于伊雒。闵之二年，虢公败犬戎于渭汭，僖之二年，虢公败戎于桑田，僖之十一年，扬、拒、泉、皋、伊雒之戎同伐京师，入王城，焚东门，王子带召之也。此十数年间，戎一见于渭汭，于今为华阴县，尚在关中，再见于桑田，于今为陕县，则出关外，盖沿河南而东走，遂三见于伊雒，而伐王城也。则伊雒、扬、拒、泉、皋之戎，即渭汭之犬戎，桑田之戎也。此十数年间，即犬戎西出关，而东入伊雒之时。僖之二十二年，秦晋又迁陆浑之戎于伊川，其始则居于瓜州者也。犬戎既入郊甸，而群戎尚绳绳而来，事实明著可考。其来也，以秦逐之，而晋徕之。《左传》曰“秦晋迁陆浑之戎于伊川”，辞殊不明，倘晋史委过而为是说也。

> 《左传》襄十四年载：晋将执戎子驹支，范宣子亲数诸朝，曰：来，姜戎氏！秦人迫逐乃祖吾离于瓜州，乃祖吾离被苫盖，蒙荆棘，以来归我先君。我先君惠公有不腆之田，与汝剖分而食之。……对曰：昔秦人负恃其众，贪于土地，逐我诸戎。惠公蠲其大德，谓我诸戎是四岳之裔胄也，毋是剪弃，赐我南鄙之田，狐狸所居，豺狼所嗥。我诸戎剪除其荆

棘，驱其狐狸豺狼，以为先君不侵不叛之臣。至于今不贰。

《左传》昭九年载：詹桓伯辞于晋曰：允姓之奸，居于瓜州。伯父惠公归自秦而诱以俱来，使逼我诸姬，入我郊甸，则戎焉取之。戎有中国，谁之咎也。

就上范文子、戎子驹支、詹桓伯三文征之，则陆浑之来，迁之者晋也，非秦也。秦人特贪其土地而逐之。秦人地不远至瓜州，则陆浑已东南入居关中，而秦始逐之，乃益东出。范文子曰姜戎氏，詹桓伯曰允姓之奸，则陆浑之戎，有姜姓者焉，有允姓者焉。周人与晋阎嘉争阎田，晋人率阴戎伐颍，而詹桓伯言允姓之奸。则允姓之戎居东偏，故邻周。殽之役，晋御其上，戎亢其下，秦师不复，我诸戎实然，戎子驹支之言也，则姜姓之戎居西偏，故邻秦。《后汉书》云："陆浑戎自瓜州迁于伊川，允姓戎迁于渭汭，东及轘辕。"是二戎同为晋惠公所迁，而居地各别，范书已分析言之，足补《左氏》之疏。司马彪书《郡国志》"缑氏县"有"轘辕关"。薛综曰："轘辕坂十二曲，将去复还故名。"在今偃师县东南，登封县西北。晋惠公尝赂秦以河外列城五，东尽虢略，南及华山，内及解梁城，及入而背内外之赂。陆浑所居即虢略也，不与秦而以处秦寇雠之戎，故戎狄绳绳来居之。我能往，寇亦能往，周郑之东，而戎狄亦东，三代王者所都，于斯翻成蛇豕之宅也。

## 齐晋霸业与群戎

闵二年　　虢公败犬戎于渭汭。

僖二年　　虢公败戎于桑田。

十一年　扬、拒、泉、皋、伊雒之戎同伐京师，入王城。
　　　　秦晋伐戎以救周，晋侯平戎于王。
十二年　齐侯使管夷吾平戎于王，使隰朋平戎于晋。
十三年　为戎难故，诸侯戍周。
十六年　王以戎难告齐，齐征诸侯戍周。
二十二年　秦晋迁陆浑之戎于伊川。

犬戎既出关中，入伊雒，遂同伐京师，入王城，焚东门，王子带召之也。秦晋伐戎以救周，既而晋平戎于王，齐又平戎于王。盖戎之强，既以病周，秦晋两大国交伐之而卒平之，则伐之而不克可知也；齐晋两大国交平之，而诸侯又再戍之，则平之而不成又可知也。是时狄灭苏子入南阳，以侵周于东；戎战虢公入伊川，以侵周于西。皆挟太叔，以为奇货。戎狄之披猖也如此，而齐终无如之何，则桓公霸业，于斯为不足也。自陆浑之戎西来，东邻周郑，西抵殽函，盖与扬、拒、泉、皋、伊雒之戎，壤地错杂，相间以居。以诸戎前时之犷悍如此，于后皆役属于晋，驯服如彼，诚以陆浑之来故也。陆浑灭而扬、拒、泉、皋诸戎不复见，则其夷灭于陆浑者又久耶？自戎处虢略，卒覆秦师，而泉、皋诸戎之祸亦息。宣之三年，楚子伐陆浑之戎，遂至于雒，观兵于周疆，问鼎之大小轻重焉，知陆浑又所以扞楚也。内以剪诸戎，外以扞秦楚，于是晋之百役，我诸戎相继于时。陆浑之来，其裨晋者岂浅鲜哉？

戎处虢略，其东之前城，盖与郑之邬、刘相接；而西极于桃林之塞，所谓晋阴地。故陆浑之戎曰阴戎。戎攘地既广而阻于郑，郑春秋时一大国也，遂局促河山之间，不得东逞。《左传》文八年“晋人以扈之盟来讨（鲁），（鲁）襄仲会晋赵孟盟于衡雍，遂会伊雒之戎”，盟于暴，以戎将侵鲁也。又成之六年：晋人、卫人、郑人、伊雒之戎、陆浑、蛮氏侵宋，以其辞会也。虽曰晋人实指纵之，亦觇戎力之足侵暴东夏，未可忽也。戎不得东，则与周日为间衅。文之十七年，甘歜败戎于邥垂，乘其饮酒也。成之元年，晋侯使瑕嘉平戎于王，单襄公如晋拜成，刘康公徼戎将遂伐之，遂伐茅戎，三月，茅戎败王师于徐吾氏。襄之五年，王使王叔陈孙愬戎于晋，晋人执之，士鲂如京师，言王叔之贰于戎。昭之九年，周甘人与晋阎嘉争田，晋梁丙、张趯率阴戎伐颍。于是詹桓伯曰“允姓之奸，实居瓜州”云云。叔向谓宣子曰：“自文以来，世有衰德，而暴灭宗周，以宣示其侈，子其图之。”宣子说，使如周致阎田，反颍俘。曰晋使平戎于王，王使愬戎于晋，则戎之跃跃欲东，而日与周构难。曰暴灭宗周，曰逼我诸姬，入我郊甸，而后知戎之凌周，其祸毒亦烈矣。

## 晋楚灭伊雒诸戎

| | |
|---|---|
| 昭十六年 | 楚子闻蛮氏之乱也，与蛮子之无质也，使然丹诱戎蛮子嘉杀之，遂取蛮氏；既而复立其子焉。 |
| 十七年 | 晋荀吴帅师灭陆浑，数之，以其贰于楚也。陆浑子奔楚，其众奔甘鹿，周大获。 |
| 二十二年 | 王室乱，晋籍谈、荀跞帅九州之戎，及焦、瑕、温、原之师以纳王于王城。 |
| 二十九年 | 晋赵鞅、荀寅帅师城汝滨。 |
| 哀四年 | 楚人既克夷虎，乃谋北方，为一夕之期，袭梁及霍，围蛮氏，蛮氏溃，蛮子赤奔晋阴地。司 |

> 马起丰、析与狄戎以临上雒，左师军于菟和，右师军于仓野，使于阴地之命大夫士蔑求蛮子赤，曰：“不然，将通于少习以听命。”士蔑乃致九州之戎，将裂田以与蛮子而城之，且将为之卜。蛮子听卜，遂执之，与其五大夫以畀楚师于三户；司马诱其遗民而尽俘以归。

楚以戎蛮之无质，遂取蛮，盖蛮之贰于晋也。晋以陆浑之贰于楚，遂灭陆浑。晋楚之争急，而蛮戎遂为鱼肉尽矣。晋灭陆浑，使屠蒯如周，请有事于雒与三涂，陆浑弗知，师从之，遂灭陆浑，陆浑之众奔甘鹿。则为诸戎之酋率者，雒东允姓之奸也，故得邻于甘鹿三涂。《水经注》：“伊水出陆浑县之西南王母涧。涧北山即古三涂。”（节引）在今嵩县西南十里。《水经注》有“鹿蹄川，在陆浑故城西北”。《大事表》以此为甘鹿，在今宜扬县东南五十里。盖甘水之所出也。袭梁及霍，蛮之东境，都所在也。上雒、菟和、仓野、少习，蛮之西境，司马起丰、析以略之。蛮疆之广可知，其长袤盖与陆浑等。蛮氏、陆浑其酋率皆处东偏，则其不忘东向以争之情可见。晋灭陆浑而赵鞅城汝滨，戎蛮灭而晋楚之壤相接于汝，晋一旦有事而楚以通于少习惧之，则陆浑宿为晋之屏蔽，功亦巨耶？而甚睦于楚，晋人焉得不亟起而夷之。昭十七年，灭陆浑，二十二年，籍谈帅九州之戎以纳王，哀四年，士蔑致九州之戎将以与蛮。杜预言：“九州之戎，即陆浑之戎。”则陆浑之灭，其仅存者，惟谢西九州之余落耳。陆浑既繁殖于伊雒，乃蔓延而南。杜预以戎蛮氏为戎之别种，故士蔑致九州之戎（即陆浑之戎）以与蛮子，知蛮亦陆浑类也，当即陆浑戎之越外方而南者，是汝南戎蛮，常属于楚；汝北陆浑，世服于晋。楚灭蛮，晋灭戎,而晋楚遂以汝为境。宣之六年,晋以陆浑、蛮氏侵宋,盖晋势之张也。晋国未和而楚灭蛮,诱其遗民尽俘以归。九州之戎即陆浑之戎,是诸戎南徙已达于颍首汝滨,且至谢西。瓜州之戎南徙入汉,此族移动亦不为不远。徒以逼于晋楚两大,一不幸而夷灭随之。下逮于战国,范蔚宗以为"韩魏复共稍并伊雒阴戎灭之。其遗脱者皆逃走,西逾岍陇,自是中国无戎寇"。犬戎陆浑东窜之局,实南至汝颍,范说疑未谛也。

## 戎入汝汉江淮

《缀遗斋金文》有鄀公敦,有鄀公钟,又有鄀妩鼎,足证杜预、《世本》鄀为允姓之说。僖二十二年,"秦晋迁陆浑之戎于伊川",此允姓之奸始自西来。僖二十五年,"秦晋伐鄀",此允姓之鄀或即陆浑之戎,已出轘辕而南徙者也。《左氏传》言:"秦晋伐鄀,楚以申、息之师戍商密。秦人围商密,商密人惧乃降秦师。(秦师)囚申公子仪,息公子边以归。"鄀与商密同在河南内乡县西南一百三十里,此中国商密而鄀来国之。鄀之南徙,盖叛于秦晋,故秦晋伐之;知鄀之已即于楚也,故楚为戍商密以救之;至是又降于秦。《左传》文五年:"初,鄀叛楚即秦,又贰于楚;夏,秦人入鄀。"鄀于秦楚,亦犹鄢氏、陆浑之反侧于晋楚之间。杜预谓其"后迁于南郡鄀县",则在今湖北之宜城。文十四年:楚庄王立,公子燮与子仪"以楚子出,将如商密"。此直言商密而不及鄀,鄀于时殆已至南郡也。自僖二十五年至文之五年,八九年间,而秦再伐之。又八年而鄀已逾汉而南。定之六年:"迁郢于鄀。"以柏举战后,楚逼于吴,遂西徙于汉。楚之迁鄀,明鄀已先夷为楚邑,瓜州允姓之迁,此已最远,至汉南而遂灭。戎之在伊雒者曰陆浑，在商密者曰鄀，而同为允姓，当亦邾娄曰邹之例：晋楚呼之，言有短长，而号因以异；彼允姓者之自名，知固无所于别也。《左传》昭九年："晋梁丙、张趯率阴戎伐颍。"杜预注："阴戎，陆浑之戎。"以处晋阴地，谓之阴戎。晋阴地于后为卢氏。宜允姓之戎，已南至卢氏。昭十九年，"楚迁阴于下阴"。阴在汉为阴县，属南阳。下阴于后为湖北光化县。此徙之阴，即晋阴戎之入楚者。迁之下阴，则此允姓之奸，徙卢氏，徙南阳，徙襄阳，而猃狁于是有逾汉川而南者也。

春秋之戎蛮子，杜预注："蛮氏，戎别种，河南新城县东南有蛮城。"则戎蛮与南之群蛮，种族殊异，为诸戎之别种。《前汉志》："河南新城县曰蛮中，故戎蛮子国。"《续汉郡国志》："新城"，刘昭注："《左传》文十七年，周败戎于邥垂。杜预曰，县北有垂亭。"《志》言"新城有鄤聚，古鄤氏，今名蛮中"，刘昭注："《左传》昭十六年，楚杀鄤子。杜预曰，县东南有蛮城。"以今地言。戎蛮子国在临汝（旧汝州）西南，楚袭梁及霍围蛮氏，梁在临汝西南四十五里，霍在临汝东南二十里，邥垂在伊阳，皆昔新城地，蛮子国于此。《续汉志》谓之古鄤氏，刘昭注引《左传》作楚杀鄤子，《公羊》作曼子，则鄤子、蛮子为别本异文，不谓南蛮也。晋灭陆浑，而赵鞅城汝滨，知陆浑已由伊川越熊耳、外方而南，地及于汝。"张趯率阴戎伐颍"，杜预注："阴戎，陆浑之戎。"以处晋阴地，谓之阴戎。晋阴地于今为卢氏县，则陆浑南出已至卢氏，而戎之别种蛮氏南至临汝，其为西戎之越山而来，无惑也。文十七年，"周甘歜败戎于邥垂，乘其饮酒也"，此戎即鄤氏。晋侯使瑕嘉平戎于王，杜预注："平邥垂之怨。"亦即鄤子也。成元年，"王师败绩于茅戎"。《左传》曰："晋侯使瑕嘉平戎于王，刘康公徼戎，将遂伐之，三月癸未，败绩于徐吾氏。”斯又知鄤子之即茅戎也。《左氏》作茅戎，《公羊》、《穀梁》并作贸戎。徐吾氏当即王季所伐之余无戎。于时殆已并于贸戎也。《秦本纪》：“缪公任好元年，自将伐茅津胜之。”刘伯庄云：“戎号也。”《括地志》：“茅津及茅城在陕州河北县西二十里，《水经注》云，茅亭，茅戎号。”于今茅津在陕州西北三里，津北对古茅城，古茅邑也。则在山西平陆县东南三十五里。沈钦韩云：“茅戎，西羌之入居中国者。郑《角弓笺》，髦，西夷别名。”《括地志》：“岷、洮、丛等州以西羌也，姚府以南古髳国。”《牧誓》曰：“庸、蜀、羌、髳。”此茅戎之在西土者。东来入陕州，南下至临汝；其东出当在陆浑戎之先，故东南徙地，亦处陆浑戎之前。袭梁及霍，鄤氏之东境也。司马起丰、析以临上雒，左师军于菟和，右师军于仓野，鄤氏之西境也。上雒今地在商州，菟和在商州东一百十里，仓野在商州东南一百四十里，而陆浑之戎居今卢氏。申、谢西北二境，胥为西戎之族，其徙逐固已若是之远矣。申、吕、许、曾之徙最先，而陆浑、曼氏随之。申、吕、许、曾入江淮，而陆浑、曼氏亦踵之逾汝汉也。《续汉书·郡国志》：“河南有梁故国，伯翳后，有霍阳山。”《注》：“哀四年楚为一昔之期，袭梁及霍。”《博物记》言：“梁伯好土功，今梁多有城。”是二者均以僖十九年梁亡之国，即哀四年楚袭之梁。是又同州韩城之梁灭于秦，而南迁临汝，遂臣属于鄤氏，楚又灭之。此亦秦同姓之戎也。《吕览·精谕》：“晋襄公使人于周，曰弊邑寡君寝疾，卜曰三涂为祟，使下臣愿藉途而祈福焉。天子许之。晋使祭事先，因令杨子将卒十二万而随之，涉于棘津，袭聊、阮、梁、蛮氏，灭三国焉。”此即《左传》记晋灭陆浑事，而曰蛮氏，则误陆浑为鄤氏也。而梁为陆浑三国之一。高诱注曰：“以世推之，当为晋顷公，其不得为襄公明矣。”是秦灭梁而梁徙，晋又灭之，又南徙而楚又灭之。梁之徙遂已臣于鄾氏。聊、阮，亦陆浑之属国也，聊倘即贸戎钦？梁固秦同姓之国。此则戎族东出南徙，事之先后固炳然者也。

# 【第四】 南方民族之移动

## 楚人北侵

周代南方民族之迁移,以史料之阙乏,故欲论其事,则视论西戎、北狄之迁徙为尤难,以西北民族南下与诸夏接触繁,故事可推知,而南蛮之迁,则与诸夏接触益疏,故难征考也。盖周代民族之移徙事实,发动于周人之南迁,东南民族首当其冲,遂相率移住,其事大部在春秋之前。此时代之史料固极简略,入春秋以后东夷南蛮之事,不过其余波耳。若西北民族移住,则在周人南徙之后,乘西北之空虚而来,故在春秋之时,正其相率猾夏之时，一若永嘉之乱，本以汉族迁流，西北久荒，然后羌胡乘衅而京洛丘墟也。倘所谓物腐虫生，空穴来风者耶？此东夷、南蛮之事，反因西戎、北狄之事而显者也。

昔纣命文王典治南国江汉汝旁之诸侯，为西伯，专征伐。自陕东西，周召分治：江沱之域，属之召南；汝汉之域，属之周南。武王伐纣于牧之野。誓庸、蜀、羌、髳、微、卢、彭、濮之人，而詹桓伯曰"巴、濮、楚、邓，吾南土也"，见二南被化独深之国，而异族特多。昭王南征不复，则方西周盛时，南国已梗命也。《楚世家》言："熊渠生子三人，当周夷王之时，……熊渠甚得江汉间民和，乃兴兵伐庸、杨粤，至于鄂。熊渠曰：'我蛮夷也，不与中国之号谥。'乃立其长子康为句亶王，中子红为鄂王，少子执疵为越章王，皆在江上楚蛮之地。"知楚之先雄于南服久矣。熊渠后十世而至若敖，而霄敖，而蚡冒，当周宣、幽、平之世，然沈尹戌曰："若敖蚡冒，至于文武，地不过同。"则楚于春秋之初，仅蕞尔百里之国，而熊渠畛略，久已丧之。《楚世家》言："封熊绎于楚蛮，居丹阳。"正怀王十七年与秦战丹阳是也。《索隐》云："此丹阳在汉中。"所谓"先王熊绎，僻在荆山"者也。荆山于今为南漳县，明楚封之在汉；而颍容、徐广并以楚居丹阳在枝江。《水经注》、《括地志》、《舆地志》等并以楚居丹阳在秭归，是并以春秋时楚都说楚封也。顾栋高曰："楚始封在归州，迁于枝江，春秋初楚尚都此；再迁郢，在江陵。"明楚之始封于汉而后居于江。逮国之既强，然后由秭归而枝江，而江陵，以渐食汉川诸姬，封畛于汝，而后益北上。见楚之由三子为王，而蹙为同国百里，正弃汉入江之时，殆以方叔南征，执讯获丑，而楚以弱。周之声灵振于南土。南方民族之史，惟楚稍可考，楚事已茫昧若此，他可推知。宣幽南略，邑谢徙申，被其迫者，岂一楚而已哉？

## 百濮南徙

春秋时代南方民族既鲜见于载记，而先后住地，尤错纷难理。今姑以文十六年之事为本而求各族移徙之迹，则事理亦极明。《左传》文十六年："楚大饥，戎伐其西南，至于阜山，师于大林。又伐其东南，至于阳丘，以侵訾枝。庸人帅群蛮以叛楚。麇人率百濮聚于选，将伐楚。于是申息之北门不启，楚人谋徙于阪高。"以楚事为中心，则南方之族虽繁，其大校可考也。盖楚之东则众舒，其北则汉川诸姬也，其西北则群蛮，西则百濮，而东南至于西南则戎。汉川诸姬，随为大；众舒，则舒子为大；群蛮帅乎庸；百濮帅乎麇；楚人于时四围之情约略如此。然又非春秋以前之事也。左太冲《蜀都赋》曰："于东则左绵巴中，百濮所充。"则濮于古为梁州国，故注言："巴中七姓有濮。"《华阳国志》：巴子之国，"有濮賨苴共奴獽夷蜒之蛮"，则濮固在巴也。武王伐纣，巴师勇锐，歌舞以凌殷人，然《牧誓》武王伐纣，有濮而无巴。濮居左绵巴中，武王伐纣有濮，后乃封宗姬于巴，则巴师歌舞以凌殷人者，正濮人也。秦汉间"阆中有渝水，賨民多居水左右，天性劲勇，初为汉前锋，陷阵锐气，喜歌，帝善之曰：此武王伐纣之歌也"。所谓"巴渝舞"也。则秦汉间阆中、巴山、渝水之间，其居者为賨，而濮已他走。盖于后巴徙垫江，徙江州，以东南下，而濮亦东南下由梁州而入荆州也。春秋初年数见巴师，皆在楚北。巴楚交通，以邓为枢，是巴之通楚为由陆而非由水，知于时长江无交通。故庸之为国，亦地跨梁荆，而居楚北。则濮入荆之道，亦在北而不在南，由陆而非由水。楚于春秋之初，日益北上。平王之末，蚡冒于是乎启濮，武王败随于速杞，于是开濮地而有之。是皆楚人之北略入汉，此濮之初居于汉，在楚北也。伪《孔传》言："濮在江汉之间。"此濮曾在江汉之说也。文之十年，"楚子、宋公为厥貉之会，麇子逃归。十一年春，楚子伐麇，成大心败麇师于防渚；潘崇复伐麇，至于锡穴"。防渚于今为房县。锡穴在白河县东。于时麇都于郧阳，故伐地亦系焉。则先时百濮之从麇以处于汉可知。自楚北上入汉，而麇南徙枝江，遂以百濮聚于选。选在枝江，柏举之战，吴师居麇，地固近郢，是亦麇之徙地。于后麇又徙岳州，见麇之后居于江，谅濮亦随之。故昭之十九年，"楚子为舟师以伐濮"，濮在江也。杜预说"濮在建宁郡南"。江永曰："晋建宁故城在石首县，百濮在其南。"盖濮由江入湘，以楚入战国，拓地西南。"吴起相悼王，南并蛮越，遂有洞庭、苍梧"；"顷襄王遣庄蹻从沅水伐夜郎，因留王滇池"。则濮以楚逼后遂至建宁再至永昌。濮于西周之初在巴中，东入荆，居江汉间。由楚之西南下入江，东至岳州，南入湘沅，又至于永昌，此先后迁移迹之可寻者也。

《职方》郑注云："玄谓闽，蛮之别也。《国语》曰'闽芊，蛮矣'。"《贾疏》云："《郑语》，史伯曰：'蛮芊，蛮也。'注云：谓上言叔熊避难于濮而蛮，随其俗如蛮人也，故曰'蛮'。彼不作'闽'者，彼盖后人转写者误。郑玄以闽为正，叔熊居濮如蛮，后子孙分为七种，故谓之七闽也。"贾氏断郑韦两家之本，据两家之说，以叔熊避濮，于后为闽。《华阳国志》："永昌郡古哀牢国，有穿鼻褡耳种，闽越濮，鸠獠。"又言："有闽濮、鸠獠、僄越、躶濮、身毒之民。"是濮有闽濮，在永昌郡，盖西南徙地也。而贾氏以瓯蛮当之，东西悬绝，殆其误耶？

## 庸、巴、罗南徙

春秋之庸，属地最远。庸之鱼邑为四川之奉节，而固国于郧阳之竹山。庸当亦由梁徙荆之国，而介于巴与秦楚之间，三国因之以灭庸。群蛮帅乎庸者也，庸灭而蛮亦不保，居地谅亦相接。“楚武王克州、蓼、随、唐，大启群蛮”，倘随、唐以西，接乎庸地，正蛮之居。《后汉书·南蛮传》言：“平王东迁，蛮遂侵暴上国。晋文侯辅政，乃率蔡共侯击破之。至楚武王时，蛮与罗子共败楚师。”范书四夷事多本之《竹书纪年》，此当亦出《竹书》。蛮于春秋之初，殆亦北侵周，南败楚，自庸灭而蛮亦兼于楚。鄢陵之役，郤至曰：“郑陈而不整，蛮军而不陈，我必克之。”则蛮合于楚，已为之役，同于楚之编户也。此非陆浑、蛮氏，彼本作鄤子，为《左传》之茅戎，《公羊》、《穀梁》之鄤戎，与此不同。彼在汝，此在汉也。

楚西之国庸为大，庸之西接于巴，巴接于蜀，此春秋时代西南之大校也。《华阳国志》言：“阆中有渝水。”渝水巴山悉在阆中，巴歌渝舞之所自出，此古巴国也。于后巴子或治江州，或治垫江，或治平都，或治阆中。江州于今为巴县。垫江于今为合川。并在嘉陵江流域。以阆中上流之渝名江州下流之渝，亦以阆中之巴名江州之巴；巴国日徙而东南，而巴山渝水之名亦徙而东南；此巴后先移徙之迹也。《国策》言：“汉中之甲，乘舟出于巴，乘夏水而下汉，四日而至五渚。”知汉域亦有巴名。则武王之封宗姬，谅初原在汉，后徙阆中。巴子之国有苴蛮，苴有南郑，亦在汉域。谅巴之始国，惟在苴东，下逮春秋，巴东南下，春秋之末，巴、楚且相拒于扞关也。

桓之十三年，“楚屈瑕伐罗，……罗与卢戎两军之”。罗于时国于宜城。《水经注》:“夷水历宜城西山,东南迳罗川城,故罗国也。”又江水篇:“枝江地,故罗国,盖罗徙也。”《汉地理志》:“长沙国罗县。”应劭曰:“楚文王徙罗子自枝江居此。”顾景范以罗县在岳州府平江县。屈瑕伐罗,为楚武王时,罗在宜城。及文王时罗已自枝江徙平江,则罗迁徙之道与濮同也。卢戎之属帅乎罗,罗徙平江,而戎之伐楚于西南至阜山、大林,于东南至阳丘、訾枝(文十六年)。明楚之南境皆戎,而地近平江者也。是戎与罗同处,盖罗徙而戎亦与之俱徙。“罗与卢戎两军之”,卢戎在南漳县,而从武王伐纣之卢在梁州。《华阳国志》宕渠郡有卢城,为今四川渠县,而《括地志》言:“房州竹山县及金州古卢国。”竹山属郧阳府,金州则兴安府,此卢自梁徙荆时所建国。更沿汉东南至南漳,故春秋之卢在襄、汉,是亦犹庸、濮之由梁入荆。楚自丹阳徙枝江,徙江陵,然后北上;而罗与戎自宜城徙枝江,徙平江;麇与濮又随其后,自郧阳徙枝江,徙岳州:殆皆由汉绕云梦之西以入江,由江东下而南入湘也。

# 【第五】 赤狄东侵

## 古鬼亲与赤狄

犬戎自夏至周,皆处于邠岐之近地。周之中叶而猃允西来,商之中叶而鬼方西来。王国维氏据《世本》言鬼方为隤姓,即赤狄之隗姓,以隗姓之狄为鬼方。吴承志氏以允姓之戎为猃允,此皆事之近实,信而可征者。《王会》言:“正西狗国鬼亲。”鬼亲即鬼方。《世俘》有越戏方,有宣方,《纪年》有班方,殷人丁地国盖恒以方名也。宋衷注《世本》,以”鬼方于汉则先零戎“,此与汉人训鬼方为远方之说合,则鬼方亦来自犬戎之外者也。《西山经》言:

“又西二百里日魄山。”《地理今释》曰“今玉门县西南巴颜大山”,是在酒泉、敦煌间。山南即汉先零羌地,则魄山即鬼方之居也。三危在敦煌,此魄山在玉门,则居三危之东。《西山次三经》又言:“又西二百二十里曰三危之山,……又西一百九十里曰魄山,……又西三百五十里曰天山”,是则三危东西,并有魄山。《文选·琴赋》:“摹老童于魄隅。”五臣作“隗”,则天山以东皆鬼方之国。鬼方自殷之高宗时始为边患。《易》曰:“高宗伐鬼方,三年克之。”是鬼方之强。《后汉书》言:“武丁征西戎鬼方,三年乃克;及季历遂伐西落鬼戎。”章怀注曰:“《竹书纪年》:武乙三十五年,周王季伐西落鬼戎,俘二十翟王也。”此鬼戎当即鬼方。伐鬼戎曰俘翟王,知春秋之赤狄隗姓,亦即鬼方,则鬼戎固名狄也。自武丁克之,至武乙而又炽,则“太王居邠,狄人侵之”,自亦鬼方之为患,而于时畎戎遂伏而不见也。

依《殷本纪》,自汤至于纣十有七世,而武丁当十一世;周自公刘至文王,班固《人表》依《世本》为十五王(《史记·周本纪》损者三世),而亚圉当第十世。公刘与汤并时(此依娄敬及《吴越春秋》说,不依《史记》),则亚圉亦宜与武丁并时。《左传》襄十年曰:“余敢忘高圉、亚圉。”亚圉,高圉子。高圉、亚圉,信大有造于周者也。《鲁语》曰:“杼能帅禹者也,故夏后氏报焉。上甲微能帅契者也,商人报焉。高圉能帅稷者也,周人报焉。”盖季杼灭豷于戈,有穷遂亡,于是复禹之绩。《山经》言“有易杀王亥”,注引《竹书》曰:“殷主甲微假师于河伯以伐有易,灭之,遂杀其君绵臣也。”则杼之于夏,微之于殷,皆有继绝复仇之功。而高圉比焉。殆以鬼方之难而周将亡,高宗西征,周人谅有力焉,此所谓“敢忘高圉、亚圉”者乎?《毛诗故训传》曰:“古公处豳,狄人侵之,事之以皮币,不得免焉,事之以犬马,不得免焉,事之以珠玉,不得免焉。乃属其耆老而告之曰,‘狄人之所欲吾土地,吾闻之,君子不以所养人而害人’。去之逾梁山,邑乎岐山之下。”则周竟以鬼戎之侵而失公刘之国,王季之伐西落俘翟王,为功伟矣。

《西山经》言:“又西二百里至刚山之尾,洛水出焉,而北流注于河。”《地理今释》云:“刚山之尾,今甘肃固原州笄头、大方、六盘、须弥诸山,与陇州山迤逦相接,故曰‘尾’也。洛水今清水河,北流至灵州鸣沙堡西入黄河。”此西洛也。知于时鬼方已来居灵原诸州地。《后汉书·西羌传》言:“季历遂伐西落鬼戎。太丁之时,季历复伐燕京之戎,戎人大败周师。后二年,周人克余无之戎。自是之后,更伐始呼、翳徒之戎,皆克之。”知皆鬼方之余孽也。《文王世子》:“武王曰:‘西方有九国焉,君王其终抚诸。’”《殷本纪》:“九侯”,徐广曰:“亦作‘鬼侯’。”《明堂位》、《韩非子》皆作“鬼侯”,则武王所谓九国即鬼国,鬼戎之余也。至文武之间犹未悉殄,亦见燕京、余无、始呼、翳徒,皆鬼戎二十王之比也。《荡》之诗,《郑笺》以为“上陈文王,咨嗟殷纣”,而曰“覃及鬼方”,固鬼方至是犹炽之验。《小盂鼎》纪成王二十五年盂伐鬼方,献首献馘,俘人复万有三千八十有一,残灭之余,尚有此众。盖自是鬼方散而犬戎、猃允、代兴,鬼方反为之属,故“追貊为猃允所逼,稍稍东迁”;然继貊种之后者实隗姓之狄,此鬼方之服于猃允而冒其名也。

鬼戎之来西洛,固即犬戎之地,谅已服犬戎而臣之。《史记》言:“自陇以西有绵诸、翟、䝠之戎”,翟即汉县翟道。下后为狄道州。《吕氏春秋》言:“辛余靡振王,乃侯之于西翟。”皆见翟在周西,据土已广,凡昔犬戎之所在,皆后狄之所在也,故来后人鬼方、畎戎为一之说。《海内北经》有“鬼国”，在贰负之尸北，则在今鄂尔多斯境，此史伯所谓当成周西之“隗”也。斯即逼貊而名猃允之狄，当已率服于猃允，随之东出而北走，故亦冒猃允之名也。《水经注》：“汾水出太原汾阳县管涔山，东南流迳晋阳县东。”《淮南子》：“汾出燕京。”是管涔山即燕京。《汉书·武纪》：“元狩二年马生余吾水中。”应劭注曰：“在朔方北也。”此王季时燕京、余吾之戎所居地也。《汉地志》：右北平郡有徐无县。燕京余无之戎，殷之末季盖在雍州。自周之崛兴，燕京之戎遂至并州之北，而余无之戎，乃远至朔方，又有远至幽州之域者也。《春秋》成元年，“茅戎败王师于徐吾氏”，《正义》：“茅戎是戎内之别，徐吾是茅戎聚落之名。”意者徐吾亦即余无之戎之一部，是昔为鬼方，后则从贸戎而东至豫州，南出轘辕者也。《汉志》上党郡有屯留、余吾，二县相邻，屯留为留吁国，余吾或又从留吁以东徙也。

《魏书》言：“高车，古赤狄之余种也，初号狄历，北方以为敕勒，诸夏以为高车、丁零。”《春秋地名记》谓赤狄“今名赤涉胡”。是则匈奴北荒之丁零，与至唐之铁勒十五部，皆赤狄之余而鬼方之裔胄也。《晋书·匈奴传》言匈奴“以部落为类，其居塞者……凡十九种”：有鲜支种，乌谭种，即鲜卑、乌桓也。有赤勒（殿本误作‘勤’）种，即敕勒也。此敕勒在前有合于匈奴者。“有赤沙种”，当是赤涉之误。又有力羯种，石勒即羯种也。《石勒载记》言：“石勒初名匐，汲桑始命勒以石为姓，勒为名。”石勒固自有名，而汲桑更为之名，其音与部名力羯之音若一，盖即以部名为人名也。此固外族恒见之事。则石勒即赤勒之异译，而又别译部名曰力羯。是犹秃发原为拓拔，源即为元，而必别译以辨之也

(石虎图画忠臣烈士,皆变为胡状,头缩入肩。冉闵诛胡羯,高鼻多须,至有滥死。石宣最胡状目深。石鉴拔长发以给宫人。此四事皆可以见胡状。后铁勒部中,亦有赤发绿瞳之人。敕勒之族既多。于后而人亦杂也)。《魏志·东夷传》言:“女王国北有鬼国。”《唐书》言:“流鬼国在北海之北,鬼国在駮马国西。”王深宁盖取之以释《王会》之鬼亲,是亦有合于赤狄为敕勒之说。殆以狄既失太行,遂走于北荒也。

聂西生氏以中国之知用骑,为效之印欧民族之西特人。然中国知骑,为始于赤狄,《吕览·不苟篇》言:“晋文公将伐邺,还将行赏,(赵)衰曰:‘君将赏其末,则骑乘者存。’”《管子·小匡》言:“中救晋公,禽狄王,……而骑寇始服。”知狄之侵晋以骑,故房注云:“北狄以骑为寇。”伐邺即河内殷墟,狄夺之卫,而晋又夺之狄者,伐邺正为伐狄。晋之御狄亦以骑。中国用骑自晋文公始,不自赵武灵王也。《吴子·应变》:“起对曰能备千乘万骑。”《励士》:“武侯从之,兼车五百乘,骑三千匹。”是魏武、吴起之时,用骑已大盛也。《励士》又言:“若车不得车,骑不得骑,徒不得徒。”车与骑已并举别言。《通典》引吴王问孙武曰:“吾至轻地,敌整其车骑,则如之何?”武曰“……选骑衔枚先入”。皆自为《孙子》八十二篇之文。知春秋之末,已车骑并用。《左传》昭二十五年载:“左师展将以公乘马而归。”《正义》曰:“古者马以驾车,不单骑也。至六国之时,始有单骑。炫谓此左师展将以公乘马而归,欲共公单骑而归,此乘马之渐也。”陆氏《音义》亦云:“乘,骑马也。”此《左传》亦有单骑之事,足明《孙武》文之非诬。吴、鲁于是时已皆用骑,况《曲礼》有“前有车骑”之文,苏秦有“车千乘,骑万匹”之说。何必始于赵武灵王哉?匈奴之由西来而北入阴山，在秦灭义渠之后，春秋时居北方之异族惟貉与狄。用骑固非东胡民族之事，惟来自西方鬼方之族为能之。中国用骑，亦正值赤狄枭张之际，是或由鬼方之族效之西特人，或鬼方之即西特人，均未可定。然鬼方之必自西来，由天山而东南下则可断也。

聂西生氏《中亚民族史》言："以语言学之鉴定，与考古之帮助，此西特人属于印欧民族中之伊兰支派，普通名之为'游牧伊兰人'。不知何时，此游牧人向东发展，而至蒙古。当纪元前一、二世纪时，在蒙古有一类联邦组织匈奴帝国，现已经证明此匈奴非印欧民族，又非塞米族，是为阿尔泰族之突厥派，殆甚相似。如果匈奴之统制阶级为突厥派。则联邦内未必无西特人之存在。奚以言之？盖中国古时虽知马之应用，但只知驾而不习骑，至西北游牧之人则反是。中国习骑战自赵武灵王之胡服习射始，以骑战代车战，以短衣代长衣，以靴代鞋，以长剑代短剑。再以考古学之证明，知此装束非匈奴之装束，实为西特人之装束。盖匈奴先效西特人，而中国又借之于匈奴也。"

聂氏又谓"印欧民族入新石器文化期中。即知铜与马之应用，此亦易于迁徙之唯一利器。故其分布，西至欧洲，东迄中亚，南及印度。由印度发掘之古物，知印度新石器时代之民族无马之应用，马之输入为亚利安人。又加堤无马，为古生物学之定论，加堤知用马，亦因含有印欧语言原素之民族。"

聂氏盖因此以推中国之胡服骑射，亦因匈奴联邦内之西特人。但赵武灵王之胡服骑射，原不因匈奴人，其在此时，匈奴尚在西北。则中国人之胡服，云何效之匈奴？凡此皆聂氏习于王静安之旧说，以中国北方在古即惟匈奴一族，故云匈奴效之联邦内西特人云耳。惟骑射之不始于赵武灵王，故当时赵之君臣，所往复以争者，皆为论胡服事，无一语及于骑射。知始于是时为胡服耳。中国之知用骑在春秋，即因北狄之用骑，于时狄方侵扰晋边。则谓鬼方之狄效之西特人，于时于事为合。盖鬼方之国原在天山之东，此与塞种之猃允西来事先后一辙也。盖中国古昔，散处北方者为貉族，而处雍州西部之犬戎则为羌族，此皆耕稼之民，未为中国之巨患。其后敕勒、鬼方之族来自天山，塞种、猃允之族来自瓜州，獯犷特甚，为虐亦巨。先则据犬戎之土而臣其人，为祸中国遂烈。殷周大张挞伐，因以成中兴之功。自穆王迁戎太原，宣王又逐猃允于此，而在西之族始北入河南窟穴阴山，侵暴区夏。自是以后，中国北方之祸过于东夷、西戎远矣。前此殆无渡漠南来之人，故赤狄、白狄之亡而三胡皆自东而至。义渠既灭，然后在西之匈奴又入阴山，至冒顿遂统一殊俗，其中颇有乌丸、鲜卑、楼烦、敕勒之种。西族与北族，土著与外来，和合为一，遂为历世之巨祸也。（威廉士《中国史纲》言："中国古史上之狄族，即希腊古史家所谓西特族。此族在上古甚强，常往来亚洲西部，及中国西北部，为沟通中西文化之媒介。"审是则赤狄即西特人，而游牧伊兰人也）

## 狄来秦晋之北

北狄之族亦以处于雍州，因秦晋之交逼而东徙，与西戎同。西戎出秦之东而入伊洛，北狄走晋之北而下太行，分道以祸中夏。孟子曰"太王居邠，狄人侵之"，知狄居亦邻于邠。《世本·注》言"鬼方于汉则先零戎"，知其本居湟、鄯之域。《韩奕》之诗曰

“王锡韩侯，其追其貊，奄受北国”，《郑笺》曰：“韩侯贤，赐之蛮服追貊之戎狄，令抚柔……王畿北面之国，……其后追也貊也，为猃狁所逼，稍稍东迁。”夫逼追、貊者赤狄也。是赤狄亦冒猃狁之名。以于时服事于猃狁故耳。韩侯之国，在春秋曰“韩原”，为秦晋战处。《元和志》：“同州韩城县，春秋战于韩原即此地。”在今韩城县西南二十里。梁山在县西北九十里。即《诗》所云：“奕奕梁山”者也。韩之北为追为貊，则宣王时之北狄犹未及韩之北境，而促居泾阳。追、貊东迁，北狄侵及泾、洛之间，知又宣王以后事也。《晋世家》言：“晋强，西有河西，与秦接境，北边狄，东至河内。”此狄入居晋北之说也。重耳居蒲，于后为蒲州永清县；夷吾居屈，于后为吉州。《晋世家》言：“蒲边秦，屈边狄。”然晋城蒲、屈，曰：“狄之广莫，于晋为都。”则蒲、屈均边狄，此晋西亦狄之证也。故重耳出亡及柏谷，在灵宝。“重耳之在狄也。从狄君以田渭滨。狄以重耳故，击晋于采桑。”采桑津于后为吉州。证其地望，狄南已至渭也。吕相绝秦则曰：“白狄与君同州。”《齐语》则曰：“西征攘白狄之地，至于西河。”韩之战，狄侵晋，取狐厨及受铎，涉汾及昆都，狐厨、受铎在汾西，昆都在汾东。斯实狄自西而东，遂涉于汾。顾栋高坚持晋西无狄，并《左氏》白狄与秦同州一语而非之，则固矣。《史记·匈奴列传》言：“晋文公攘戎狄，居于河西圁、洛之间，号曰赤狄、白狄。”此言赤狄、白狄之皆在河西。《索隐》曰：“《三仓》‘圁’作‘圜’。《地理志》云：圜水出上郡白土县西，东流入河。韦昭云：‘圜’当为‘圁’。”圁，即今陕西神木县屈野河。此特狄之根据地，实则洛东以及乎蒲、屈，皆狄所滋蔓。滨河东西，并狄土也。周东迁以来，狄已侵逼追貊，而窟穴于此也。

## 狄南灭邢卫与齐桓御狄

| | |
|---|---|
| 庄三十二年 | 狄伐邢。 |
| 闵元年 | 齐救邢。 |
| 二年 | 狄伐卫，战于荧泽，遂灭卫。宋桓公逆诸河，立戴公以庐于曹。齐侯使公子无亏帅车三百乘、甲士三千人以戍曹。 |
| | 郑使高克帅师次于河上，师溃而归。 |
| | 晋侯使太子申生伐东山皋落氏。 |
| 僖元年 | 齐师、宋师、曹伯次于聂北，救邢。邢迁于夷仪，诸侯城之。 |
| 二年 | 诸侯城楚丘而封卫。 |

方狄处晋西，中国未尝有狄祸；及晋益西侵，而狄遂东窜，祸以极于邢、卫也。士蒍为二公子筑蒲与屈，曰“无戎而城，雠必保焉”，知晋西之狄未为患也。曰“狄之广莫，于晋为都，晋之启土，不亦宜乎？”知蒲、屈之城，正以侵略狄土。入春秋以来，不见狄事，自庄之三十二年而狄祸发，如飘风，如骤雨，而邢、卫被其殃。自此狄患中国，终春秋下至七国，正以狄于此时蹙于西而突于东，自晋北走晋东，遂据太行以建国，祸且及于齐、鲁也。重耳之及于难，晋人伐诸蒲，重耳奔狄，从狄君以田渭滨，此奔狄时之从狄于晋西也。处狄十二年，过卫及齐，而曹、宋，而郑、楚，而秦，此去狄时之从狄于晋东也。重耳在狄之年，狄人伐廧咎如，得其二女叔隗季隗，以季隗妻重耳，狄为重耳故，伐訾𤇈于采桑，采桑在山西之乡宁县，则廧咎如在晋西。晋既灭潞氏，复伐廧咎如，讨赤狄之余焉，而廧咎如已在晋东。审重耳、廧咎如之先西

而后东，则狄之络绎东徙，正庄、闵时也。宣之八年，晋师、白狄伐秦，成之九年，秦人、白狄伐晋，成十二年，而晋败狄于交刚，此时赤狄已渡河入济，而白狄尚在晋西。昭十二年，晋灭肥，十三年，晋侵鲜虞，十五年，晋灭鼓，则此时白狄之肥、鼓、鲜虞已在晋东。白狄之自西东徙，信在襄、昭时也。于后晋西已无狄。盖赤狄、白狄均起雍州，赤狄东徙，河西之地唯白狄居之。赤狄既灭，而太行之地白狄又来居之，先后之迹，若是之了然也。

狄祸突发于东，而邢、卫灭，于此狄事始见于春秋，一见而势若燎原。《诗序》言："《旄丘》，责卫伯也；狄人迫逐黎侯，黎侯寓于卫，卫不能修方伯连帅之职。"则灭邢、卫之先，已逐黎侯；及晋灭潞氏，然后再立黎子。《诗序》又言："《清人》，刺文公也，文公使高克将兵御狄于境，陈其师旅，翱翔河上，众散而归。"则狄既灭邢、卫，郑欲御之而师溃。其足以悚惧中国也如此，见狄之强而祸之烈也。当邢、卫之灭，于时齐桓霸业方隆。庄之三十年，桓公伐山戎，及孤竹。僖之四年，桓公伐楚，次于召陵，威势已振。而狄祸发于其间，桓公曾不能以一矢北向，收复二国之失土，则迁邢、卫于河南以避之，岂齐之力有未逮欤？《齐语》言："（桓公）筑葵兹、晏、负夏、领、釜丘，以御戎狄之地，所以禁暴于诸侯也。筑五鹿、中牟、盖与牡丘，以卫诸夏之地，所以示权于中国也。"郑玄注《礼》以负夏为卫地。张守节谓："相州荡阴西五十八里有牟山，邑在侧。"此北中牟（别有南中牟），于今为汤阴。京相璠言："今卫县西北三十里有五鹿。"于今为河北之清丰县。牡丘于今为聊城。《水经注》言："陶丘，墨子以为釜丘。"在山东定陶县西南。葵于今为河内县。京相璠言："河内山阳有郯城。"则狄祸方亟，桓公仅沿河外漯川筑塞以拒之，俾狂寇不得渡河，迁邢、卫于大河之南,则桓公固无如狄何也。

骊姬以“皋落狄之朝夕苛我边鄙,使无日以牧田野”。公说,使太子申生伐东山,而晋狄之战兴。东山皋落氏,于今为山西平乐县东皋落山。刘昭引《上党记》:“东山在壶关城东南,申生所伐者,今名平皋。”皆当晋之东。旧说多以为垣曲县,则在晋南,不合称“东山”也。太子之伐东山,先丹木曰:“尽敌而反,敌可尽乎?”狐突曰:“虽欲勉之,狄可尽乎?”则稷桑之战,晋实有尽其族类之心。盖骊姬曰:“若不胜狄,虽济其罪可也。”是欲以不克罪申生。申生曰“我战死犹有令名”;羊舌大夫曰“违命不孝,弃事不忠,子其死之”,是申生亦有致命之概。里克曰:“臣闻皋落氏将战,君其舍之”,则皋落亦欲乘残灭邢、卫之威,以全力赴此一役,则稷桑一战,其烈可知。晋之攘狄,功过于齐,而《左传》述东山事,不具始末。《晋语》亦仅记战于稷桑,致此一大战事不可得而详也。

## 狄西侵周郑与晋文创狄

| | |
|---|---|
| 僖七年 | 晋里克败狄于采桑。 |
| 八年 | 狄伐晋,报采桑之役也。 |
| 十年 | 狄灭温,苏子奔卫。 |
| 十二年 | 诸侯城卫楚丘之郛,惧狄难也。 |
| 十三年 | 狄侵卫。 |
| 十四年 | 狄侵郑。 |
| 十六年 | 狄侵晋,取狐厨、受铎、涉汾,及昆都,因晋败也。 |
| 十八年 | 宋师败齐师于甗,立孝公而还;狄救齐。 |

邢人、狄人伐卫，围菟圃；卫师于訾娄，狄师还。

二十年　齐人、狄人盟于邢，为邢谋卫难也。于是卫方病邢。

二十一年　狄侵卫。

二十四年　王将以狄师伐郑，使颓叔桃子出狄师；狄伐郑取栎。颓叔桃子奉太叔以狄师攻王，伐周，王出适郑，处于氾；太叔以隤氏居于温。

二十五年　卫灭邢。

晋侯纳王，取太叔于温，杀之。

狄焰方张，齐阻之于东，不得渡河，晋持之于西，又不得逞，乃灭温。盖其锋循太行以折而西南，遂逼周畿。“苏子叛王即狄，又不能于狄，狄人伐之，王不救，故灭。苏子奔卫。”刘子、单子曰(《左传》成十一年)：“昔周克商，使诸侯抚封，苏忿生以温为司寇，与檀伯达封于河。苏氏即狄，又不能于狄，而奔卫。襄王劳文公而赐之温。”知温者，苏子邑也。《左传》隐十一年言：“王取邬、刘、蒍、邘之田于郑，而与郑人苏忿生之田，温、原、絺、樊、隰城、欑茅、向、盟、州、陉、隤、怀。”此十二邑，皆苏子之田，而温其都也。王以与郑，郑使高克陈师河上。盖苏子即狄，而郑已不能有其田。狄灭温，苏子奔卫，而苏忿生之田已属于狄，太叔以狄师攻王，以隤氏居于温，知太叔之固依于狄。及晋纳王，取太叔于温杀之，知晋师之固已败狄。《晋语》言：“赐公南阳、阳樊、温、原、州、陉、絺组、欑茅之田。”则晋已克狄，天子即以苏子田之没于狄者八邑赐之，晋于是启南阳。《左传》徒纪阳樊、温、原、欑茅四邑，载事不详，俾后儒不知晋启南阳，实取自周土之丧于狄者。而谓文公实怀狄之私惠(谓文公处狄,宋人、清人皆有此论),不能攻狄,而徒取天子之田,以为文公罪。然则太叔何由杀之,苏忿生之田何由复之乎?

文公以二军下,次于阳樊,右师围温,左师逆王。取昭叔于温,杀之于隰城。阳樊之师,固又一大战,而与狄以巨创。《左传》又说焉不详,则亦邱明述事疏略之失也。《晋语》:"文公赂草中之戎与丽土之狄,以启东道。"则后此所谓"东阳之甲"者也。《穆天子传》记草中之戎,盖地近漯川上游,实邻卫土。《汉书·地理志》言:"懿公为狄所灭,桓公更封卫于河南曹、楚丘,而河内殷墟更属于晋。"又言:"文公霸诸侯,尊周室,始有河内之地。"则狄灭卫,而卫地属于狄,晋灭狄,而卫地属于晋。马季长说:"朝歌以北至中山为东阳,朝歌以西至轵为南阳。"盖卫地之没于狄者,晋资焉以启东阳,周地之没于狄者,晋资焉以启南阳,狄固大有造于晋也!方狄之西侵及周,奄有河内,齐霸已衰,宋襄不竞,宋伐齐丧而狄救齐,卫方病邢而狄为谋卫,威势既振,大义亦伸。狄之渡河,自救齐侵卫始,然犹未肆于东。晋既克温,然后周、郑之狄祸以绝,而狄专肆虐于东夏也。则阳樊一役,岂逊于城濮哉。

## 狄东侵齐、鲁、宋、卫

僖三十年　狄侵齐。

三十一年　狄围卫,卫迁于帝丘。

三十二年　狄有乱,卫人侵狄。

三十三年　狄侵齐。

狄伐晋,晋侯败狄于箕,获白狄子。

| | |
|---|---|
| 文四年 | 狄侵齐。 |
| 六年 | 晋狐射姑出奔狄。 |
| 七年 | 狄侵鲁西鄙,鲁侯使告于晋。 |
| 九年 | 狄侵齐。 |
| 十年 | 狄侵宋。 |
| 十一年 | 狄侵齐,遂伐鲁;叔孙得臣追之,败狄于咸。 |
| 十三年 | 狄侵卫。 |
| 宣三年 | 赤狄侵齐。 |
| 四年 | 赤狄侵齐。 |

晋势既振,狄失东阳、南阳,而周、郑之祸绝。文公蒐于被庐,作三军以败楚于城濮,又作三行以御狄。狄间晋之有郑虞而侵齐。于是晋蒐于清原,作五军以御狄,而狄围卫。见狄虽创于晋,晋狄之祸遂结而不解。至狄围卫,则其锋乃折而东。于时卫居楚丘,为滑县东六十里卫南故城,在河南。狄围卫,卫迁于帝丘,在开州西南二十里濮阳故城,则避而之北。于是狄渡河长驱,至于商鲁间,而横决于东夏也。鲁、宋、齐、卫日被侵寇,僖、文、宣时,正狄祸方张之会。文之十年冬,狄侵宋。是冬楚、郑、陈、蔡为厥貉之会。宋人逆楚子以田于孟诸。斯时秦、晋之兵结而不解,而狄、楚之势交于宋。《公羊传》曰:“南夷与北夷交,中国不绝若线。”楚虎视于南,狄鸱张于北。斯时也,成周、东夏,不几绝为二耶?

狄伐晋,围攻怀及邢丘,晋侯欲伐之,中行桓子曰:“使疾其民,以盈其贯,将可殪也。”狄焰之张,于斯为患极矣!狄伐晋,及箕,箕为山西之太谷县。晋侯败狄于箕,获白狄子,先轸死焉。栾武子曰:“韩之役,惠公不复舍;邲之役,三军不振旅;箕之役,先轸不复命;晋国之政,固有大耻三。”郤至亦云然。则箕之丧师,与韩、邲同,皆晋人引为奇耻深痛者。而《春秋》以为晋人败狄于箕,殆因晋史之讳辞也。先轸免胄,更《左传》之夸诬。凡《左传》于晋多饰辞,其述介之推遂隐而死,晋以绵上为之田,曰“以志吾过,且旌善人”。而《庄子》述子推事,以为文公入而背之,《左传》所云,未足据也。狄立国强而拓地广,盖自今甘肃、陕西之北,以及山西之北,而南下沿河北、山西之间,以及河南,抵于山东,若封豕,若修蛇,长驱深入,东西侵寇,为祸已极。自宣王北伐,以至于魏、赵灭中山而后已。由是观之,仲尼“被发左衽”之惧,不诚然哉?狄之为祸,固远过于吴、楚也。

## 狄入济兼并长狄

| | |
|---|---|
| 隐二年 | 鲁侯会戎于潜,戎请盟;公辞。既,戎又请盟;秋,鲁侯及戎盟于唐,复修旧好。 |
| 七年 | 初,戎朝于周,发币于公卿,凡伯弗宾。冬,王使凡伯聘于鲁,还,戎伐之于楚丘,以归。 |
| 桓二年 | 鲁侯及戎盟于唐,修旧好也。 |
| 庄十八年 | 鲁侯追戎于济西。 |
| 二十年 | 齐人伐戎。 |
| 二十四年 | 戎侵曹,曹羁出奔陈,赤归于曹。 |
| 二十六年 | 春,鲁伐戎。夏,公至自伐戎。 |

《左传》文十一年:狄侵齐,遂伐鲁,叔孙得臣追之,败狄于咸,获长狄侨如。鲁败狄而长狄侨如获,于是知长狄之服属于赤狄也。故晋灭潞氏亦获长狄焚如。《左传》曰:“初,宋武公之世。鄋瞒伐宋(在春秋前),司徒皇父帅师御之,以败狄于长丘,获长

狄缘斯。晋之灭潞也（在宣十五年），获侨如之弟焚如。齐襄公之二年（在桓十六年），鄋瞒伐齐，齐王子成父获其弟荣如。卫人获其季弟简如。鄋瞒由是遂亡。”（节引）夫长狄之为祸东夏亦巨矣！而事举不见尽于《春秋》，斯亦大异。及考长狄所侵之国，曰鲁，曰宋，曰齐，曰卫，于斯亦足知长狄居土之所在也。而春秋初年之戎，其所交接之国，亦曰鲁，曰齐，曰曹，则戎之居土与长狄同也。庄之二十六年，鲁伐戎，三十二年，狄伐邢，自是之后，戎遂不见于《春秋》，然后知长狄之即戎也。昔贤疑长狄兄弟数人，岂能恣暴数国？而先后见灭，历时过久，亦不合人年。依《史记·宋世家》言："昭公四年，宋败长狄缘斯于长丘。"《年表》同。则在文十一年，为昭公事，非武公也。《齐世家》言："惠公二年，长狄来，王子城父攻杀之。"《年表》同，则在宣之二年，为惠公事，非襄公也。是史公所述，无不合人年之过。岂今之《左传》，文有误耶？《吕氏春秋·勿躬》言："管子复于桓公曰：平原广城，车不结轨，士不旋踵，鼓之，三军之士，视死如归，臣不若王子城父。请置以为大司马。"《晏子春秋·问上》："晏子对景公曰：先君桓公，……军吏怠，戎士偷，则王子成甫昵侍。"《韩非·外储说左下》谓之公子成甫。《管子》、《说苑》、《新序》并有此文。足明王子成父在桓公时。由襄公二年至桓公元年为十一年，王子成父可在襄桓两世任将率，则《左传》之文不误。由桓公之十年至惠公之二年，殆七十年，则王子成父不得于齐惠公时尚任军将，盖又史公之言误矣。倘兄弟云者，指长狄后来之部族言之耳。

仲尼曰："汪芒之君，守封嵎之山，为漆姓，在虞、夏、商为汪芒氏，于周为长狄。"韦昭曰："周世其国北迁，为长狄也。"盖防风之裔，其迁于北，自号曰"鄋瞒"；而诸夏谓之"戎"。及赤狄失南阳、东阳，渡河而东，已兼戎而一之；以服属于狄，故别之曰“长狄”。自鄋瞒并于赤狄，而狄遂侵齐，侵鲁，侵宋，侵卫，于是知狄之所侵者，即昔日戎与长狄之所侵；狄服鄋瞒而资焉以侵暴东夏，殆鄋瞒实为之伥。然后知长狄之事不书于《春秋》，其前固号之曰戎，故见戎而不见长狄。自鄋瞒臣服于赤狄，故于后惟见狄而不见戎与长狄。及晋之灭潞，荀林父败赤狄于曲梁，在河北永年县东北。潞氏与鄋瞒首尾中断，不能相顾，狄亡而长狄与之同亡。晋地于是及今之山东，自朝歌、邯郸、百泉，迄于乾时、冠氏，以抵于范，并入于晋，皆狄之土也。其东端亦即长狄之土也。晋灭狄而邑士会于范，以雄据于东，长狄遂不复存也。戎既为长狄，其在春秋之初，尚修职贡于王，亦与诸夏之会盟也。鲁人追之，齐人伐之，则其侵患于齐鲁也。戎侵曹，羁奔而赤归，是戎之出羁以纳赤，俨如秦人之置晋君。曹于春秋之初，固非弱小，况此正齐桓霸业方隆之际，戎乃跳梁若是，则戎之势亦可见也。戎在鲁西，乃鲁之伐戎，春兴师而夏振旅，历时盖久，则戎之未易克也。以方张之狄，而益之以顽强之戎，岂非如虎而戴之角哉？

自狄并鄋瞒，据东夏，以患齐、鲁、宋、卫者垂六十年而后灭，祸亦烈矣！杜预云：“陈留济阳县东南有戎城。”为后曹州府曹县楚丘城，此戎之居，即长狄之居也。《齐策》言：“田单……攻狄，三月而不克。”徐广注：“今乐安临济城。”《地理志》：“千乘郡有狄县。”《续汉郡国志》：“乐安国临济县本狄，安帝更名。”于后为青州府高苑县临济城。此潞氏既灭，狄之余烬，亦去商鲁徙于齐北滨海之居以自存，而田单又攻之。苏代曰：“北夷方七百里，加之以鲁卫，此所谓强万乘之国也。”自狄走滨海之区，犹方七百里,宜田单攻之三月而不克,乃厉气循城,立于矢石之所,援枹而鼓之,狄人乃下,是狄走齐北固尚未可轻也。《穀梁传》曰:"长狄也,弟兄三人,佚宕中国,瓦石不能害,叔孙得臣……射其目。身横九亩,断其首而载之,眉见于轼。"《左传》言:"齐获长狄侨如,富父终甥椿其喉以戈杀之。"而《国语》言:"禹戮防风氏,其骨节专车。"此长狄之为异种巨人也。《吕氏春秋》言:"赵氏攻中山,中山之人曰多力者吾丘鸩,衣铁甲,操铁杖以战,而所击无不碎,所冲无不陷,以车投车,以人投人,几至将所而后死。"此亦巨人,而长狄之余种也。长狄灭而其裔或合于后之鲜虞,亦见长狄之与赤狄先已并为一也。

## 狄兼并代戎

春秋之初,北戎亦诸夏一祸梗也。自狄祸发于邢、卫,而北戎遂不复见,然后知北戎之于狄,与鄋瞒之于狄,其事一也。《后汉书·西羌传》引《竹书纪年》言:"晋人败北戎于汾隰","邢侯大破北戎",其事皆在春秋前。入春秋,隐之九年,北戎侵郑。桓之六年,北戎伐齐。知北戎之居在晋、邢、郑、齐之近地。《晋语》谓:"赂草中之戎,以启东道。"审其方位,当即北戎,是草中之戎即北戎也。《穆天子传》亦记草中之戎,则其居晋之东历时已久。《左传》庄二十八年载:晋献公"娶二女于戎,大戎狐姬生重耳,小戎子生夷吾。"《四书释地》言:"交城县为狄地,……舅犯实生于其地。"知大戎在太原之交城。此大戎即北戎,初在交城,故晋败北戎于汾隰。"代戎即北戎",则大戎即代戎,是犹大山(泰山)之为代山,为岱宗,其义一耳。籍谈曰:"晋居深山,戎狄之与邻,而远于王室。"惠王曰:"唐叔受之,以处参虚,匡有戎狄。"宰孔曰："晋侯景霍以为城，汾、河、涑、浍以为渊，戎狄之民实环之，汪是土也。"盖晋之西北为狄，其东南为戎久矣。杜预以北戎即山戎，其说盖误。江永曰："山戎为无终，在直隶永平府。北戎当在河北。"北戎之所在，虽难确指，而江说近之也。

自狄下太行，实已并北戎而一之。其灭邢、卫，侵周、郑，殆北戎又为之佽。在昔未尝见狄祸，狄处晋西，未东走也；故惟见北戎之祸。于后惟见狄而不见北戎，则狄来而北戎为之属也。隐九年："北戎侵郑，郑伯御之。患戎师，曰：'彼徒我车，惧其侵轶我也。'公子突曰：'使勇而无刚者，尝寇而速去之，君为三覆以待之。'从之，戎人之前遇覆者奔；祝聃逐之，衷戎师，前后击之，尽殪。戎师大奔。十一月，郑人大败戎师。"则北戎之挫于西也。桓六年："北戎伐齐，齐侯乞师于郑，郑太子忽帅师救齐。六月，大败戎师，获其二帅：大良少良，甲首三百，以献于齐。于是诸侯之大夫戍齐。"则北戎又挫于东；皆郑之力也。《左传》桓十年曰："初，北戎病齐，诸侯救之，鲁以周班后郑。"知北戎亦劲寇也，以齐之强当戎寇，亦乞师于诸侯而后克，既克而诸侯之大夫又戍之，则北戎之不可侮。以猖狂之狄，又得劲戎以为助，岂非如虎而傅之翼哉？

自狄见于《春秋》，而北戎遂不复见。惟僖之十年狄灭温，齐侯、许男伐北戎，盖狄锋西向以病周，桓公乘隙攻其后，殆为牵制之图，而周、郑之祸终不可解。及晋灭赤狄，而北戎盖与之俱亡。《后汉书·西羌传》言："赵亦灭代戎，即北戎也。"入战国代居赵北。是潞氏亡后，北戎亡走云朔，代其自号，而北戎则中国名之。北戎为代，山戎为无终，故知杜预以北戎即山戎者，误也。《吕氏春秋·长攻》言："襄子上于夏屋，以望代俗，其乐甚美。于是襄子曰：'先君必以此教之也。'及归，虑所以取代，乃先善之。代君好色，请以其弟姊妻之，代君许诺。弟姊已往，所以善代者乃万故，马郡宜马，代君以善马奉襄子，襄子谒于代君，而请觞之马郡，尽先令舞者置兵其羽中数百人。先具大金斗，代君至酒酣，反斗而击之，一成脑涂地；舞者操兵以斗，尽杀其从者。"《燕策》张仪云："赵王……欲并代，约与代王遇于句注之塞，……与代王饮，……因反斗而击之。"《赵世家》、《六国年表》事并在襄子元年，杀代王及从官，遂兴兵平代地。始晋破北戎，及襄子平代，代戎有国，视潞氏、中山，历世为最久也。《汉志》代郡"莽日厌狄"是西汉固以代为狄也，《寰宇记》言："代本北狄，姜姓国。周末强大称王。"于后山西大同府，及代州之繁峙，河北宣化府，及易州之广昌，皆为代地。据土亦最广也。

盖自犬戎为祸，狄遂鸱张而东，追貉亦因之绎骚，诸夷不靖，特诸夏漠然视之耳。北戎南侵，盖逼于群貉。邢、晋两败之。于后郑庄方强，复两败之，北戎无所走而貉遂东，山戎以病燕也。值齐桓之崛兴，破屠何，斩令之，刜孤竹，禽狄王，以靖山戎。于是燕之祸戢，而貉入辽西东也。伐山戎而禽狄王，亦见貉之祸，实狄逼之，则齐桓之功亦显也。山戎伐而赤狄南下太行，昔者郑能再败北戎，兹则郑师且翱翔河上，周与之南阳而不能有。昔者齐越千里之险，北伐山戎，兹则城河济而守之，迁邢、卫于南河之外。则齐、郑已无能为力。虽然，无齐则无以制狄之东逸也。狄之灭温侵周，于是晋文又创狄而复河内。非郑庄小霸，则北戎已于时横决而东西，未可知也。北戎之南也，阻于郑而山戎遂东。犬戎之东也，阻于郑而群戎又南。郑之有造于诸夏者，岂浅末哉？方北土绎骚，晋人东败北戎于汾隰，伐东山皋落氏，伐骊戎，伐狄柤，以斩其妖氛。西城蒲、屈，以启土于广莫。周桓公曰：“我周之东迁，晋、郑焉依。”郑叔詹曰：“吾先君武公，与晋文侯戮力一心，股肱周室，夹辅平王。”晋随季曰：“昔平王命我先君文侯曰，与郑夹辅周室。”宗周既灭，戎狄披猖，东向为暴，非晋持于北，郑持于南，灭国启疆，东西支拒，则衰周一发，未知所存，而诸华其为鱼乎？《春秋》之作，惟奖桓文，斯皆以功在东夏言之耳。至郑武、庄以来西土之事，若无足论者，斯皆言史之憾矣。

## 黄河首次改道为狄祸

《周谱》记周定王五年河徙，此为国史上黄河改道之第一次。《汉志》所谓“魏郡邺，故大河在东，北入海。”此禹河也，胡渭氏考之最晰。《水经注》所谓大河故渎者，此定王五年以后迄于汉世之河也，言《水经》者类能言之。禹灑二渠，自黎阳宿胥口一北行为大河，一东流为漯水。河徙自宿胥口，东行漯川，于王莽世空，又谓之莽河，河徙经躔，其迹明著，而河徙之故，则言者未审。盖自鲁僖之末，迄于鲁宣之初，正狄祸横决于东夏时也。其前，狄固汲汲西向以病周、郑，而宋、鲁、齐、卫（迁于河南之卫）无狄祸，祸在西也。晋败狄于西，于是僖末宣初之间，狄七侵齐，再侵鲁，再侵卫，一侵宋，则东进益遥。正以狄之阻于西而肆于东耳。于是周郑无狄患。周定王五年河徙，当鲁宣公之七年，适为狄祸方张，据有河内，汲汲东侵之际，而河遂决于宿胥，得无故耶？案其时地，宿胥正控制于狄人之下，而河适于此决口改道，殆赤狄为之也。方狄灭邢、卫，居河内殷墟，而大河北行，限其东逸之足，狄不便河之北，而必决之使东者势也。《史记》言：

“齐桓公救燕遂伐山戎，至孤竹而还。燕庄公送桓公入齐境。桓公曰诸侯相送不出境。……于是分沟割燕君所至与燕。”此明齐境之北接于燕也。《尚书中候》言：“齐桓之霸，遏八流以自广。”言塞九河之八也。知自燕而南，九河之域，皆齐所有。故管仲说：“东至于海，西至于河。”此言禹河以东，毕为齐地。自河徙以后，下至战国，《汉沟洫志》言：“齐与赵魏，以河为境。”此莽河也。昔者齐西境至于禹河，后则齐西境仅至莽河，禹河以东地，齐已失之于三晋。殆河徙而两河间地狄取之齐，晋又灭狄而有之，三家分晋然后赵魏有之。齐始终以河为境，河徙而齐境以蹙，则河决实狄为之，因以争地于东夏无惑矣。

## 群狄建国拓地之广

狄东侵及于齐、鲁、宋、卫，及晋灭赤狄而东地至于范，以邑士会，知范为狄所侵有之土，晋灭狄而后有之。于是自朝歌、百泉、邯郸、乾侯、冠氏、英丘、曲梁、鸡泽、寒氏、木门、中牟、沙鹿、雍榆，毕为晋地。顾栋高论晋之疆域谓有今（清）河北之元城、邯郸、清河、永年、顺德、邢台、唐山、任县，河南之浚县，山东之恩县、冠县、范县。于春秋不见晋人东削齐地，而晋境突接于济者，盖皆狄夺之诸夏，及狄之亡而后晋有之，晋灭狄而后士会邑于范称范氏（《春秋大事表》说）。此为晋得之狄，而非夺之诸夏明矣。《水经注》：“河水迳四渎津，河水东分济，东北流迳九里，与清水合，故济渎也。昔赵杀鸣犊，仲尼临河而叹，自是而返。夫《琴操》以为孔子临狄水而歌矣。余按临济故狄也，是济所迳，得其通称也。”（节引）此言清水故济渎，孔子谓之狄水。余别撰《古地甄微》，论瓠河、济渠、将渠、邓里之同实异名，皆清水也。道元以清水济渠即狄水，盖自瓠子河于范县与济濮枝渠合，即得清水济渠之名，由此以下至洛当皆清水，于古亦名狄水。将渠受河于范县西，即为狄水受名之所自始。惟狄水之经临邑，而晋地有英丘。惟将渠之即狄水，而晋地有范。狄水入济，故后田单攻狄在高苑。余狄由济而东北逃迸也。晋既灭狄，哀十年晋伐齐取犁及辕。犁为山东之临邑。辕为山东之禹城。晋灭狄遂可拓地于齐也。《国策》所谓范中行之途者，晋灭狄而以范为士会食邑。荀林父灭潞，则中行氏之食邑为潞之故土可知也。然士会所灭者为铎辰，则范、冠一带地为铎辰之故土又可知也。旧不知铎辰立国之地，亦不知中行氏食邑所在，汉、晋以来注家于此二事皆无说，由斯而论，其事有可推而得者。赵鞅灭范中行而有其地，又知其皆狄地也。《竹书》言："齐围赵平邑。"又言："取平邑。"《秦策》言："秦公子异人质于赵，处于鄗城。"《史记·吕不韦传·正义》引作聊城。平邑、聊城皆在将渠一道。《赵策》言："赵王因割济东三城合卢、高唐、平原，陵地城市邑五十七，命以与齐。"程恩泽言："三城俱属今济南府，实皆在济北。"卢为今长清县，高唐为今禹城县，平原为今平原县。此谓之济东者，则以在济渠将渠之东也。此非济之经流，亦受济名，即狄水也。《瓠子河注》："将渠受河于范县西北，……又东会济渠，自下通谓之将渠，北迳范城东，俗又谓之赵沟，非也。"此清水一道，狄居之因有狄水之名，赵得之又有赵沟之名，而道元疑之偵矣。

将渠受河于范县西，此为东汉以下之河，而非六国之河。西汉六国之前，狄水将渠不得受河也。道元于此未有说。考《汉志》言："赵地南至浮水、繁阳。"《水经注》言："河水又东北迳范县之秦亭西，河水又东北迳季粟津，大河之北，即东武阳也。左会浮水故渎，故渎上承大河于顿丘县而北出，东迳繁阳县故城南。张晏曰县有繁渊，亦谓之浮水焉。故《志》曰赵南至浮水繁阳，即是渎也。故渎东绝大河故渎。”(节引)夫河水迳委粟津。大河之北即东武阳，于此左会浮水。河水又东迳武阳县东范县西而东北流，此王莽以后之河。浮水入河于东武阳，将渠受河于范县。是将渠之首，即接浮水之尾。王莽以前，河自长寿津北行，不至东武阳，浮水不入将渠则无所注，将渠不受浮水则无所源，则浮水、将渠之为一道明矣。赵地南至浮水，东出将渠，达于清水，将渠为赵地，故后有赵沟之称，清水为狄地，故古有狄水之目。浮水于顿丘受河，惟周定王五年河徙东行漯水，又于长寿津北行，始得至于顿丘。然后别出浮水，东行为狄水。称孔子临河而返，是狄水亦得河之名，狄既决河使徙，又乘浮水东下以争地，晋灭狄而狄地分于范、中行，赵灭范、中行而狄地又为赵境，河徙以前，河不至顿丘，应不得有浮水。然则浮水者岂河徙同时始有之川欤？狄因乘此以东侵，赵地得至于济域者，以狄地之先至于济域也。殆浮水亦狄之所决也。

卫自懿公死于荥泽，文公渡河庐于曹，而河内殷墟，遂为狄有。晋灭狄而河内又属于晋。然由后来之事考之，卫之新筑在魏县，卫之马陵在元城，卫琐亦在元城，其地并在大河之北。卫之懿氏在开州，或亦在河。卫地复有在河北者，入战国而魏有之。衡以当时之情势，据《左传》所记，成三年：“晋郤克、卫孙良夫伐廧咎如，讨赤狄之余焉。”晋人合卫师以讨狄，狄溃而卫之失地以复，汉、晋注家旧不知廧咎如国地所在，由此而言，则马陵、新筑一带，正廧咎如立国处也。卫地不可全复者，郤克所得之地，卫固不能有之。留吁、潞、甲之灭，而卫不与焉。则卫地之不得尽复者,殆以兵不出耳。晋以宣十五年灭潞氏,立黎侯。知潞氏据土最广,南有黎地,北有潞城。黎侯之国,杜预说在上党壶关县,潞灭而黎侯之国复。宣十六年灭甲氏,甲氏在鸡泽,则五鹿、乾侯一带,皆甲氏之土也。赵地仅南至浮水者,非以狄地仅南至浮水,特范、中行之地,南至浮水耳。孙良夫所复之地,无由属之赵氏也。

## 晋灭赤狄

| | |
|---|---|
| 宣六年 | 赤狄伐晋,围怀及邢丘。 |
| 七年 | 赤狄侵晋,取向阴之禾;白狄及晋平。 |
| 八年 | 晋师、白狄伐秦。 |
| 十一年 | 晋侯会狄于欑函。 |
| 十三年 | 赤狄伐晋,及清,先縠召之也。 |
| 十五年 | 晋败赤狄于曲梁,灭潞氏,以潞子婴儿归,丰舒奔卫,卫人归诸晋;晋人杀之。<br>晋侯治兵于稷以略狄土,立黎侯而还。 |
| 十六年 | 晋灭赤狄甲氏及留吁、铎辰,献狄俘于周。 |
| 成三年 | 晋郤克、卫孙良夫伐廧咎如,讨赤狄之余焉。廧咎如溃,上失民也。 |

狄自陕西之西北出晋北,而东南下据山西、河北太行一带,入河南,据山东腹心之地,绵亘数千里。宣之四年,赤狄侵齐,白狄侵秦,东西并举,蔚然一大国也。鄢陵之役,郤至(主战)曰:"韩之战,惠公不振旅;箕之役,先轸不反命;邲之师,荀伯不复从;皆晋之耻也。……今我避楚,又益耻也。"而范文子(主不战)曰:"吾先君之亟战也有故,秦、狄、齐、楚皆强,不尽力,子孙将

弱，今三强服矣，敌楚而已。”盖晋之西则秦，败晋于韩；南则楚，败晋于邲；北则狄，败晋于箕；而东则齐。皆大国，晋之劲敌也。狄比秦、齐为三强，明狄为大国，势非弱小。宋、郑之俦，莫可与较。往昔儒者不甚重视，故此绝大史迹，忽而不详耳。

总其前后观之，晋城蒲、屈，曰“狄之广莫，于晋为都”，则游牧之族，逐水草而居，未尝有边圉之固。采桑之役，里克曰“惧之而已，无速众狄”，则种落离散，不相统率，狄之合并为一巨国，盖在斯时也。僖之三十二年，狄有乱，三十三年而白狄之名遂见于《春秋》，是乱者即赤狄、白狄之分裂内讧，则狄已将由合而复分。僖之三十一年，狄围卫，卫迁于帝丘，而三十二年即内讧，当以既创于晋，渡河围卫东走之后，壤地广而势将散也。欑函之会，郤成子求成于众狄，众狄疾赤狄之役，遂服于晋，则种落离贰，狄遂由合而散也。宣之十一年，会狄于欑函。宣之十五年而晋师灭赤狄潞氏；种落分崩，而败亡立至。欑函之会，诸大夫欲召狄。郤成子曰：“吾闻之，非德莫如勤，非勤何以求人。”曰“求成于众狄”。晋侯躬往狄地以成会，此犹见狄之势，而晋之卑牧，故曰：“使疾其民，以盈其贯，将可殪也。”会后四年而潞氏灭。宣六年，赤狄伐晋，围怀及邢丘。七年，赤狄侵晋，取向阴之禾。怀、邢丘、向阴，此晋之南阳也。狄复欲由灭温之道以西侵，自非复晋之所能忍也。潞子婴儿之夫人，晋景公之姊也，丰舒为政而杀之，又伤潞子之目。伯宗曰：“必伐之，狄有五罪：……不祀一也，耆酒二也，弃仲章而夺黎氏地三也，虐我伯姬四也，伤其君目五也。怙其俊才，而不以茂德，……夫恃才与众，亡之道也，商纣由之，故灭。天反时为灾，地反物为妖，民反德为乱，……尽在狄矣。”晋侯从之，灭潞。是赤狄之亡，恃才与众以疾其民，众狄疾赤狄之役，狄散而潞氏亡，此赤狄之暴也。

众狄之合而为一大国，盖潞氏主其盟。狄侵鲁西鄙（文七年），赵宣子使问丰舒且让之。晋灭赤狄潞氏，而丰舒奔卫，丰舒为潞子之相，则凡春秋前之言狄者，皆赤狄潞氏也。欑函之会，为一大关键：前此皆狄侵诸夏，后此皆诸夏侵狄，狄散而潞氏孤立，不可幸存。盛衰之故，可以概见。灭潞而东夏无狄虞，披狂之寇，忽焉以殒。晋败赤狄于曲梁，灭潞氏，曲梁为河北之永年县。潞氏居山西之潞城，以封豕修蛇之势，侵暴东夏，与曹州之鄋瞒相首尾。晋师于曲梁，则狄之首尾不相救，一战而潞氏、鄋瞒皆亡。于是太行而东无狄祸。晋又以宣十六年灭赤狄甲氏及留吁、铎辰，成三年晋伐廧咎如，讨赤狄之余焉。甲氏在河北之鸡泽，留吁在山西之屯留，数年之间，而赤狄尽矣。以弭兵之会，而白狄朝于晋、楚，聘于齐，服于秦，狄之衰未有过于此时者。晋灭潞则立黎侯，于是而黎侯之国复也。晋讨廧咎如则合卫师，于是而卫之失土复也。春秋僖、文之世惟言狄，即赤狄潞氏也。宣之世赤狄、白狄并见，则东西已分裂也。成、襄以后惟言狄，则白狄；以赤狄已亡，无俟分殊也。《穀梁传》曰："其曰'潞子婴儿'，贤也。"《公羊传》曰："潞子之为善也，躬足以亡尔。离于夷狄，而未能合于中国，晋师伐之，中国不救，狄人不有，是以亡也。"明潞氏之以众叛亲离而亡也。

《潜夫论》言："隗姓赤狄。姮姓白狄。"又言："妘姓之后，封于鄅、会、路、偪阳。……路子婴儿，娶晋成公姊为夫人，丰舒为政而虐之。晋伯宗怒。遂伐灭路。"此所论之路，即《左传》赤狄潞氏事也。赤狄隗姓，而潞子妘姓，此赤狄于潞，倘亦武羌之于魏，戎人之于芮耶？《新书》言："狄王使使至楚，楚王夸使者以章华之台，曰狄国亦有此台乎？使者曰否，狄窭国也，恶见此台也。狄王之自为室也，堂高三尺，壤陛三絫，茅茨弗剪，采椽弗刮。”以于晋为都行国之狄，东之太行，于是堂陛采椽，斯其为合不同文化之人为一国可见也。《郑语》史伯曰：“当成周者，北有卫、燕、狄、鲜虞、潞、洛、泉、徐、蒲。”此当幽王之世，鲜虞、潞、洛，已国于北土耶？但地亦未易指实。妘姓之路，与涿郡方城妘姓之韩为近。谅潞之与韩，同为貉族耶？隗姓之狄，自西而至，于是君则潞氏为貉族，而政则丰舒其部民为狄族。族姓异而文野亦因之不同也。（惟《国语》文多可疑，此所谓徐，即戎之徐吾氏。泉为戎之泉城，即泉皋之戎。洛为皋洛氏。释者以蒲即重耳居蒲。皆不在成周之北何也。《国语》所记如齐桓公征攘之比，考之《左传》，常有失实，故柳氏非之。此之所言，显有未合。既言狄，又言鲜虞、潞、洛，皆未易知。倘狄字为校识之文，而衍入正文耶？蒲不为戎，倘徐蒲为句，即徐吾之异文，而注者误耶？此诸国于西周之末居何地，参差未易考实。或后人据入春秋后事，羼杂文间，事或然也）

《日知录》言：“曲沃伯以一军为晋侯，其时疆土未广，至献公始大。考之于传，不过今平阳一府之境。灭虢、灭焦，则跨大河之南。文公始启南阳，得今之怀庆。若霍太山以北，大都皆狄地，不属于晋。悼公用魏绛和戎之谋，以货易土，平公用荀吴，败狄于太原，于是晋之北境，至于洞涡、雒阴之间。而邬、祁（并今祁县）平陵、梗阳（今清源县）、涂水（在今榆次县）、马首盂（今盂县）为祁氏之邑。晋阳（今太原县）为赵氏之邑矣。若成公灭赤狄潞氏，而得今之潞安。顷公灭肥、灭鼓，而得今之真定。皆一一可考。”（节引）此可见狄土之广，而狄之大有资于晋也。

## 羌狄与晋民融合

《厵羌钟》云:“唯廿又再祀,厵羌作戎氏辟旟宗敲。率征秦迮齐,入䢅城,先会于平阴。武侄恃力,䨓夺楚京。赏于旟宗,命于晋公,昭于天子。”则此旟为晋六卿之韩无疑。旟宗而曰“戎氏辟”,君也。则韩其君而厵羌为之民。《水经·河水注》引《竹书纪年》:“晋武公七年,芮伯万之母芮姜逐万,万出奔魏。八年,周师虢师围魏,败芮伯万而东之。九年,戎人逆芮伯万于郏”(旧作郊误,依《路史》引改)。芮为姬姓旧封,万之复国,以戎人逆之,则万其君而戎其民也。全祖望言:“大荔之戎,亦名芮戎。”知大荔至芮,初固臣属为之民。厵羌于韩,事亦犹此。《韩世家》言:“韩之先与周同姓,姓姬氏。其后苗裔事晋,得封于韩原,曰韩武子。”夫晋献公城蒲、屈,尚曰“狄之广莫,于晋为都”,是河东已为狄所渐居,况河西固诸戎之窟穴,武子居韩原,匡有群羌,固事之宜然者也。而《世本》以韩为曲沃桓叔之子万,与《史记》不同。然桓、庄之族逼,士蒍诱杀群公子,故晋无公族,岂韩氏独能幸存耶?则《世本》之说,为不足信,韩之姓姬,亦犹骊戎、大戎之姓姬耳。《史记》言“与周同姓”,固不必即周之子孙也。赵自造父封赵,于《穆传》在周西。赵夙居耿,耿始名赵。赵为北唐之戎,宜亦挟其人以俱来,赵、韩之事,盖一辙也。《魏世家》言:魏之先,毕公高之后,与周同姓。武王伐纣,而高封于毕,其后绝封为庶人,或在中国,或在夷狄,其苗裔曰毕万,晋献公灭魏,以封毕万为大夫。《毕鲜簋》言:“毕鲜作皇祖益公尊簋。”而《羌伯簋》言:“王命益(释益)公征眉敖,益公至告。二月,眉敖至见献貴。己未,命仲侄归羌伯像裘,王若曰:‘羌伯,朕丕显考文武,膺受大命。乃祖克赍先王，翼自他邦，有芇于大命……'羌伯拜手稽首天子休。用作朕皇考武羌几王尊簋。"此益公宜即毕鲜之皇祖，而高之子庶。吴北江言："此外国降君，其考有武羌几王之号。"益公固受王命以征此武羌者。《屖敖簋》言："戎献金于子牙父百车，而锡鲁屖敖金十钧。"屖敖释即眉敖。《㽙簋》："㽙作皇祖益公，文公，武伯，皇考龏（共）𪔂彝。"㽙亦即屖敖字，益公固伐武羌而眉敖至，倘武羌已属于益公，而后屖复以益公为皇祖，乃自托于苗裔，是毕高之后，抚有武羌而君之，此所谓或在夷狄者乎？而毕万者其为高之苗裔，抑武羌之苗裔，皆未易知？眉即秦徙都之郿，地接于毕，倘益公招之以来，而武羌至渭域也。韩先居陕西之韩城，后徙居山西之芮城，又徙河南。魏居山西之芮城，后迁霍县，又徙安邑。盖亦挟其人以俱往。则于时戎狄入居中土，为诸夏之臣庶，何可胜数，岂特狐偃、狐毛辈，始以戎种而为晋之大夫哉？芮以大荔之戎。赵以北唐之戎，韩以鳳羌，魏以武羌，晋诸大夫之资戎狄以有国邑者实众，特未易考耳。《左传》宣十五年："晋侯赏桓子狄臣千室。"盖晋灭潞、甲、肥、鼓之属，东地至于范、观，则被发之人，散为编户，又可知也。戎羌世接诸夏，与文教相习，故往往入居封内，杂于臣仆。狄之文化低而武力强，与诸夏习俗远，故初尚驰突为祸，历久而后服属也。白狄亦姬姓，又曰已姓，子姓。韩、魏姬姓，倘亦此之类乎？

# 【第六】 白狄东侵

## 白狄东徙太行

| | |
|---|---|
| 宣七年 | 赤狄侵晋;白狄及晋平。 |
| 八年 | 晋师、白狄伐秦。 |
| 十一年 | 晋侯会狄于欑函。 |
| 十五年 | 晋灭赤狄潞氏。 |
| 成九年 | 秦人、白狄伐晋。 |
| | 秦又召狄与楚,道之伐晋。 |
| 十二年 | 晋人败狄于交刚。 |

| | |
|---|---|
| 襄十八年 | 白狄朝于鲁。 |
| 廿八年 | 白狄朝于晋。 |
| 昭元年 | 晋败无终及群狄于太原。 |
| 十二年 | 晋伪会齐师者，假道于鲜虞，遂入昔阳，灭肥，以肥子绵皋归。<br>晋伐鲜虞，因肥之役也。 |
| 十三年 | 晋自著雍以上军侵鲜虞，及中人，驱冲竞，大获而归。 |
| 十五年 | 晋荀吴伐鲜虞，围鼓。三月，以鼓子䳒鞮归。与鼓子田于河阴，使夙沙厘相之。 |
| 廿一年 | 鼓叛晋(晋将伐鲜虞)。 |
| 廿二年 | 晋之取鼓而反鼓子焉，又叛于鲜虞。荀吴略东阳使师伪籴者，负甲以息于昔阳之门外，遂袭鼓灭之。以鼓子䳒鞮归。使涉佗守之。 |
| 定三年 | 鲜虞人败晋师于平中，获晋观虎。 |
| 四年 | 晋士鞅、卫孔圉帅师伐鲜虞。 |
| 五年 | 晋士鞅围鲜虞，报观虎之役。 |
| 十四年 | 晋范、中行之乱，率狄师以袭晋，战于绛中。 |
| 哀元年 | 齐、鲁、卫鲜虞人伐晋，救范氏。 |
| 三年 | 齐、卫围戚，求援于中山。 |
| 四年 | 荀寅奔鲜虞，齐伐晋，会鲜虞纳荀寅于柏人。 |
| 六年 | 晋赵鞅帅师伐鲜虞，治范氏之故也。 |
| 悼十年 | 晋荀瑶伐中山，取穷鱼之丘。 |
| 十四年 | 赵无恤伐狄，胜左人、中人。 |

自狄有乱，而翊年白狄见于春秋。则狄之乱，为赤狄、白狄

之分裂也。晋败狄于箕,而郤缺获白狄子,见狄当初分,而白狄尚属于赤狄,相从战伐。以至文十三年,狄侵卫,知白狄尚未叛赤狄以去,故惟书曰狄。宣三年,赤狄侵齐,则分别言之,知已分二国。白狄之离赤狄而独立,在此时也。宣之七年,赤狄侵晋,而白狄及晋平,其对外关系,显相背驰,是自为部落,各有其土地政事,自是而狄师不出也。《潜夫论》言:"隗姓赤狄。姮姓白狄。"又言:"汉有隗嚣季孟,短即犬戎氏。"此即释上文之说也。汪继培校云:"短当为姮,上云姮姓白狄是也。"是知白狄为犬戎之族,与赤狄殊种,故文野不同也。明人本《潜夫论》多作"嫱姓白狄",当为误字。《续汉志》以鲜虞为子姓,韦昭注《国语》以为姬姓,或又以为已姓,群书言各不同,则以音近而译互殊。若夫说中山姬姓,即以为周之别子,是未知狄之姬,固无与于周之姬耳。《左传》哀十七年:(卫庄)公自城上见戎州己氏之妻发美,髡之以为夫人髢。又欲剪戎州。……庄公惧逾北墙折股,入己氏。己氏杀之。时卫都帝丘,在大名之开州。必戎州近在卫郊,乃可见发,此时正白狄来据太行,或已渐居卫境。白狄之鼓,正己姓也。以左氏验之,白狄己姓,为说亦谛。旧以《左传》戎州己氏之戎,为长狄之后。一在开州,一在曹州,居地悬隔。浑为一者,经师之误也。白狄姮姓,而鲜虞子姓。是亦赤狄隗姓,而潞子妘姓之比也。

宣之八年,晋及白狄伐秦,成之九年,秦人白狄伐晋,则于时白狄必处于秦晋之间,于势乃可。成十二年,晋人败狄于交刚,交刚在晋西,为陕西之肤施,斯亦白狄在晋西之验。成十三年吕相之绝秦也,曰"白狄与君同州",此尤为是时白狄犹在雍州之明证。昭十二年,晋假道于鲜虞,入昔阳,遂灭肥。昔阳于今为河北之藁城，白狄肥、鼓、鲜虞之属，于时已在晋东。则赤狄既亡，白狄于后又沿赤狄之故道以东来，处赤狄太行之旧壤。白狄之徙晋东，知固在鲁襄、昭时也。襄四年传："无终子嘉父，使孟乐如晋，因魏庄子以请和诸戎。晋侯曰戎狄无亲，不如伐之，魏绛曰劳师于戎而楚伐陈，必弗能救，诸华必叛。获戎失华，无乃不可乎？和戎有五利焉。君其图之。公说。使魏绛盟诸戎。"（节引）白狄之来晋东，谅以魏绛和戎之故，而贻后来中山、肥、鼓之祸，乌睹所谓五利者哉？昭之元年，群狄尚从无终以战晋于太原，则狄已渐来晋北，而无终尚主群狄之盟也。自廧咎如之灭，由成迄昭，殆五十年，而无终兴于其间，至是而白狄方始东来。东夏无狄祸，若斯其久也。

鲜虞来，又代无终以兴，而群狄为之属，以上继潞子之霸业。晋灭肥，复伐鲜虞，因肥之役也。晋灭鼓，以其叛于鲜虞也。是白狄以鲜虞为强，而肥、鼓皆属之，忽焉又为晋人东圉一劲敌。鲜虞在河北之正定，鼓在晋州，肥在藁城，而唐县又为鲜虞之中人。陈伯弢氏依张琦说，以为于"鲜虞立国凡今新乐、行唐、灵寿、平山、井陉、获鹿、无极、曲阳，及定、易、唐、完诸县，并在其提封之内"。则巍然巨国，岂滕、薛所能侔？再合肥、鼓计之，则白狄斥地之广可见，千乘不足言也。其败晋师于平中，获晋观虎，则鲜虞已能胜晋。晋士鞅、卫孔圉帅师伐鲜虞，则合二国以图之。范、中行之乱，狄师袭晋，战于绛中。齐、卫围戚，而求援于中山。皆见鲜虞之遂为强国也。吴、楚柏举之事，其先蔡侯如晋，请伐楚。荀寅谓范献子曰："弃盟取怨，无损于楚，而失中山，不如辞蔡侯。"于是唐蔡以吴师入郢。晋人宁释楚而事中山，知中山之足为晋患。此由春秋之末，以入于战国之初，晋人之日以削中山为志者也。

哀六年，赵鞅帅师伐鲜虞。《吕氏春秋》言："赵简子有两白骡，而甚爱之。阳城胥渠处广门之官，有疾，医教之得白骡之肝，病则止，不得则死。简子曰：'杀畜以活人，不亦仁乎？'于是杀白骡取肝以与阳城胥渠。处无几何，赵兴兵而攻翟，广门之官，左七百人，右七百人，皆先登而获甲首。"此之攻翟，盖正伐鲜虞事也。是亦足以益《左传》之传。《水经·巨马水注》引《纪年》："荀瑶伐中山，取穷鱼之丘。"今本《纪年》在贞定王之十二年，《绎史》引《纪年》在晋出公之十八年，则赵襄子之元年也。《韩非子》："智伯将伐仇由，而道难不通，乃铸大钟遗仇由之君，仇由之君除道将内之，赤章蔓枝曰：'不可，卒必随之，不可内也。'不听，遂内之。赤章蔓枝因断毂而驱至齐，七月而仇由亡。"《吕氏春秋》亦记此事，云："中山之国有夙繇者，智伯欲攻之，而无道也。为铸大钟，方车二轨以遗之。夙繇之君将斩岸堙溪以迎钟。赤章蔓枝谏曰"云云(上三则皆节引)。则仇由者，中山之与国，亦肥、鼓之伦也。《西周策》高注："仇由，狄国。"方以智言："今之太原盂县。"今属山西平定县。《国语》："赵襄子使新稚穆子伐狄，胜左人、中人。"此亦中山，中人正中山地也。或以为事在晋出公之二十二年。春秋以后，晋犹屡伐中山，此事之略可考见，足补《史记》之阙者也。

## 魏灭中山与中山复国

《魏世家》言："文侯十七年，伐中山，使子击守之。"于《年表》为赵烈侯之元年。《世本》言："中山武公居顾，桓公徙灵寿，为赵武灵王所灭。"于《赵世家》言：献侯十年，中山武公初立，为魏文侯之十一年。是武公立七年而中山灭。魏灭之中山，为居顾者也。甘茂曰："魏文侯令乐羊将攻中山，三年而拔之。"《说苑》亦称："文侯曰：'吾以武下乐羊，三年而中山为献于我。'"以天下莫强之魏，攻中山三年而后拔，则中山之势可见。《国策》言："魏文侯欲残中山，常庄谈谓赵襄子曰(鲍本作赵桓子，为是)，魏并中山，必无赵矣。公何不请公子倾(文侯女)以为正妻，因封之中山，是中山复立也。"于时赵居晋阳，南有邯郸。魏居安邑，而北有中山，则赵地可绝。此魏强而赵弱之时，故常庄谈之言为然，而赵之思复中山也。《吕氏春秋》云："晋太史屠黍见晋之乱，以其图法归周。周威公问曰：'天下之国孰先亡？'曰，'晋先亡'。居三年，晋果亡。威公又问曰：'孰次之？'曰：'中山次之。天生民而令有别，有别，人之义也。中山之俗，以昼为夜，以夜继日，男女切倚，固无休息，康乐歌淫好悲，其主弗知恶，此亡国之风也'。居三年，中山果亡。"(节引)此言晋亡三年而中山亡，于事不合。然中山亡时，其俗固可见也。《说苑》："赵简子问于翟封荼曰：'吾闻翟雨谷三日，信乎？'曰：'信。''又闻雨血三日，信乎？'曰：'信。''又闻马生牛，牛生马，信乎？'曰：'信。'简子曰：'大哉妖，亦足以亡国矣。'对曰。'此非翟之妖也。其国数散，其君幼弱，其诸卿货，其大夫比党以求禄爵，其百官肆断而无告，其政令不竟而数化，其士巧贪而有怨，此其妖也。'"(节引)此中山之政为必亡，已先见于简主之世也。

《世本》言："桓公徙灵寿，为赵武灵王所灭。"则中山亡于魏，旋又复国居灵寿，此为先后有二中山。《乐毅列传》言："乐羊为魏文侯将，伐取中山。文侯封乐羊以灵寿，其后子孙因家焉。中山复国，至赵武灵王时，复灭中山，而乐氏后有乐毅。"此桓公徙灵寿，正中山复国事也。中山复国，史所不详，惟《魏世家》武侯九年一见翟败我于浍，此之谓翟，当即中山。败魏于浍之年，为赵敬侯之九年。《赵世家》："敬侯十年，赵与中山战于房子。十一年，赵伐中山，又战于中人。"自翟败魏而次年中山即复见于史，则败魏即中山复国事也。魏自有中山君，故于此但谓之翟，而不谓之中山。中山之灭，于此已三十年，而后复国，所谓桓公徙灵寿者也。败魏于浍之年，《六国表》记韩、赵、魏同伐齐，至灵丘。三晋方睦，则与赵战房子、战中人者，自复国之中山，不得为魏之中山，故不言与赵、魏相战。中山之灭当武公，至斯而桓公复之。《水经·滱水注》言："中山为武公之国，其后桓公不恤国政，……二年果灭。"然与《世本》赵灭桓公之国不合，未可据也。

## 中山称王与赵灭中山

| | |
|---|---|
| 赵敬侯九年 | 翟败魏于浍。 |
| 十年 | 与中山战于房子。 |
| 十一年 | 伐中山，又战于中人。 |
| 成侯六年 | 中山筑长城。 |
| 肃侯八年 | 中山君相魏。 |
| 武灵王八年 | 五国相王，中山蓝诸君、宋偃王为王。 |
| 十七年 | 王出九门为野台，以望齐、中山之境。 |
| 十九年 | 王北略中山之地，至于房子，遂之代北，至无穷。 |
| 二十年 | 王略中山地，至宁葭。 |
| 二十一年 | 攻中山，赵袑为右军，许钧为左军，公子章为中军，王并将之。牛翦将车骑，赵希并将 |

| | |
|---|---|
| | 胡代，与之陉，合军曲阳，攻取丹丘、华阳、鸱之塞。王军取鄗、石邑、封龙、东垣；中山献四邑和，王许之，罢兵。 |
| 二十三年 | 攻中山。 |
| 二十五年 | 复攻中山，攘地北至燕代，西至云中、九原（依《年表》，《世家》在二十六年）。 |
| 二十七年 | 赵破中山，其君亡，竟死齐。 |
| 惠文王元年 | 三国攻秦，赵攻中山，取扶柳。 |
| 三年 | 灭中山，迁其王于肤施。 |
| | 齐、韩、魏、赵、宋、中山五国共攻秦，至盐氏而还。 |
| 四年 | 赵与齐、燕共灭中山。 |
| | 魏救中山，塞集胥口。 |

《战国策》：中山君飨都士大夫，司马子期在焉。羊羹不遍，司马子期怒，而走于楚。说楚王伐中山，中山君亡，曰："吾以一杯羊羹亡国。"楚伐中山事莫可考，当为《国策》之误，附记于此。

自翟败魏于浍，后九年而中山筑长城。败魏战赵以来，国基当已大固。《魏世家》："惠王之二十八年，中山君相魏。"《索隐》言："魏文侯灭中山，……后寻复国，至是始令相魏。"此未必然。《说苑》言：魏文侯封太子击于中山，三年，舍人赵仓唐奉使于文侯。文侯乃出少子挚封中山，而复太子击。此魏之宗亲自有中山君，故入为相。斯时中山桓公已复国，而魏之中山君挚，遂还相魏。魏灭居顾之中山，而鼓后入齐（鼓即顾）。是魏之中山地失之齐也，《韩非子·说林上》："魏文侯借道于赵而攻中山，赵肃侯将不许。赵刻曰:‘君过矣!魏攻中山而弗能取,则魏必罢,罢则魏轻赵重。魏拔中山,必不能越赵而有中山。是用兵者魏也,而得地者赵也。’”赵肃侯之元年,为魏惠王之二十二年,而非文侯也。肃侯之世,中山已复国,而魏尚欲攻之。于此为魏衰而赵兴之时,故赵刻之言为然,盖欲乘魏之敝,而收其利。《赵世家》言:“(武灵王)八年,五国相王;赵独否,令国人谓己曰君。”《中山策》言:“犀首立五王而中山后持。”又言:“中山与燕、赵为王。齐闭关不通中山之使,曰:‘我万乘之国也,中山千乘之国也,何侔名于我?’欲……出兵以攻中山,蓝诸君患之。”考五国称王,韩燕同在赵武灵王之三年,宋与赵同在武灵王之八年,则中山亦在是年。中山复国,于此六十年,而蓝诸君称王,致国千乘也。

中山王二十三年而赵灭之。赵武灵王曰:“先时中山负齐之强兵,侵暴吾地,系累吾民,引水围鄗,……则鄗几于不守也。先王丑之,而怨未能报也。今骑射之备,近可以便上党之形,远可以报中山之怨。”又曰:“胡服之功未可知,虽驱世以笑我,胡地中山,吾必有之。”方中山之窃号自娱,而赵人已谋其后。《秦本纪》:“昭襄王八年,赵破中山,其君亡,竟死齐。”昭王之八年,赵武灵王之二十七年,此于《年表》、《赵世家》皆不载。中山恃齐以侵赵,赵破中山而其君亡死于齐,此亦中山持国之可罕知者。《赵策》曰:“楚人久伐而中山亡。”《魏策》曰:“中山恃齐、魏以轻赵,齐、魏伐楚而赵亡中山,”即谓此也。《赵策》四曰:“三国攻秦,赵攻中山,取扶柳;五年以擅呼沱。”此不见于《史记》。《赵策》三曰:“富丁欲以赵合齐魏,司马浅为富丁谓主父曰:‘今我不顺齐伐秦,秦、楚必合而攻韩、魏,韩魏必怨赵,而亲兵必归于赵矣’。主父曰:‘我与三国攻秦,是俱敝也。’曰:‘不然!我约三国而告之以未构中山也。三国欲伐秦，必听我。中山听之，是我以三国挠中山而取地也。中山不听，三国必绝之，是中山孤也。我虽少出兵可也。我分兵而孤中山，中山必亡；我已亡中山，而以余兵与三国攻秦，是我一举两取地于秦中山'。"（节引）《六国年表》：齐、韩、魏三国共击秦在赵惠文王之元年，则赵攻中山取扶柳即在是年也。《括地志》："扶柳故城在冀州信都县。"后在冀州西南三十里。《世家》："惠文王三年灭中山，迁其王于肤施。"武灵王以惠文王四年死沙丘宫，而灭中山者武灵王，是灭中山在三年也。《世家》言"灭中山还归，行赏大赦，封长子章为代安阳君"是也。《秦本纪》："昭襄王十一年，齐、韩、魏、赵、宋、中山五国共攻秦，至盐氏而还。"昭襄之十一年，当惠文王之三年，中山从五国攻秦。《年表》："惠文王四年，与齐、燕共灭中山。"《齐世家》："湣王二十九年，佐赵灭中山。"湣王二十九年，正为惠文王之四年，是《年表》与《齐世家》合。此亦《春秋》书齐之并纪，亘四年而后纪亡之比也。

《齐策》言："昔者中山悉起而迎燕、赵，南战于长子，败赵氏；北战于中山，克燕军，杀其将。夫中山，千乘之国也，而敌万乘之国二，再战比胜，此用兵之上策也。然而国遂亡，君臣于齐者，何也？不啬于战攻之患也。"中山之亡，能再胜大国不可谓弱。自鲜虞见于春秋，下及赵灭中山，有国殆三百年；东走太行之白狄，至是然后绝，其为祸固已久矣。须贾曰："卫赵之所以国全兵劲，而地不并于诸侯者，以其能忍难而重出地也。宋中山数伐割地，而国随以亡。"《韩非子》："赵主父使李疵视中山可攻不也？还报曰：'中山可伐也。君不亟伐，将后齐、燕。其君好严穴之士，所倾盖与车以见穷闾隘巷之士以十数，伉礼下布衣之士以百数矣。’君曰:‘以子言论,是贤君也,安可攻?’疵曰:‘不然!夫好显岩穴之士而朝之,则战士怠于行陈。上尊学者,下士居朝,则农夫惰于田。战士怠于行陈,则兵弱也;农夫惰于田者,则国贫也。兵弱于敌,国贫于内,而不亡者,未之有也。’主父曰:‘善!’举兵而伐中山,遂亡也。”此中山之亡事之可略见者。则中山亦尚贤尊学之国,“代君墨而残”,中山与代并墨学所行之国。《吕氏春秋》言:“司马喜难墨者师于中山王前以非攻。墨者师曰:‘今赵兴兵而攻中山,相国将是之乎?’司马喜无以应。”然则李疵所谓,正墨家之政也。《寰宇记》引《战国策》曰:“中山专行仁义,贵儒学,贱壮士,不教人战。赵武灵王袭而灭之。中山之地方五百里,卒为赵并。”中山居山东久,与代为邻,故渐渍于文化者深。视秦处关中,终不知礼义德行者,为有间也。《说苑·权谋》曰:“白圭之中山,中山王欲留之,固辞而去。又之齐,……又辞而去。人问其故。白圭曰:‘二国将亡矣。所学者国有五尽。故莫之必忠,则言尽矣。莫之必誉,则名尽矣。莫之必爱,则亲尽矣。行者无粮,居者无食,则财尽矣。不能用人,又不能自用,则功尽矣。国有此五者,毋幸必亡,中山与齐皆当此。’”《吕氏春秋·自知篇》亦言:“宋、中山不自知而灭。”《说苑》所言中山、齐已称王,又言中山五割与赵,言齐悉起而距军乎济上,此为武灵、齐湣王事,明为后之中山,是亦中山致亡之可考见者也。

# 【第七】 东北貉族之移动

## 山戎东徙

宣之十五年,晋灭潞氏。成之三年,晋卫伐廧咎如,讨赤狄之余焉;而太行之狄尽矣。下迄昭之十二年,晋假道于鲜虞入昔阳,而后白狄又来太行。狄中绝于东者几五十年,东夏无狄祸。狄中绝而无终兴于其间。襄之四年,无终子嘉父使孟乐如晋,因魏庄子纳虎豹之皮以请和诸戎。无终为山戎,自齐桓救燕后,至是始再见,以鸱张之赤狄既亡,而无终复接于诸夏也。昭之元年,晋荀吴败无终及群狄于太原。则狄之既灭,群狄且听命于山戎。曰无终及群狄,则无终主而群狄从之辞也。《正义》曰:"北平有无终县,太原即太原郡晋阳县,计无终在太原东北二千余里,远就太原,来与晋战,不知何故也。"盖无终在玉田县治西,此山戎病燕时之所在也。无终入战国为无穷,《赵世家》所云"武灵王遂至代北至无穷"是也。《赵策》亦有无穷之门,则无终已去燕东,而西走代边,此来战太原时无终之所在也。狄之既灭,北戎去晋东,走晋北,而有代。山戎走代北而有无终。事则相同,无足疑者。

《赵策》:"赵王因起兵南伐山戎。"高注:"戎近秦,伐之以逼秦。"是山戎去燕东入代北,再走赵南,居秦韩之边。盖滨河之地,狄之故居,而山戎又来其间。中国之貊,入春秋不复见,入战国山戎居赵秦之边,而中国复见貊。先秦诸子数数称之,则山戎即貊也。《荀子·强国篇》言:"秦南有沙羡,北与胡貊为邻。"胡,三胡也;谓东胡、林胡、楼烦。则貊亦即此山戎也。《匈奴列传》亦云:"赵襄子逾句注而破并代,以临胡貊。"此无终林胡楼烦之犹居代北事也。通貊事之首尾而观之:《韩奕》之诗曰:"王锡韩侯,其追其貊;奄受北国,因以其伯。"郑玄《笺》曰:"韩侯贤,赐之蛮服追貊之戎狄,令抚柔王畿北面之国。其后追也貊也,为猃狁所逼,稍稍东迁。"韩侯之国,于春秋为韩原,即秦晋战处,居王畿之北方。宣王时追、貉、山戎在韩北也。《貉子卣》言:"王格于吕,王命士衜归貉子鹿三。"方《释》云:"貉子盖北狄君长,近王畿者。"此自雍州之貉,近于韩者。知郑说固不误。"王格子吕",则申未迁时,吕亦在王畿北,邻于西申也。貉为猃狁所逼,稍稍东迁。猃狁即狄,是貊狄同时东走;貊导前而狄踵其后。庄之三十年,齐人伐山戎,以其病燕故也。庄之三十二年,而狄伐邢,正山戎前而狄从后,貊东而猃狁亦东也。明山戎即貊,此为貊之自西而东。狄灭而后貊复西还。山戎东徙，初在晋北，而后乃入燕。狄灭而后貊又还居晋北，且及秦、赵之间，以地以时推之，其事明矣。《日知录》言："无终之为今玉田，无可疑者。然……《樊哙传》：'击陈豨，破得綦毋卬、尹潘军于无终广昌。'则去玉田千有余里。岂无终之国，先在云中、代郡之境，而后迁于右北平欤？"广昌今为涞源；是其自雍州之北而涞源，而玉田，先后往还之迹甚明。貊之即山戎亦审矣。

狄合北戎、郧瞒而为一，山戎自亦合于狄，而相随南下。狄入宋鲁之间，山戎亦从之。《新序·杂事》言："孔子北之山戎氏，有妇人哭于路者甚哀。孔子立舆而问之，对曰：'往年虎食我夫，今虎食我子。'孔子曰：'何为不去？'曰：'其政平，其吏不苛。'孔子曰：'弟子记之，夫政之不平而吏苛，乃甚于虎狼矣。'"（节引）《檀弓》同记此事，谓孔子过泰山侧。两文相校。知山戎之在泰山，惟从狄入宋、鲁乃得至。山戎至泰山之侧，而《鲁颂》曰："至于海邦，淮夷蛮貊。"鲁之有貊，正以山戎故也。是则狄之强而山戎为之属，狄之衰而无终主其盟，此先后之故也。《韩非子·说林》言："管仲隰朋从桓公伐孤竹，春往冬返。"孤竹共山戎为祸，故桓公并伐之。馀杭章枚叔氏论伯夷、叔齐孤竹之子为异族，非中国之人。墨胎非中国之姓。《元和姓纂》言："墨氏孤竹君之后，本墨台氏。宋人墨翟著书号墨子。"则墨翟固孤竹之后。其言仁义与儒家同，正以东夷之俗仁，故徐偃以仁义而亡。孤竹之后，入居宋、鲁之间，故墨翟为鲁人，亦为宋人，介居宋、鲁之间，自昔长狄、山戎之所在也。而孤竹之裔，随山戎以入鲁，则墨学为本之异族之化耶？《淮南子·人间》言："哀公好儒而削，代君为墨而残。"代之有墨，犹鲁之有儒。草中之戎与孤竹，同为西周以来异族之居于河北者，其文化宜无殊。故在战国，代为墨学之根据地，犹鲁为儒学之根据地。盖自昔异族之处于中国东北者，恒文化高而武力弱；其来自西北者，恒文化低而武力强；此代戎、孤竹之与赤狄大殊者耶？汉明帝诏曰："昔桓公伐戎而无仁惠，故《春秋》贬曰齐人。"何休《解诂》曰："戎亦天地之所生，乃迫杀之，……恶不仁也。"山戎自齐桓之伐，亦以斩获过当，而不可复振欤？

## 骊戎狄相东徙

林胡为系于妘姓之韩，是昔固邻于方城涿郡。赵武灵王曰："我先王……败林人于荏，而功未遂。"《正义》云："即林胡也。"林人当即在昔之林氏。《周书·史记解》："昔者林氏召离戎之君而朝之，至而不礼，离戎逃而去之。"《竹书纪年》沈约注："离戎，骊山之戎也。"林人既系之韩，而晋伐骊戎，必与毗邻，谅在晋东北，故得接于林氏，而林氏召之。合三国言之，而其地各可求也。《晋语》言：晋启东道，启南阳，马融以东阳南阳说之，谓"自朝歌以北，至中山为东阳"。《晋语》言：晋"赂于草中之戎，与丽土之狄，以启东道"。则草中之戎，丽土之狄，并在晋之东阳。与《穆天子传》言草中之戎，于地亦合，即后之代戎也。此丽土之狄，当即骊戎旧壤，而狄来居之。《吕览·不广篇》作"草中之戎，骊土之翟"，丽作骊尤为明验。后人依骊山以说骊戎，谓在新丰者，殆不可据。于时晋之攻代不可远至河西，达于渭域也。大戎、小戎并在交城，与骊戎并邻晋之东北。盖草中之戎在朝歌之北，而骊戎又居草中之戎之北而中山之西也。山戎与韩自西而东，而山戎无终之东有令支，《齐世家》作离枝，即离戎，即骊戎也。山戎、韩东徙，盖骊戎亦东徙。《晋语》言骊子，《齐语》言令支，《左氏传》作骊戎男。《管子·轻重甲》作离枝，其实一也。《管子·小匡》言："桓公破屠何，伐山戎，制令支，斩孤竹。"《春秋》惟言伐山戎，而《国语》、《管子》并言三国，则方无终病燕，而三国悉为之属。原均为貉族，故桓公并破之也。于后徒河在锦州西北，令支在迁安县西，孤竹在卢龙县西，而无终在玉田，故能率之以病燕也。

陈志、范书叙秦汉东夷之国："曰夫馀，南与高句骊，东与挹娄，西与鲜卑接。曰高句骊，南与朝鲜、涉貊，东与沃沮，北与夫馀接。曰东沃沮，在高句骊东，北与挹娄夫馀，南与涉貊接。曰涉，北与高句骊沃沮，南与辰韩接。涉、沃沮、句骊，本皆朝鲜之地。挹娄，古肃慎之国。"（节引）而朝鲜则所谓箕子之封也。殷周间事，惟知有肃慎、朝鲜，不闻有他国。涉及沃沮、句骊，本皆朝鲜地，则前世无此三国，而朝鲜、挹娄境相接可知也。于后朝鲜、挹娄之间突有三国，攘朝鲜地而居之，是诸国皆后自外来也。则句骊即离枝骊戎之东徙，以分而有高句骊。涉曰涉貊，其为貊之东徙亦明。《晋语》言：献公克狄柤，郤虎乘城。则柤亦国于骊戎、大戎、小戎与晋之交，群戎东徙，柤亦东徙为沃沮，以分而有东沃沮、北沃沮。于是骊曰句骊，柤曰沃沮，是犹吴曰句吴，越曰於越之事。《汉地理志》辽西郡有肥如县。应劭曰："肥子奔燕，燕封于此也。"则晋灭肥、鼓，而肥子东走辽西。离枝、山戎、狄柤、肥子东徙之道，先后一也。

《三国志》于涉言："其耆老旧自谓与句丽同种，……言语法俗，大抵与句丽同。"于东沃沮言："其言语与句丽大同，……北沃沮去南沃沮八百余里，其俗南北皆同。"于高句丽言："东夷旧语以为夫馀别种，言语诸事多与夫馀同。"此明夫馀、句丽、沃沮、涉貊四部之自相同，盖其源则一也。于挹娄言“言语不与夫馀、句丽同”，又言：“东夷饮食类皆用俎豆，唯挹娄不，法俗最无纪纲也。”挹娄既古之肃慎，独为前世旧国，自与新来四国相异。则夫馀亦东徙之国也。《尔雅》貊国，《郭注》言：“今扶馀国，即涉貊故地。”《志》言：“夫馀其印文言‘涉王之印’，国有故城名涉城，盖本涉貊之地，而夫馀王其中。”是夫馀地旧亦涉人居之，二涉亦犹沃沮之分南北。《魏略》言旧志又言：“其北方有槀离国（《后汉书》作索离，注云“索”或作“橐”）者，其王侍婢生子曰东明，王欲杀之，东明走南至施掩水（《后汉书》作掩淲水），鱼鳖浮为桥得渡，追兵不得渡，东明因都王夫馀之地。”（节引）是其初为涉地，后有北族来主之，于是更曰夫馀，而仍以涉王号，则夫馀亦涉也。冒顿既破灭东胡，居其故地，《匈奴传》言：“诸左王将居东方，直上谷以东接涉貊、朝鲜。”此言涉貊，正夫馀地。鲜卑为东胡后，鲜卑所接之夫馀，即匈奴居东胡地而接之涉貊。冒顿左部，固不得与沃沮南之涉貊相接，所接者正后为夫馀之涉貊亦足明。东明盖在冒顿之后，始南下王涉貊。而夫馀则原为涉人，故言语与句丽、沃沮同，夫馀、句丽、涉貊同种，说自可信。即沃沮谅亦同种。皆徙自中国之北，而渐居挹娄、朝鲜之间者也。汉世盖以高丽即貉人，班书言：“王莽发高丽兵当伐胡，不欲行，……皆亡出塞，因犯法为寇。”严尤奏言“貉人犯法”，此以高丽为貉也。故范书亦云“王莽篡位，貉人寇边”，其云“貉人寇边愈甚”，“貉人已去”，皆谓高丽。《东夷传》又云“句骊一名貉耳”，知两汉谓高丽为貉审矣。而夫馀、沃沮、涉貊、句丽四部为同种，则其皆为貉人无惑也。

## 涉貊、辰国、马韩东徙

涉盖即《韩奕》“其追其貊”之“追”，于西周与貊并盛，貊之东徙，追亦东徙为涉。《管子·小匡》：桓公曰：“余北至于孤竹，山戎，涉貉。”追来燕之近地，于齐桓之世已为涉名。再东遂国于后之夫馀，又东至于海，曰涉貊，则且以涉为貊之一部也。后贤或以追为赤狄隗姓之隗，或以为晋受封怀姓九宗之怀。声韵之道固可无所不通，然若以郑氏之说衡之，则事有未可。盖猃允既为后之北狄，追貉为猃允所逼而东迁，猃允为狄而逼狄，则狄之隗姓，不可解为被逼之追明也。若曰怀姓九宗，事亦未可。晋受之怀姓，安得复为韩受之北国。则追之为涉，庶乎近之。西周之末，猃允东侵，而追貉乃东。若以先后迁徙之迹言之，涉之南接辰韩。则方城之韩先走，涉次之，柤又次之，骊又次之，山戎无终又次之，赤狄又次之，遂南下太行。则又一道也。

涉南接辰韩，陈志、范书言：“韩有三种：一曰马韩，二曰辰韩，三曰弁辰。马韩有五十四国，辰韩有十二国，弁辰亦有十二国，凡七十八国，伯济是其一国焉。大者万余户，小者数千家，各在山海间，地方合四千余里，东西以海为限，皆古之辰国也。马韩最大，共立其种为辰王，都目支国，尽王三韩之地。其诸国王，先皆是马韩种人。”则三韩之国，为古辰国，故三韩之王仍号辰王。明韩未入海之先，有辰国无韩国。韩入海而后辰之名隐，韩之名兴。陈范氏书谓：辰韩其耆老传世，自言古之亡人，避秦役来适韩国，马韩割其东界地与之；其言语不与马韩同。辰王常用马韩人作之，辰不得自立为王。弁辰与辰韩杂居，衣服居处与辰韩同，言语法俗相似。是马韩先至辰国，而辰韩后来。弁辰与辰韩同，亦为后来可知也。初惟一马韩，即来自涿郡方城之韩。而曰马韩，则亦粗曰沃沮，骊曰句丽之比。《潜夫论》言："周宣王时有韩侯，其国近燕。……为卫满所伐，迁居海中。"此韩之已在朝鲜东境也。《寰宇记》言："平州卢龙县有朝鲜废城，即箕子受封之地。"此朝鲜之亦后方入海也。江慎修言："韩始封在韩城，宣王时徙封于燕之方城欤。"如江氏意，则韩之徙亦屡矣。韦昭云：韩于平王之前失国。是韩之东，正戎狄猖披之际。至韩入辰国，而辰韩弁辰又入马韩之国，变亦多矣。

辰之名，古未他见，而国则最古。考《左传》以宋为大辰之虚，卫为颛顼之虚，郑为祝融之虚，陈为太昊之虚，鲁为少昊之虚，晋为夏虚。大辰比于祝融二昊，则是亦有国者之号。宋、鲁亦曰商、鲁(《吴语》)，商而曰辰，亦犹"参辰"之即"参商"乎？宋为微子之国曰辰，则海中古之辰国即箕子之国也。箕子旧封，周秦载记不闻有朝鲜之说，有之自苏秦、伏生、史迁始。意者汉人以于时习闻之朝鲜说之，倘朝鲜、伯济，并是辰之一国，而箕氏之支庶。燕人卫满击破朝鲜而自立为王，卫氏所破之前朝鲜，在前世盖已离辰国而独大，斯则东夷之事，自殷末以逮于汉初，盛衰起伏，为变已多。周之衰，九夷八蛮不接于中国，故史文阙而莫详。是辰国原为箕子所建之商国。昭九年《左传》曰："肃慎、燕、亳，吾北土也。"亳为殷都，箕子所居，周人亦惟名之曰亳，即辰国也。

自汉儒惟知当时之朝鲜，而辰之事不可见，且以韩入海，而辰之名几废也。盖方韩之入海而林氏之属已随之；及三胡西还，林胡之名始复见于中国。东胡以匈奴之故，余众为乌丸，为鲜卑，鲜卑之部有徒河，晋世慕容之属是也，说者谓殆即齐桓所破之屠何也。挹娄而尝属于夫馀，涉貊、沃沮亦尝属于高句丽，涉貊、沃沮、句丽，则皆处朝鲜之地。朝鲜王準既为卫氏所破，则将其余众数千走入海，攻马韩而王之。夷狄种落实繁，兴废不定，历世久则变易剧。于辰国之事而知箕氏之胤，一若至準而后罹大故者，斯未必然也。

## 林胡楼烦西还

貉东而山戎东，山戎南至鲁而鲁有貉，山戎西至秦、赵之边而秦、赵复有貉，是山戎之为貉无疑也。顾亭林以涿郡方城之韩，即迁居海中之韩。王肃云："涿郡方城县有韩侯城，世谓之寒号城。"此亦寒浞之为韩浞。此族古亦随有穷之后而窃夏者，其迁居海中，殆正以貉狄东来之会。《路史》以三胡为妘姓之韩，即入居海中之韩。无终还代北，及赵之南，于是林胡、楼烦亦来居秦、赵之北；而东胡又踵林胡之后。是貉东徙而胡入海，貉西走而三胡亦随与俱西也。《战国策》、《史记》并言赵武灵王胡服事，《赵世家》、《六国表》同在武灵王之十九年。而《水经·河水注》引《纪年》："魏襄王十七年，邯郸命吏大夫奴迁于九原，又命将军大夫嫡子戍吏皆貉服(今本或误作貂服)。"审貉服之即胡服，知胡人之即貉人。以貉之族有林胡东胡，而胡之名遂代貉而起。顾亭林云："晋北有林胡、楼烦，燕北有东胡、山戎，……以二国之人，而概北方之种。一时之号，而蒙千载之呼。盖北狄之名胡自此始。"入后更以该西北一切之族也。自赤狄、白狄皆亡而三胡兴。《匈奴列传》言："晋北有林胡、楼烦之戎，燕北有东胡、山戎。"此胡地之约略可知者。《赵世家》言："武灵王自请于公子成曰：'吾国自常山以至代、上党，东有燕、东胡之境，而西有楼烦、秦、韩之边。'”又武灵王召楼缓谋曰:“西有林胡、楼烦、秦、韩之边。”则东胡在燕北,而西接赵境。林胡、楼烦在赵北,且及赵西。武灵王二十年西略胡地至榆中,林胡王献马。惠文王二年主父西遇楼烦王于西河而致其兵。则林胡、楼烦之果及于赵西也。惠文王二十六年取东胡、欧代地,东胡地苟不接于赵,惠文将焉取之?

《匈奴列传》言:“赵武灵王北破林胡、楼烦,自代并阴山至高阙为塞,而置云中、雁门、代郡。其后燕将秦开袭破走东胡,东胡却地千余里,燕亦筑长城自造阳至襄平,置上谷、渔阳、右北平、辽西、辽东郡。”赵灭之代,于后为蔚县。燕长城西起造阳,于后为怀来。则蔚县、怀来之间,即赵与东胡接壤处;而上谷、渔阳、右北平、辽东西并旧东胡地。赵欧代地,谅在代北。自代郡以西,雁门、云中、九原皆林胡、楼烦地也。《李牧传》:“牧破杀匈奴十余万骑,灭襜褴,破东胡,降林胡。”至是而林胡亡。事在赵孝成王时也。《史记·索隐》云:“楼烦县名属雁门,应劭云:故楼烦胡。”《括地志》言:林胡,“朔州,春秋时北地也。岚州,楼烦胡地也。”于后为朔县、岚县。此林胡、楼烦地之可指者。说者谓楼烦县为楼烦之都。《战国策》云:“胡人袭燕、楼烦数县,取其牛马。”此燕有楼烦,明楼烦自东而西,由燕而徙赵,而徙河南也。《国策》苏秦北说燕曰:“燕东有朝鲜、辽东,北有林胡、楼烦,西有云中、九原。”此见林胡、楼烦,于赵肃侯世,尚在燕北。后在赵北。武灵王之世,又渐至赵西也。《匈奴传》言:“冒顿大破灭东胡王,南并楼烦、白羊、河南王。”至是东胡破而为乌丸,为鲜卑,而楼烦遂并于匈奴。服虔、韦昭并谓“山戎今之鲜卑”。知东胡出于韩,亦山戎之类。至匈奴入居河南地,至朝那、肤施,盖楼烦、白羊，亦入居河南。故卫青出云中以西至陇西，击胡之楼烦、白羊于河南，汉遂取河南地，筑朔方。自是以后，匈奴渐衰而楼烦不复见，匈奴后得有胡名。楼烦之亡，乃在卫青出塞后。此胡貉事之始终也。

武灵王破林胡、楼烦，而置云中、雁门、代郡。此事史公仅著之于《匈奴列传》，而于《世家》、《年表》，皆不言为何年。以《世家》考之，武灵王欲胡服，召楼缓谋曰："中山在我腹心，北有燕，东有胡。西有林胡、楼烦、秦、韩之边。……吾欲继襄主之迹。开胡翟之乡。"又曰："虽驱世以笑我，胡地中山，吾必有之。"于是遂胡服矣。胡服事在武灵王之十九年。以图胡地故耳。则开胡翟之事，固在其后。《世家》言："二十年，王略中山地，至宁葭。西略胡地至榆中，林胡王献马。""二十六年，复攻中山，攘地北至燕、代，西至云中、九原。"二十七年立王子何以为王，是为惠文王。武灵王自号为主父。"惠文王二年，主父行新地遂出代，西遇楼烦王于西河而致其兵。"以此考之，二十年西略胡地至榆中，则置雁门、代郡时也。代地为襄子灭代时已有之，必武灵王时乃置郡，故《匈奴列传》云然。二十六年则置云中、九原时也。武灵王遇楼烦王于西河而致其兵，谅楼烦在西。故入汉仍居河南，傥九原故楼烦地也。林胡在楼烦之东，而东胡之西，故李牧居代、雁门而降林胡，傥雁门故林胡地也。若代郡、云中，则固代国地也。林胡经代地云中至雁门，楼烦经云中西至九原也。赵既置郡，而林胡、楼烦尚生息于其间，历久而后亡也。

# 【第八】 秦西诸族之移徙

## 秦西戎族之活动

《商君列传》赵良言:“五羖大夫相秦六七年,发教封内而巴人致贡,施德诸侯而八戎来服。”《匈奴列传》言:“秦穆公得由余,西戎八国服于秦,故自陇以西有緜诸、绲戎、翟、貆之戎;岐梁山泾漆之北有义渠、大荔、乌氏、朐衍之戎。”此正八国也。《韩安国传》王恢曰:“秦缪公都雍,地方三百里,知时宜之变,攻取西戎,辟地千里,并国十四,陇西、北地是也。”岂武公而后,秦地复又蹙,惟三百里耶?武公居平阳,县邽、冀,邽在秦州西南,为非子始封之近地。冀在伏羌县南，又密迩于犬丘。即秦拓地于东，其故土为邽、冀之戎侵而有之，秦之失地久也。武公县邽、冀，而后复其西封，曾几何时，緜诸、貆戎，又来居之。緜诸在今秦州东五十里邽山下，是犹邽戎之居也。貆为今陇西县东北渭水北，是犹冀戎之居也。则渭水一道，自秦人东去，邽、冀之戎居之，緜诸、貆戎又居之。《班志》："京兆下邽县。"师古曰：秦人又取"邽戎之人而来为此县"。下邽于今在渭南。岂以邽戎既失秦州地，而又迁于渭南耶？《秦本纪》、《六国年表》：厉公六年，緜诸乞援。二十年，公将师与緜诸战。惠公五年，代緜诸。孝公元年，西斩戎之貆王。于是而秦之西封又复。曰緜诸乞援者，岂以貆之逼其地耶？秦斩貆王兵临渭首，秦陇西之得而复失者屡也，则穆公都雍而地方三百里，疆土之蹙，事可互证。非秦之支柱其间，是诸戎者胥相率而东也。

穆公攻取西戎，辟地千里，遂有陇西、北地，则焦、获已往秦已奄而有之，而陆浑之戎犹复东下。范书言："陆浑戎自瓜州迁于伊川，允姓戎迁于渭汭，东及轘辕。"即穆公之世，秦西之戎，东徙未绝。允姓戎迁渭汭，《班志》亦言之。武公伐彭戏氏，至于华山下，至穆公而允姓戎复来居渭汭，是秦之东境，又忽焉戎来渐居。自瓜州历渭汭，及轘辕，其经途固可识也。是秦之西圉不固而东地为墟。《左传》僖十五年："于是秦始征晋河东，置官司焉。"十七年："晋太子圉为质于秦，秦归河东而妻之。"则韩之战秦俘惠公，已取晋河东地，及秦归怀公，并归晋河东。于是秦、晋以河为境，此孝公所谓穆公东平晋乱，以河为境者也；则不容有徙逐之族蜷伏其间。《秦本纪》言："戎王使由余于秦，……缪公与由余曲席而坐，传器而食，问其地形，与其兵势，尽詧而后令内史廖以女乐二八遗戎王。戎王说之，……由余数谏不听，……遂去降秦。缪公礼之，问伐戎之形。三十七年，秦用由余谋伐戎王，益国十二，开地千里。”《吕览·壅塞》言：“秦缪公时戎强大，缪公遗之女乐二八与良宰焉。戎主大喜，数饮食，日夜不休。左右有言秦寇之至者，因扜弓而射之。秦寇果至，戎主醉而卧于樽下，卒生缚而擒之。”李斯言“西得由余于戎”，则此戎王者秦西之戎也；开地千里者，正王恢所论陇西、北地是也。《淮南·精神训》言秦穆由余事曰：“胡王淫女乐之娱而亡上地。”是戎王之固居上郡，而陇西、北地之戎皆属之。然岐、梁、泾、漆之北，于后有义渠、大荔、乌氏朐衍之戎，应劭曰：“义渠，北地也。”徐广曰：“朐衍在北地，乌氏在安定。”则秦之北地，于后复为戎地。义渠于后在宁州西北，乌氏在平凉西北，朐衍在灵州东南花马池北。乌氏盖即《穆天子传》赤乌氏之裔，亦进而处安定之近地，至秦惠王然后取之。大荔既来居泾漆之北，《秦本纪》：厉公之十六年，“伐大荔取其王城”。徐广曰：“今之临晋也，临晋有王城。”《括地志》云：“朝邑县东故王城。”今为大荔县。范书《西羌传》言：“周贞王八年，秦厉公灭大荔，取其地。”于《史记》作定王，皇甫谧云贞定王，大荔于此灭也。此当亦本之《竹书纪年》。临晋为穆公筑垒以临晋地者也，于春秋为秦晋战伐频繁之冲，而大荔又自泾、漆之北来居之。《六国年表》：秦孝公二十四年，“秦大荔围合阳”。知大荔之灭，其后犹有存者，从秦以攻伐也。夫诸戎之东徙犹未已，知秦之再失河西、北地、陇西地者又久耶？《年表》献公六年“初县蒲、蓝田善明氏”，是亦西戎之晚至者也。《华阳国志》三言：“周慎王五年，秦大夫张仪从石牛道伐蜀，蜀王败绩，为秦军所害，开明氏遂亡。凡王蜀十二世。”（节引）善明氏，开明氏，皆夷狄之君，而秦灭之。善明氏倘国于蓝田者也。

《史记·秦本纪》言："秦以往者数易君，故晋复强，夺秦河西地，……孝公元年，河山以东强国六，……楚、魏与秦接界，魏筑长城，自郑滨洛，以北有上郡。楚自汉中，南有巴黔中。"考魏筑长城塞固阳，在魏惠王之十九年，即孝公之十年，时商君已为大良造，伐安邑，而魏犹筑长城以界秦，于时长城以东，犹魏境也。《史记·正义》言："楚北及魏，西与秦相接。北自梁州汉中郡，南有巴渝，过江南有黔中、巫郡也。魏西界与秦相接，南自华州郑县西北，过渭水滨洛水东岸，北达银州至胜州固阳县，固阳有连山，东至黄河，皆筑长城以界秦境，北有上郡鄜州之地，洛即漆沮水也"（此会《秦本纪》、《魏世家》两《正义》文用之）。于时秦尚逼处魏长城西。孝公十二年，东地渡洛，魏襄王之五年，与秦河西之地（惠文王之八年），七年，又尽入上郡地于秦（惠文王之十年），然后秦复东境至河，其始末甚明。王静安氏以为"河西之失，非尽事实，孝公欲激发国人，故张大其辞"。其论疏矣。大荔沿洛而南，三晋亦越河而西，而秦地缺矣。晋人以陆浑之戎塞秦崤函之道，以九州之戎塞武关之道，大荔处王城，倘亦晋以之塞秦临晋之道。由《齐策》即墨大夫说齐王之言观之，知秦之东出，唯此三道耳，大荔、陆浑之徙，事盖同符。王氏以秦人经营东北，即为已有其地，夫商君伐安邑降之，围固阳降之，然后魏筑长城，然后魏纳河西、纳上郡，而安邑犹未入秦，及昭襄王二十一年魏始献安邑，王氏之论，未可信据。考索及此，附笔辨之。

## 义渠与匈奴



秦西之戎，义渠最大。《六国表》言：厉共公六年，"义渠来赂”。《括地志》言:“原、宁、庆三州,秦北地郡,战国及春秋时为义渠戎国之地,周先公刘不窋居之。”然义渠之徒泾二十五城,在西河郡,则其拓境之广也。《本纪》言:“(厉共公)三十三年伐义渠,虏其王。……(躁公)十三年,义渠来伐,至渭南。”则义渠亦深入秦地,见其地丑力齐,而战祸之烈也。《后汉书·西羌传》言:“后百许年,义渠败秦师于洛。后四年,义渠国乱,秦惠王遣庶长操将兵定之,义渠遂臣于秦。后八年,秦伐义渠取郁郅。后二年,义渠败秦师于李伯。”于《六国年表》:“(秦惠文王七年),义渠内乱,庶长操将兵定之,……(十一年),义渠君为臣。”则义渠败秦于洛,为秦惠文王之三年。《本纪》言:“(惠文君)十一年县义渠,……义渠君为臣。”义渠侵秦至渭,败秦于洛,势相抗也,又四年而内乱,又四年而秦县之,义渠之衰,自内乱始也。《西羌传》言:“后八年,秦伐义渠取郁郅。”于表为惠文王之初更五年。“后二年,败秦于李伯”,为初更七年。郁郅属北地,于后为安化县,惠文既取乌氏在平凉,遂取郁郅,兵形近之。《本纪》:“(初更)五年,王游至北河。”《六国年表》云:“王北游戎地至河上。”考之《五行志》,秦惠(原误作孝)文王五年,游朐衍,朐衍在灵武,则惠文既取郁郅,遂至朐衍,此秦人北渐之途也。《秦策》二言:“义渠君之魏,公孙衍谓义渠君曰:‘……中国无事于秦,则秦且烧焫获君之国;中国为有事于秦,则秦且轻使重币而事君之国也。’义渠君曰:‘谨闻令!’居无几何,五国伐秦,……秦王……因以文绣千匹,好女百人,遗义渠君。义渠君曰:……‘此乃公孙衍之所谓也’,因起兵袭秦,大败秦帅于李帛之下。”于《六国表》,五国共击秦,正在初更之七年,与《西羌传》合。

《本纪》言:“七年,韩、赵、魏、燕、齐帅匈奴共攻秦。”于战国记匈奴此为最先。《本记》言匈奴，即《秦策》言义渠事，参互稽之，匈奴即义渠也。考诸《海内经》言："匈奴，开题之国，列人之国，并在西北。"与属于义渠之事最合。乃吴承志《地理今释》谓："此'匈奴'当从一本作'猃狁'，此乃《左氏春秋传》所谓'允姓之戎，居于瓜州'者，非《史记·匈奴传》居于北蛮之匈奴也。"则以习见秦汉时匈奴居于北荒之故，致有此误说也。盖义渠既灭，余众北走，于后为匈奴，居河套南北。《本纪》言："（初更十年），伐取义渠二十五城"（《年表》在十一年）。于时义渠尚能乘五国之师以败秦，故秦大伐击之。《西羌传》言："伐义渠取徒泾二十五城。"李贤注："徒泾，县名，属西河郡。"《班志》西河郡作徒经，榆林南北，黄河东西，并义渠地也。二十五城，治地已遥，故李兆洛以为在山西境。则义渠地连北地、河西，奄有套内，南下及泾，固秦、赵一大敌也。赵北有林胡、楼烦，而《李牧传》居代、雁门备匈奴，匈奴自西来也。蒙恬伐匈奴取河南地，即昔之义渠地也。义渠之灭未久，而李牧杀匈奴十余万骑，见义渠之烬犹盛。其来必自楼烦西，知匈奴始在河套内外。《燕策》言："愿太子急遣樊将军入匈奴，以灭口。"则匈奴入阴山未久，而东接于燕。盖自李牧降林胡，秦开破东胡，万里为墟。北荒之国，惟匈奴独盛耳。《匈奴传》言：冒顿之强，"西击走月氏，南并楼烦、白羊、河南王，……复收秦所夺匈奴地，与汉关故河南塞至朝那、肤施。《正义》曰："朝那故城在原州百泉县，属安定郡，肤施今延州肤施县是。"《说文》："那西夷国，安定有朝那县。"在今平凉县西北。冒顿之前，不闻匈奴秦界在朝那、肤施，云故河南塞朝那、肤施，惟义渠故塞乃可至是，则北地、西河、上郡、安定，正秦、赵、魏与义渠错壤处，故义渠君得至魏也。《史记·匈奴列传》言："义渠之戎筑城郭以自守，而秦稍蚕食。……秦昭王时，义渠戎王与宣太后乱，有二子，宣太后诈而杀义渠戎王于甘泉，遂起兵伐残义渠，于是秦有陇西、北地、上郡。”《后汉书》亦言：“义渠、大荔最强，筑城数十，皆自称王。”义渠诸羌为城郭田畜之民，虽朴陋，犹愈于他族也。《匈奴传》言宣太后事，《本纪》与《表》不载。《本纪》言昭王四十二年宣太后薨，则秦灭义渠事尚在此前。《西羌传》言：“昭王立，义渠王朝秦，遂与昭王母宣太后通，生二子。至赧王四十三年，诱杀义渠王于甘泉宫，因起兵灭之，始置陇西、北地、上郡焉。”赧王四十三年，为秦昭王之三十五年，而义渠灭。《西羌传》多据《汲冢纪年》，李注颇详之。其言义渠事，颇出《史记》外，而事每可征，岁月能合。亦或不合，如言义渠败秦李伯，明年秦取二十五城，而《史记》取二十五城事，在五国击秦后四年。《汲冢纪年》终于魏哀王二十年，于《六国表》则周赧王之十六年而秦昭王之八年，是《纪年》不及义渠之灭，而范氏凿凿言之何耶？然《六国表》既多不审，而范书或取他书，事亦有之。表于初更五年王北游戎地至北河，覆之范书，正秦取义渠郁郅之岁，而《五行志》孝文至朐衍时也。《本纪》言昭王二十年王之上郡北河，此义渠灭始置地也，以前例后，则《列传》言杀义渠王甘泉宫遂伐残义渠，应在二十年以前，则赧王四十三年，为衍“四”字，正昭王之五年，而义渠灭也。惟义渠宣后之事则然，故吕后之世，而匈奴有谩书，戎狄不以为谩，秦之故实可比案也。秦真虎狼之国也！义渠灭而匈奴兴，义渠地擅西河，水草丰美，百世为膻腥之乐土。侯应言：“阴山东西千余里，水草茂盛，多禽兽，冒顿单于依阻其中，治作弓矢，来出为寇，是其苑囿也。”义渠既失河南，余众为匈奴，北阻阴山，事或然也。

# 【附录】

## 东夷之盛衰与移徙

东夷自殷末“分迁淮岱，渐居中土”。于是淮夷与西周数相争战，至春秋战国之世，犹生息于斯土。《后汉书·东夷列传》言之未详也。《书·禹贡》于徐州云：“淮夷蠙珠暨鱼。”《经典释文》引马融云：“淮夷，二水名。”伪《孔传》亦云：“淮夷，二水。”孔颖达《正义》引王肃，亦以淮夷为水名。惟郑康成以“淮水之夷民也”。（《释文》引）是为得之。盖虞、夏之间淮上本有夷民。然斯时尚无九夷之名，至殷、周间始变淮夷而为九夷。《书·大诰·序》

曰:“武王崩,三监及淮夷叛。”《成王征·序》曰:“成王东伐淮夷,遂践奄。”《周官·序》曰:“成王既黜殷命,灭淮夷。”此即《韩非子·说林上》所云:周公旦“攻九夷而商盖服”者。于是淮夷遂有九夷之称而商奄(即盖)之民属焉。《吕览·察微》云:“犹尚有管叔、蔡叔之事,与东夷八国之谋。”高诱注云:管、蔡“流言作乱,东夷八国附从,二叔不听王命。周公居摄三年,伐奄,八国中最大,著在(原讹为“作”)《尚书》,余七国小,故不载于经也。”唯奄在东夷中为最大,故周初数伐之。《孟子》曰:“周公相武王,诛纣,伐奄,三年讨其君。”此武王之诛奄也。《尚书大传》云:“周公摄政,一年救乱,二年克殷,三年践奄。”此周公之诛奄也。《周本纪》云:“周公行政七年,……反政成王,东伐淮夷,残奄,迁其君薄姑。”此成王之诛奄也。赵岐《孟子·注》曰:“奄,大国,故特伐之。”盖奄实东夷之雄者,三世伐之而后亡。《周本纪·集解》引郑玄曰:“奄国在淮夷之北。”《正义》引《括地志》曰:“兖州曲阜县奄里,即奄国之地也。”许慎《说文·邑部》:“郁,周公所诛郁国在鲁。”审奄之立国,或鲁,或淮,先后异也。江声、孙诒让以蒲姑氏即奄君蒲姑之地,盖以蒲姑居之而得名(《尚书今古文注疏·书序》)。蒲姑在营丘之北,是齐亦得奄地。东夷之族,胜则北上,败则南下,迁移之情,固可见也。《汉书·地理志》言:临淮郡徐县,“故国,盈姓”。明徐在淮也。《鲁世家》言:顷公十九年,“楚伐我,取徐州”。《集解》引徐广曰:“徐州,在鲁东,今薛县。”是徐亦尝在鲁。鲁之东郊可开奄,故迁徙于南北,而徐亦迁徙时南时北也。《鲁世家》又言:“管、蔡等反也,淮夷、徐戎亦并兴反,于是伯禽率师伐之于肸,……遂平徐戎。”又言:周公“奉成王命兴师东伐,……遂诛管叔,杀武庚,放蔡叔,收殷余民以封康叔于卫,封微子于宋以奉殷祀，宁淮夷。”是伯禽所平为淮北之徐戎，而周公乃宁淮南之淮夷。《书序》云：“成王既黜殷命，灭淮夷，还归在丰，作《周官》。”则周公唯“宁”淮夷。至成王乃“灭”淮夷。伯禽平徐戎，周公宁淮夷，成王灭淮夷，而后徐、淮乃辑。为《书·蔡仲之命·孔传》云：“成王即政，淮夷、奄国又叛，王亲征之，遂灭奄而徙之。”《书序》：“成王东伐，灭淮夷，遂残奄，作《成王征》。”是淮、奄再叛，成王伐淮而残奄。则奄之亡其国，正退处淮旁，奄残而淮亦灭。《越绝书·记吴地传》言：“毗陵县南城，故古淹君地也。东南大冢，淹君子女冢也。去县十八里，吴所葬也。”岂奄君又再南遁至江南耶！周公服商盖而宁淮夷，成王残奄而灭淮夷，周之声教乃得东振。方奄君之处蒲姑，莱夷之争营丘，徐戎、淮夷之战于费，此东夷之方盛也。《吕览·古乐》云：“商人服象，为虐于东夷，周公遂以师逐之，至于江南。”荆、舒是惩，熊、盈之族灭者十有七国（《逸周书·作雒》）。此东夷之一衰而周势之炽也。

周初虽数征淮夷、徐戎，然淮、徐实未绝灭。穆王之时，徐又再盛。《竹书纪年》云：穆王“六年春，徐子诞来朝，锡命为伯”。十三年，“徐戎侵洛”。“十四年，王帅楚子伐徐戎，克之。”此今本《纪年》所载，虽不能悉取证于他书，然要亦非无据。《后汉书·东夷列传》言：“后徐戎僭号，乃率九夷以伐宗周，西至河上。穆王畏其方炽，乃分东方诸侯命徐偃王主之，偃王处潢池东，地方五百里，行仁义，陆地而朝者三十有六国。穆王……告楚令伐徐。……于是楚文王大举兵而灭之。”与《纪年》所载略同。《淮南子·人间》则云：楚庄王“举兵而伐徐，遂灭之。”详究其实，非楚庄王，亦非楚文王。据《汉书·古今人表》，与周穆王、徐偃王同时之楚君为熊盘，即《楚世家》之熊胜。据《楚世家》，熊胜实无伐徐之事。且其时楚、徐遥隔，楚亦不能伐徐也。案《秦本纪》及《赵世家》，并谓“穆王日驰千里马攻徐偃王，破之”。且皆无与于楚。与楚文王同时者当为另一徐偃王，《韩非子·五蠹》、《说苑·指武》并著其事（《淮南子·人间》误作楚庄王）。《东夷列传》盖误合两徐偃王为一，遂以楚文王与周穆王同时，不意蔚宗之缪一至于此。然是役也，徐亦未尝灭国，至春秋之鲁昭公三十年始灭于吴。当其始盛也，《礼祀·檀弓》载徐容居曰：“昔我先君驹王西讨，济于河。”《博物志》亦载：偃王“沟通陈、蔡之间”，而“江淮诸侯皆伏从”。是“率九夷以伐宗周西至于河”，事当不诬。此东夷之再盛也。及穆王伐徐而东夷再衰。

《大雅·江汉·序》曰：“美周宣王也。能兴衰拨乱，命召公平淮夷。”其诗曰：“江汉浮浮，武夫滔滔，匪安匪游，淮夷来求。……匪安匪舒，淮夷来铺。”又《大雅·常武》诗曰：“率彼淮浦，省此徐土。”又曰：“王舒保作，匪绍匪游，徐方绎骚，震惊徐方，如雷如霆，徐方震惊。”又曰：“铺敦淮濆，仍执丑虏，载彼淮浦，王师之所。”《后汉书》曰：“厉王无道，淮夷入寇，王命虢仲征之，不克。宣王复命召公伐而平之。”今本《纪年》亦载：厉王“三年，淮夷侵洛，王命虢公长父伐之，不克”。宣王“六年，召公帅师伐淮夷；王帅师伐徐戎，皇父、休父从王伐徐戎，次于淮。王归自伐徐，锡召公命。”此虽不必为汲冢旧文，诸事并能于《诗经》、鼎彝证之。且《江汉》、《常武》所述虽为征徐、淮，而言其地则曰“江汉之浒”，“如江如汉”。则是徐、淮所居在南而不在北，迤及江汉之间也。故鼎彝屡有“南淮夷”之文（虢仲盨、敔簋）。《小雅·渐渐之石·序》言“荆舒不至”，是幽王东征，叛者为荆舒而非淮夷。此东夷之三盛又三衰也。维楚在荆，故曰“荆楚”，舒亦在荆，故曰

"荆舒"。自楚熊渠伐庸，扬粤，至于鄂；而宣王征淮夷，用兵江汉，而舒乃退在扬也。

迨周室既东，淮夷犹炽。《春秋》僖十三年载："公会齐侯、宋公、陈侯、卫侯、郑伯、许男、曹伯于咸。"《左传》曰："会于咸，淮夷病杞故。"十四年，"春，诸侯城缘陵。"《左传》曰："诸侯城缘陵而迁杞焉。"《公羊传》曰："诸侯城缘陵。孰城之？城杞也。曷为城杞？灭也。孰灭之？盖徐，莒胁之。"是事起于淮而祸被于杞，此东夷之复盛也。《春秋》僖十六年载："冬十二月，公会齐侯、宋公、陈侯、卫侯、郑伯、许男、邢侯、曹侯于淮。"《左传》曰："会于淮，谋鄫，且东略也。"杜注："鄫为淮夷所病故。"是时，徐与淮夷合兵而淮夷病杞，又病鄫，故鲁兴师伐之。《鲁颂·闷宫》颂僖公曰："奄有龟、蒙，遂荒大东，至于海邦，淮夷来同。"又曰："保有凫、绎，遂荒徐宅，至于海邦，淮夷、蛮貊。"《鲁颂·泮水之诗》曰："既作泮宫，淮夷攸服。"又曰："既克淮夷，孔淑不逆，式固尔犹，淮夷卒获。"又曰："憬彼淮夷，来献南琛，元龟象齿，大赂南金。"自是厥后，淮夷厚鲁。故范献子曰："季氏甚得其民，淮夷与之。"（《左传》昭公二十七年）《春秋》载：僖十五年"春，楚人伐徐。三月，公会齐侯、宋公、陈侯、卫侯、郑伯、许男、曹伯盟于牡丘。遂次于匡。公孙敖帅师及诸侯之大夫救徐。""秋七月，齐师、曹师伐厉。""冬，……楚人败徐于娄林。"《左传》曰："楚人伐徐，徐即诸夏故也。""盟于牡丘，寻葵丘之盟，且救徐也。""伐厉，以救徐也。""楚败徐于娄林，徐恃救也。"是春秋前期，东夷或附诸夏；及至楚与吴、越迭兴，则又有转而服从楚及吴、越者。《春秋》昭四年载："夏，楚子、蔡侯、陈侯、郑伯、许男、徐子、滕子、顿子、胡子、沈子、小邾子、宋世子佐、淮夷会于申。""秋七月，楚子、蔡侯、陈侯、许男、顿子、胡子、沈子、淮夷伐吴。”是淮夷之从楚也。《左传》哀十九年载：“秋，楚沈诸梁伐东夷，三夷男女及楚师盟于敖。”杜注：“从越之夷三种。”是九夷中又有从吴、越者。故《墨子·非攻中》曰：至夫差之身，东而攻越，“九夷之国，莫不宾从”。《说苑·君道》载：“越王勾践与吴人战，大败之，兼有九夷。”《淮南子·齐俗》云：越王勾践“南面而霸天下，泗上十二诸侯皆率九夷以朝”。皆其事也。《秦策三》云：“楚苞九夷，又方千里。”《魏策一》云：“楚破南阳九夷，内许、沛，鄢陵危。”《李斯列传》云：秦惠王“西并巴蜀，北收上郡，南取汉中，包九夷，制鄢郢”。盖秦又伐楚而取其地。至秦一统，而“淮泗民皆散为民户”矣(《东夷列传》)。此淮夷本末之略可考见者也。岂若《禹贡》青州之莱夷，自鲁襄公六年为齐所灭遂不见于经传者哉！

观乎东夷之“叛”与“征”，其在鲁，在徐，在淮，在荆，而东夷之进退、盛衰之情可察也。其盛也则举族北上，故汪芒之君，封嵎之守入居曹卫之郊，而九夷包乎鄢郢。其衰也则国以南徙，徐、奄则自鲁而淮，舒则弃荆入扬。其在春秋之世，东夷之族殆为最繁。郑玄《诗谱》云：“南国诸侯，政之兴衰，何以无变风？”“徐及吴、楚，僭号称王，不承天子之风，今弃其诗，夷狄之也。其余江、黄、六、蓼之属，既驱陷于彼俗，又亦小国，犹邾、滕、纪、莒之等，夷其诗蔑而不得列于此。”是郑以江、黄、六、蓼皋陶之胤并为夷也。杞用夷礼(《左传》僖二十七年)、滕由狄道(《穀梁传》隐七年)，莒辟陋在夷(《左传》成八年)，而邾又夷也(《左传》昭二十三年)，是此“邾、滕、纪、莒之等”亦为夷也。盖驱陷而变于夷者之多。《江汉·毛传》曰：“淮夷，东国，在淮浦而夷行也。”江、黄、滕、杞诸国，殆亦犹是。任、宿、须句、颛臾、根牟、介、郯之属，皆介乎夷夏之间，而以舒、徐、淮夷、吴、越为最。然淮泗之事，实枢纽于宋，宋在春秋前盖颇得东夷地，后乃蔚为大国也。然此淮泗汉东之夷，固多嬴、偃之族，盖与少昊同其族类，太古同为海岱之族，特两皞、皋陶之胤进化或先，而此东夷仍保其椎朴耳。所谓“子孙或在中国，或在夷狄”者也。故此诸国究与“饮食衣服不与华同，贽币不通，言语不达”者异类。且又或与诸夏亲昵，或服事诸夏，或“即诸夏”，故楚伐徐而诸夏救之。《穀梁传》谓：吴“欲因鲁之礼，因晋之权，而请冠端而袭其藉于成周以尊天王”（哀十三年）。此诸国者虽或荐食上国而蒙封豕长蛇之诮，然与齐鲁诸国通使盟会究无异于诸夏之邦也。是春秋之世，东方夷夏之防已始泯矣。

## 瓜州与三危

《左传》襄十四年载范宣子曰：“姜戎氏，秦人迫逐乃祖吾离于瓜州。”昭九年载詹桓伯曰：“先王居梼杌于四裔，以御螭魅，故允姓之奸，居于瓜州。”杜预注曰：“言四裔则三苗在其中。允姓，阴戎之祖，与三苗俱放三危者。瓜州，今敦煌。”此“居梼杌于四裔”，即“窜三苗于三危”事。杜预说瓜州当于三危求之则是，而以瓜州在敦煌则非也。《汉书·地理志》于敦煌县言：“杜林以为古瓜州，地生美瓜。”云“杜林以为”，知古无此说。元凯即据杜林，非古义也。春秋之时，秦之迫逐姜戎，当不得远达敦煌也。且其地与三危敻隔。《夏本纪·索隐》载郑玄引《河图》及《地说》云：“三危山在鸟鼠西南，与岐山相连。”《御览·地部》引《河图括地象》曰：“三危山，在鸟鼠之西南，与汶山相接。”即郑玄所本。“汶”、“岷”古同纽字通，《禹贡》“岷嶓既艺”，“岷山之阳”，“岷山导江”,《夏本纪》皆作“汶”。“汶”又或写为“岐”,与“岐”形近,《索隐》“岐山”,字之误也。故《禹贡·疏》载郑玄引《地记书》(或即《地说》)云:“三危之山在鸟鼠之西南当岷山。”《汉书·司马相如传》师古注引张楫曰:“三危山在鸟鼠山之西,与岷山相近。”《续汉郡国志》陇西郡首阳县刘昭《注补》引王隐《地道记》曰:“有三危,三苗所处。”说与《续汉书》合。《后汉书·西羌传》曰:“西羌之本,出自三苗。……及舜流四凶,徙之三危,河关之西南羌地是也。”李贤注:“以上并《续汉书》文。”是三危在陇西之说,汉晋皆同。《太平寰宇记·瓜州》引阚骃《十三州志》云:“瓜州之戎为月氏所逐,秦并六国,筑长城,西不过临洮,则秦未有此地。”知阚骃说瓜州在临洮西,与张楫、王隐说三危在陇西最合。是汉晋说三危、瓜州皆在今青海之河南。知杜预以三危求瓜州为有据。《魏书·世祖纪》载:太平真君六年讨吐谷浑,“高凉那军到曼头城,慕利延驱其部落西渡流沙,那急追,故西秦王慕璝世子被囊逆军拒战,被囊轻骑遁走,中山公杜丰精骑追之,度三危,至雪山,生擒被囊。”是三危所在,北朝史家犹有所记。《隋书·地理志》,曼头城在河源郡。《读史方舆纪要·西宁镇》谓曼头城在西宁西北。“流沙”即晋宋之沙州,《宋书·吐谷浑传》载:“其国西有黄沙,南北一百二十里,东西七十里,不生草木,沙州因此为号。”故吐谷浑世领沙州刺史。是三危当在陇西沙州,不涉敦煌。《水经·禹贡山水泽地所在》言:“三危在敦煌。”盖亦承杜林之说而误。郦道元注谓:“在鸟鼠山西,即《尚书》所谓‘窜三苗于三危’也。”是犹存古说,其意不同桑经。至唐置瓜州、沙州于河西,后遂无知三危、瓜州在河南者。清代经师求汉师三危之说虽推源郑君,而于瓜州古义犹未之知,惜也。

## 羌氐与叟賨及其北迁

《后汉书》言：羌无弋爰剑者，秦厉公时为秦所拘执，不知何戎之别也。后得亡入三河间，诸羌共畏事之，推以为豪，其后世世为豪。“至爰剑曾孙忍时，秦献公初立，兵临渭首，灭狄貆戎。忍季父卬畏秦之威，将其种人附落而南，出赐支河曲西数千里，与众羌绝远，不复交通。其后子孙分别，各自为种：或为牦牛种，越嶲羌是也；或为白马种，广汉羌是也；或为参狼种，武都羌是也。忍及弟舞独留湟中。”“自爰剑后，子孙支分，凡百五十种，其九种在赐支河首以西，及在蜀汉徼北，前史不载口数。唯参狼在武都，胜兵数千人，其五十二种衰少不能自立，分散为附落，或绝灭无后，或引而远去。其八十九种，唯钟最强，胜兵十余万。发羌，唐旄等绝远，未尝往来。牦牛、白马羌在蜀汉，其种别名号不可纪知也。”羌自为姜氏之戎，出自三苗。爰剑之种，范言“不知何戎之别”。然爰剑于厉公时为秦所拘执，考厉公时屡有事西戎，史载：厉公十六年“伐大荔，取其王城”；二十年“公将兵与绵诸战”；三十三年“伐义渠，虏其王”（《史记·秦本纪、六国年表》）。则爰剑者，其大荔、绵诸、义渠之种欤！范氏叙槃瓠事，李贤注：“此以上并见《风俗通》”；叙廪君事，李贤注：“此以上并见《代本》（即《世本》）；叙西戎事，李贤注又往往以为《竹书纪年》。此爰剑事当亦本之故书所记，宜先于《史记》，但不能悉知所本耳。爰剑以大荔、绵诸、义渠之种，而诸羌推以为豪，岂大荔、绵诸、义渠亦西羌之支庶乎？范书叙爰剑子孙，详于烧当一系，而略于牦牛、白马、参狼各系，又发羌、唐旄绝远，未尝往来，则又一系也。其种别名号虽不可纪知，然其部族之移徙、形势之盛衰亦可略推也。

范书言羌人支分西南下,《西南夷列传》又有“皆氐类也”之文,遂来后贤羌氐为一之说。然范书言羌“被发为俗”,“产牧为业”,“不立君长,无相长一”。《魏略》言:“氐人有王,所从来久矣”,“俗能织布,善田种,畜养豕、牛、马、驴、骡。……皆编发。其嫁娶有似于羌”。则汉魏以来之氐自与羌异,不得为一种也。以迁书:夜郎、靡莫、滇、邛都,“皆魋结,耕田,有邑聚”;桐师至楪榆为巂、昆明,“皆编发,随畜迁徙,毋常处,毋君长”;徙、莋都,其俗“或土著,或移徙”。则其类固繁,决非曰羌、曰氐足以概之。

《晋书·李特载记》言:特,宕渠賨人,汉末,賨人迁于杨车坂,号为杨车巴;魏克汉中,迁于略阳,北土复号之为巴氐。则氐者固中原人士目此西南之族而名之耶!《汉晋春秋》载诸葛亮《后出师表》云:“賨、叟、青羌,散骑、武骑”;《刘二牧传》载:刘璋遣张肃送叟兵三百人于曹公;《后汉书·刘焉传》载:焉遣叟兵五千人助刘范;《董卓传》载:吕布军有叟兵内反。孔颖达《书疏》云:“叟者,蜀夷之别名。”则蜀夷每谓之叟也。《华阳国志》云:武都“有瞿堆百顷,险势,氐傁常依之为叛”;阴平,“人民刚勇,多氐傁”;又云:杨阜“移其(武都)氐傁于汧、雍及天水、略阳”;又有“氐傁杨濮”,“氐傁齐万年”,“氐傁杨茂搜”。此并《魏略》、《晋书》以下所谓之氐,实亦傁也。宕渠之賨人,入汉中得氐名,傁亦以至武都而曰氐傁,岂賨、傁者为蜀所旧名,而秦汉之交则呼賨、傁以氐也。据《三国志》、《华阳国志》所载,南中亦多叟人,《南中志》云:“夷人大种曰昆,小种曰叟”;“越巂叟帅高定元”,“建宁孟获说夷叟”,“秦臧长周昺合夷叟谋”,晋宁郡“元封二年叟夷反”。《大同志》:“南夷校尉遣叟兵助(罗)尚”。《张嶷传》云:“越嶲郡自丞相讨高定之后，叟夷数反。"《李恢传》言：诸葛平南后，"赋出叟、濮"。则仇池以南并蜀西南徼外，并谓之叟也。然其在南中者谓之"叟夷"或"夷叟"，其在仇池者乃谓之氐傁，二者疑又有别也。《魏略》言："氐人有王，所从来久矣。……其种非一，称槃瓠之后，或号青氐，或号白氐，或号蚺氐。"《宋书·氐传》言："略阳清水氐杨氏，世居陇右。"则青氐即清水氐也。白氐为白马氐，蚺氐则冉駹也。《魏书·氐传》又出"故氐"之名，曰："自汧渭抵于巴蜀，种类实繁，或谓之白氐，或谓之故氐。""故"盖"蚺"字之讹欤！此诸氐者名号颇殊，所谓"其种非一"者也。其"称槃瓠之后"者，殆又以来自南方者耶，不可详矣。《李特载记》言："特，巴西宕渠人，其先廪君之苗裔也。……秦并天下，以为黔中郡，薄赋敛之，口岁出钱四十。巴人呼赋为賨，因谓之賨人焉。"常氏《巴志》言：宕渠"盖故为賨国，今有賨城。"《刘二牧志》又言：庞羲"辄召汉昌賨民为兵"。《后汉书》亦言：巴郡板楯蛮"岁入賨钱口四十"。则板楯亦賨人也。范书又言：长沙、武陵蛮"岁令大人输布一匹，小口二丈，是谓賨布"。则武陵蛮亦称賨赋也。殆后汉以降，蜀徼外谓之傁，巴以往谓之賨，賨、傁北上并蒙氐称，賨之东见，又有蛮名。语其系别，殆皆廪君、槃瓠之裔，与湟中之羌迥异。常氏《蜀志》又言："汶山曰夷，南中曰昆明，汉嘉、越嶲曰筰（或作嶲），蜀曰邛，皆夷种也。"是蜀徼外之族细名亦多。儴、蜑、賨、蛮，又巴以往之细别也。以是论之，范书所谓"留湟中"者，方得为羌；而蜀汉徼外者曰氐、曰羌似皆不可，曰賨、曰傁，亦不过其大别；曰槃瓠之裔，曰廪君之裔，曰夜郎竹王之裔，曰哀牢九隆之裔，……以此为族别，倘近之也。



范书言：白马氐"居于河池，一名仇池，方百顷，四面斗绝。

……(建武时)隗茂反,杀武都太守,氐人大豪齐钟留为种类所敬信,威服诸豪,与郡丞孔奋击茂,破斩之。后亦时为寇盗,郡县讨破之。"则齐氏实先居仇池者,即白马氐也。及晋元康齐万年之叛,围泾阳(平凉),战六陌(乾州),杀周处;及孟观战于中亭(扶风),获齐万年;逮于苻坚,有九嵕(陕西醴泉)氐酋齐午,此氐之齐氏,钟留之裔,白马之族也。万年以来,并弃仇池而居于渭水流域;仇池之险,杨氏来居之。

《魏略》言:"氐人有王,所从来久矣。自汉开益州置武都郡,排其种人,分窜山谷间,或在福禄,或在汧陇左右。其种非一,称槃瓠之后,或号青氐,或号白氐,或号蚺氐。……建安中,兴国氐王阿贵,百顷氐王千万,各有部落万落。至十六年,从马超为乱。"《宋书·氐传》言:"略阳清水氐杨氏,建安中有杨腾为部落大帅。子驹勇健多计略,始徙仇池,仇池地方百顷,因以百顷为号。驹后有名千万者,魏拜为百顷氐王。千万子孙名飞龙渐强盛。子名戊搜,晋惠帝元康六年,避齐万年之乱,率部落四千还保百顷。"(节引)则杨氏为清水氐,或即青氐也。于《魏书·氐传》言:"氐者,西夷之别种,号曰白马。(汉武帝)灭之,以其地为武都郡。自汧渭抵于巴蜀,种类实繁,或谓之白氐,或谓之故氐。建安中有杨腾为部落大帅。"(节引)据《魏书》,则杨氏亦白马氐,此白马氐之继齐氏而兴者乃杨氏也。《宋书》言其北上,故曰略阳清水氐;《魏书》言其还保百顷,故曰白马氐,并统汧渭巴蜀之氐于白马一系也。《李特载记》言:特,巴西宕渠人,其先廪君之苗裔也。秦并天下,以为黔中郡。薄赋敛之,口岁出钱四十,巴人呼赋为賨,因谓之賨人焉。汉末张鲁居汉中,大量賨人自巴西之宕渠迁于汉中杨车坂,号为杨车巴。魏武帝克汉中,特祖归之,迁于略阳，北土复号为巴氐。(《御览》引《十六国春秋》言："特祖虎归魏，魏武嘉之，迁略阳。徙内者亦万余家，散居陇右诸郡及三辅、弘农，所在号为巴人。")此族既居巴西而纳賨钱，则即为《后汉书》之巴郡板楯蛮。盖板楯亦"岁入賨钱口四十"，板楯固即賨人也。《华阳国志》云：夷人"户岁出賨钱，口四十，故世号曰白虎复夷，一曰板楯蛮，今所谓弜头虎子者也。"《隶续》有"白虎夷王谢节"，"白虎夷王资伟"，此白虎殆又賨之一支也。

《后汉书·南蛮传》言，槃瓠，今长沙、武陵蛮也。秦昭王使白起伐楚，略取蛮夷，始置黔中郡。汉兴改为武陵，岁令输布，谓之賨布。《魏书》言："蛮之种类，盖槃瓠之后，其来自久。……在江淮之间，依托险阻，部落滋蔓，布于数州，东连寿春，西通上洛，北接汝颍，往往有焉。其于魏氏之时，不甚为患；至晋之末，稍以繁昌，渐为寇暴矣。自刘石乱后，诸蛮无所忌惮，故其族类渐得北迁，陆浑以南，满于山谷，宛洛萧条，略为丘墟矣。"斯则元魏之世，槃瓠之族已益北上。而《宋书》言："荆雍州蛮，槃瓠之后也。分建种落，布在诸郡县，荆州置南蛮、雍州置宁蛮校尉以领之。"又曰："豫州蛮，廪君后也。……所在并深阻，种落炽盛，历世为盗贼，北接淮妆，南极江汉，地方数千里。"比合观之，长沙、武陵为槃瓠系，其北南郡、巴郡为廪君系，又北雍州、荆州亦槃瓠系，而豫州廪君系。且既言廪君北接淮汝，南极江汉，又言槃瓠东连寿春，西通上洛，北接汝颍，则两系布居之地多交错参互，无所于别。其见东者，诸夏同谓之蛮，其见于西者，又皆蒙氐称；同谓赋为賨，又同出黔中，岂其原为同系，传闻异辞，著录不同，遂若相违耶！抑其本自不同，虽同蒙蛮、氐之名，交错参互，仍自各别耶！是宜深究者也。冉、向、田氏，蛮中大姓也，由《周书》言之，“蛮者，槃瓠之后，族类番衍，处江淮之间、汝豫之郡。……有冉氏、向氏、田氏者，陬落尤盛。”《通鉴》言：“汝水有冉氏、向氏、田氏，种落最盛。”（卷一五〇）此皆自江南北徙汝豫者也。《隋书·王谊传》：“司马消难举兵反，……于时北至商洛，南拒江淮，东西二千余里，巴蛮多叛，共推渠帅兰雒州为主。雒州自号河南王，以附消难。”夫氐曰巴氐，蛮曰巴蛮，见其皆自巴而外徙者也。廪君事与槃瓠蛮同在黔中，东汉之世，武陵蛮之反抗最烈，吴时黄盖、潘濬当大创之，殆在大江南滨。而宕渠之亦入略阳，张昌以义阳蛮扰江汉，斯《魏书》所谓“晋末渐以繁昌”者。《南齐书》言其“咸依山谷，布在荆、湘、雍、郢、司等五州界”，而后江、淮、颍、洛并有其踪，皆巴氐、巴蛮之以次北上者也。

范汉书曰：“韩、魏共稍并伊洛、阴戎，灭之，其遗脱者皆逃走，西逾汧陇，自是中国无戎寇。”则颍洛于战国以后无他族。至曹魏以下而荆豫有蛮者，皆三国以后自南来者也。魏世槃瓠之入于氐者已达汉中，北徙三辅。于是徐整著《三五历记》首著盘古之说，任昉《述异记》称“秦汉间俗说盘古”云云。以时以地核之，则盘瓠之系北来，而后中夏有盘古之说，盘古即盘瓠也。任昉《述异记》又言“吴楚间说盘古夫妻”云云，又谓南海有盘古墓，则盘古之说起于最南，岂又越人之所传乎。

此系北上，而僚又随之北来。《三国志·注》、《华阳国志》所载，僚人皆居牂柯、兴古、永昌。《晋书·李势载记》曰：“初，蜀土无僚，至此（嘉宁初）始从山而出，北至犍为、梓潼，布在山谷，十余万落，不可禁制，大为百姓之患。……夷僚叛乱，军守离缺，境宇日蹙。”《魏书》曰：“李势在蜀，诸僚始出巴西、渠川、广汉、阳安、资中，攻破郡县，为益州大患。势内外受敌，所以亡也。”李膺

《益州记》言："李雄据蜀，李寿从牂柯引僚入蜀境。"是僚人入蜀之始尚在李势之前也。自《元和郡县志》、《太平寰宇记》、《舆地纪胜》考之，僚人北上几遍布巴蜀之境，甚且北逾巴岭，所谓"自汉中达于邛笮，川洞之间，所在皆有"也。自成汉僚始入蜀，下至唐时其北来者犹未绝，僚人之反抗亦史不绝书，入宋而后稍息，盖僚人至是已渐与汉融合也。

《晋书·苻洪载记》曰："苻洪，略阳临渭氐人也，其先盖有扈之苗裔。……始其家池中蒲生，长五丈，五节如竹形，时咸谓之蒲家，因以为氏焉。洪亦以谶文有艸付应王，又其孙坚背有艸付字，遂改姓苻氏。"然《三国志·张嶷传》载，魏明帝青龙四年，武都氐苻健请降于蜀，其弟不从，将四百余户降魏。则苻洪之先已有苻氏，魏明之际明居于武都，至晋永嘉之初，而苻洪怀归之徒已在略阳，则沿魏及晋，又北东徙。知苻氏亦自南而北，其曰有扈氏之苗裔者，固不足信也。《三国志·张既传》载，魏武于建安之二十四年，以刘备已有汉中，恐遂"北取武都氐以逼关中，……令既之武都，徙氐五万余落出居扶风、天水界。"氐之北徙，此为最要关键。以苻氏观之，魏明以后，犹复北迁。

范汉书以战国时氐在武都，汉武帝元封三年，"武都氐人反，分徙酒泉郡"。为此族北徙之最先且最远者。齐午居九峻，则至渭首。齐、杨、苻、李，氐也，日益徙而西北；冉、田、杜、向，蛮也，日益徙而东北。魏晋以降，蛮、氐由西南而日东北，而僚又继之。魏晋以来，固西南民族转移北上一大迁徙之会也。西南民族之日益北迁，诚以荆梁之域，于汉晋以来，拓地于南，新置郡县益多，人民南下益众，逼斥蛮、賨，而此族遂沿山陵疏旷之区以北走。或又以扶南林邑之于汉末而骤强，灭国多而拓地远，氐賨蛮僚，以次北上。遂以东达寿春，北至陆浑，西屇略阳，以与匈奴、鲜卑驰逐中原，所谓南夷与北夷交，中国不绝如线者非欤！

扶南之强，始于范蔓。《梁书》言：“国人共举范蔓为王，蔓勇健有权略，复以兵威攻伐旁国，……开国十余，辟地五六千里。”伯希和《扶南考》据诸书推蔓之殁年在公元205–210年间，当汉献帝建安中，则其盛时略当灵、献之世。《水经·温水注》言：“林邑之号建国，起自汉末初平（公元190–193年）之乱，人怀异心，象林有功曹姓区有子连者，攻其县，杀令，自号为王。值世乱离，林邑遂立。后乃袭代，传位子孙。三国鼎争，未有所附。……自区连以后，国无文史，失其纂代，世数难详，宗胤灭绝，无复种裔，外孙范熊代立。”《晋书·陶璜传》载太康元年璜上书言：林邑“夷帅范熊，世为逋寇，数攻百姓，……攻破郡县，杀害长吏”。前言区连以后“世数难详”，此言范熊“世为逋寇”，是林邑之兴历时已久。或以“区连”即顺帝永和二年（公元137年）率众攻象林县、烧城寺、杀长吏之象林徼外蛮夷“区怜”（见《后汉书·南蛮传》），而“初平”为“永和”之误，说宜若可从。即不如此，区氏亦汉末象林豪族，终至自立为王者也。《温水注》又言：“吴赤乌十一年，魏正始九年，交州与林邑于（古战）湾大战，初失区粟也。”王先谦谓区粟即日南郡治。《晋书·林邑传》言：范熊死，子逸立。咸康二年，逸死，奴文篡位，“于是乃攻大岐界、小岐界、式仆、徐狼、屈都、干鲁、扶单等诸国，并之。有众四五万人。”《温水注》引《江东旧事》言：“建元二年，（文）攻日南、九德、九真，百姓逃迸，千里无烟。”《林邑传》又载：“永和三年，文率其众攻陷日南，害太守夏侯览，杀五六千人。”是扶南、林邑崛起，中国且受其殃，民人奔逃且千里，则屈都、岐界等藐焉之国，其民人流亡奔散，益可概知。以轮广言之，林邑已小于扶南。盖扶南去中国远，兵刃不接，故史唯著林邑之祸而不见扶南。南裔俚、僚、蛮、蜒之族，直接、间接被扶南之侵逼，当过于林邑之祸中国。有扶南者范氏，林邑之代区氏者亦范氏，倘林邑之范即扶南之范，则扶南且并林邑而要属之也。

《晋书》言：林邑"人性凶悍，果于战斗"。扶南"丧葬、婚姻，略同林邑"。是可以测扶南、林邑之所以盛强。《隋书》记林邑丧葬言："男女截发，随丧至水次，尽哀而止。归则不哭。每七日然香散花复哭，尽七七而罢。至百日、三年亦如之。"七七、百日之礼，中国所无，则林邑、扶南之俗。然魏、齐之世，君臣之际已习行之，明载《北齐书·孙灵晖传》。则西南民族以扶南、林邑之强而北迁，巴氐、巴蛮以深入于中夏，扶南、林邑之俗且亦以之传播于中国，至于今不改。《李特载记》言："汉末，张鲁居汉中，以鬼道教百姓，賨人敬信巫觋，多往奉之。值天下大乱，自巴西之宕渠迁于汉中杨车坂。"后李特、李荡并死，李流继统部众，"士众饥困，涪陵人范长生率千余家依青城山，……资给流军粮"，故流军复振。《李雄载记》复言："雄以范长生岩居穴处，求道养志，欲迎立为君而臣之，长生固辞。"后雄迎之，"拜丞相，尊曰范贤"，"尊为天地太师"。张陵亦居青城者。见賨人与天师道关系如此。鲁以五斗米号"米贼"，而《晋书·怀帝纪》载：永嘉三年，"五斗叟郝索聚众数千为乱，屯新丰"。叟亦西南之族，岂五斗之教源于賨叟，故李氏始终崇此道耶！又奚止以蛮、氐之故，闻槃瓠之名，遂习传盘古之说，而后汉族以自附益已哉！盖七七、百日之俗，非中国、印度之礼，而林邑之礼，道教主之。倘道教即賨叟之教，以南族北上，因得入于中国欤！

# 巴蜀史的问题

# 【一】 巴蜀的区域

巴蜀这个地区,在历史上不同时期有它不同的范围:有先秦巴国、蜀国的区域,有秦灭巴蜀后巴郡、蜀郡的区域,有汉初巴郡、蜀郡的区域,有汉武帝以后巴郡、蜀郡的区域,这些都显然各不相同。更应注意的是与巴蜀同俗的区域,那就更为广阔。《汉书·地理志》(以下省称《汉志》或《班志》)于秦地说:"巴、蜀、广汉本南夷,秦并以为郡。""武都地杂氐羌,及犍为、牂柯、越嶲,皆西南外夷。武帝初开置,民俗略与巴、蜀同。而武都近天水,俗颇似焉。"于楚地说:"汉中淫失枝柱,与巴、蜀同俗。"武都是在汉时从广汉分出,而却又俗颇同秦。所以说凡与巴蜀同俗的，就是受巴蜀文化影响的地区。《山海经·海内东经》说："白水出蜀而东南流注江。"郭璞注："从临洮之西西倾山来，经沓中东流。"据《汉志》：临洮属陇西郡，是武都和陇西的东部也是蜀地。《汉书·西南夷列传》说："南夷君长以什数，夜郎最大。其西靡莫之属以什数，滇最大。自滇以北君长以什数，邛都最大。此皆椎结、耕田、有邑聚。……自巂以东北君长以什数，徙、莋（诸书或作筰、笮、苲，本文统作莋）都最大。自莋以东北君长以什数，冉駹最大。其俗或土著、或移徙。在蜀之西。自冉駹以东北君长以十数，白马最大，皆氐类也。"汉武帝开西南夷，以夜郎、且兰为牂柯郡，以邛都为越巂郡，以徙、莋都为沈黎郡，以冉駹为汶山郡，以白马为武都郡，以滇为益州郡。这在《西南夷列传》有明确记载，惟《地理志》不言益州郡风俗，但亦有故。《华阳国志》（以下省称《常志》）说："晋宁郡，本益州也，元鼎初属牂柯、越巂。汉武帝元封二年叟反，遣将军郭昌讨平之，因开为郡，治滇池上，号曰益州。"既说过越巂、牂柯的风俗，就不必再说益州了。汶山、沈黎二郡后又并入蜀郡，自然包括在蜀郡内。这些郡每郡的君长都以十数，《西南夷列传》就说过"西南夷君长以百数"。汉虽开为郡县，这些君长被封为邑君、邑长的依然存在，也有封为王、封为侯的。从民俗来看，汉所谓西南夷，可以说都是巴蜀文化所及的区域。

《常志》说：蜀"其地东接于巴，南接于越，北与秦分，西奄峨嶓"。这对蜀的疆域说出了个大概。又说杜宇"以褒斜为前门"，也就是北与秦分（后还要详说）。又说"以汶山为畜牧，南中为园苑"，也见出"西奄峨嶓"是武都、汶山两郡。武都正连接嶓冢山。《史记·秦本纪》说"丹犁臣蜀"，应即是汉的沈黎郡（从尢之字酖、耽都读丹）。秦开百越，置桂林、象郡，象郡就是越。汉昭帝废象郡，分其地属牂柯、郁林二郡，知牂柯南境即是越地，益州南境、武陵西南境也应该是越地。这是“南接于越”。汉武帝割越巂、牂柯各数县开益州郡，明帝又割益州六县及哀牢二县为永昌郡，可见越巂、永昌及益州、牂柯各郡，都是蜀的南中。这就说明除武都一郡与秦同俗而外，凡汶山、越巂、沈黎三郡和益州西部的土地都是蜀的疆域，也都是与巴蜀同俗的区域。《史记·司马相如列传》说：“邛、莋、冉駹者近蜀，道亦易通，秦时尝通为郡县，至汉兴而罢。”同传又说：“司马长卿便（《汉书》作使）略定西（《汉书》下有南字）夷，邛、莋、冉駹、斯榆之君皆请为内臣，除边关，关益斥，西至沬若水、南至牂柯为徼，通零关（灵山）道，桥孙水，以通邛都（莋）。”这可见秦时蜀郡比汉初大得多。

《秦本纪》惠文王更元十四年，“丹犁臣蜀，相壮杀蜀侯来降。”次年，“武王元年……诛蜀相壮。……伐丹犁。”《水经·江水注》：“（氐道）县（扬守敬《疏》说应为湔氐道）本秦始皇置，后为升迁县也。”秦于邛、莋、冉駹置郡县，当是事实。《常志》说：“赧王三十年，疑蜀侯绾反，（昭）王复诛之，但置蜀守。张若因取莋及其江南地。”这就是秦昭王二十二年。《秦本纪》昭王三十年（周赧王三十八年），“蜀守若伐（楚），取巫郡、及江南为黔中郡。”先后相去八年，一是莋及江南地，一是巫郡及江南地以为黔中郡。地既东西悬隔，时亦先后迥殊，可见张若为秦拓地颇广，这显然是两事。《常志》说：“蜀曰邛，汉嘉、越巂曰莋，皆夷种也。”汉时越巂郡有定莋、大莋、莋秦诸县，这是汉嘉（即西汉沈黎郡）、越巂都称莋的明证。司马相如说的“邛、莋、冉駹近蜀，秦时尝通为郡县”，应该就是张若取莋及江南地那时的事。汉分牂柯、越巂置益州郡，益州一部分原是越巂郡。汉又分益州郡西部六县置永昌郡，可见永昌郡一部分原是益州郡，也即是越巂郡。这就是所谓筰的江南地。秦于汶山、汉嘉、越巂各地皆未别置郡，应该即是蜀郡。《常志》又说："以冉駹为汶山郡、邛、筰为沈黎郡。"《水经·江水注》："沈黎郡，汉武帝元封四年以蜀郡（旧误都）西部邛、筰置（旧误邛）。"知沈黎、越巂二郡皆有邛人、筰人。《水经注》正是用《常志》原文。戴东原校《水经注》说："越巂郡治邛都，沈黎郡治筰都，不得兼言邛筰明矣。"《汉志》蜀郡严道："邛崃山，邛水所出，东入青衣。"严道，原属沈黎郡，沈黎罢，属蜀郡。严道有邛山、邛水，正不必分邛人为越巂、筰人为沈黎，那是没有必要的，也是不可能的。（戴东原又说：沈黎郡，"汉武帝元鼎六年以蜀郡西部筰都置，《汉书·武帝本纪》可证，不得系之元封四年也。"但《水经注》说汶山郡为元封四年置，《常志》也正是说汶山郡元封四〔原误六〕年置，都正证《水经注》当是依据《常志》，本和《汉志》不同。顾广圻校《常志》、戴校《水经注》，都依据《汉书》来改正，这是不必要的。《水经注》于西南区域大量用《常志》原文，是很明显的。两书相同，就是道元所见《常志》原来即是如此。既是原书本误，校者要它不误，这就不必）《史记·西南夷列传》说：庄蹻"王滇。……秦时常頞略通五尺道，诸此国颇置吏焉。十余岁秦灭。及汉兴，皆弃此国，而关蜀故徼。"滇是汉的益州郡，在秦时滇不别置郡，这也应该是属于秦的蜀郡。可见秦的蜀郡在滇池方面就比汉时境土要大些。但在汉中方面，秦的蜀郡就比蜀国时又要小些。汉兴弃滇国而关蜀故徼，邛、筰、冉駹在秦时为郡县，至汉兴而罢，汉高祖又分巴、蜀置广汉郡，就说明汉初的蜀郡和秦的蜀郡是大不相同了。汉武帝置犍为郡以后的蜀郡、巴郡就又小得多。武帝初通邛、莋置越嶲郡,《司马相如传》说南至牂柯为徼,到开益州郡时越嶲又缩小得多了。到汉罢汶山、沈黎以后,蜀郡的区域又大不相同。从蜀王时蜀的区域,到《汉书·地理志》的蜀郡区域,是有多次的变动,有很大的不同。《常志》所说蜀的疆域,事实上也只能说是秦灭蜀时的疆域。

相如《难蜀父老》说:"因朝冉从駹,定莋存邛,略斯榆,举苞蒲。"又说:"故乃关沫、若,徼牂柯,镂灵山,梁孙原。"这里邛莋和冉駹都分开说。《史记·大宛列传》载:汉武帝"发间使四道并出:出駹,出冉,出徙,出邛、僰。"刘昭引《常志》汶江有駹水,《魏略》又有蚺氏,或以冉駹原是两部。但《后汉书·西南夷列传》明以莋都、冉駹、白马为三国,冉駹肯定当为一国。文人造语常析辞为文,如《古文苑》载班固《泗水亭碑铭》有"诛项讨羽"之句,决不能据此说项羽是二人。斯榆又称徙都,《汉志》有徙县(治今天全)。苞蒲,服虔说"夷种也",不知即谯周"苴读若苞"之"苴"否?总之,劳深、靡莫之类,种落很多,已不能详考了。所谓"关沫若",沫水即《汉志》的大渡水,后称青衣水。所谓若水,即今雅砻江,下流名打冲河。这是汶山、沈黎、越嶲三郡的西界。《常志》说:庄蹻留王滇池,"因名且兰为牂柯国"。"秦并蜀,通五尺道,置吏主之。"可见滇池即牂柯地,越嶲南境即与滇池接壤,这就是所说的"徼牂柯"。《汉志》越嶲郡有灵关道。《水经·沫水》:"沫水出广柔徼外,东南过旄牛县北,又东至越嶲灵道县。"此沫水即《司马相如传》之沫水,是青衣水的上源;《汉志》的渽水、《水经·江水注》的涐水才是大渡河。沫水不应该东至越嶲。沫水经过的灵关在后来的芦山县,《水经》说"越嶲灵道县",是由于没分清两个灵关而致误。《太平寰宇记》(以下省称《寰宇记》)卷七十七载:“灵关山在(雅州芦山)县北二十里,峰岭嵯峨。”“灵关镇在县北八十二里,四面险峻,控带蕃蛮。”唐贞元时,韦皋攻吐蕃,分兵出西山灵关即此。《通典·州郡典》也说“雅州芦山有灵山关”,这才是“镂灵山”的灵山。《汉志》越嶲郡台登县(治今冕宁县泸沽):“孙水南至会无入若。”《水经·若水注》:“(孙)水出台高县,即台登县也,孙水一名白沙水。”《元和郡县志》(以下省称《元和志》)谓之“长江水”,今名安宁河,这是所谓“梁孙原”的“孙原”。这是通沈黎、越嶲的两条交通线。

《常志》说:“晋宁县,本益州也。元鼎初属牂柯、越嶲,汉武帝元封二年……开为郡,治滇池上,号曰益州。”司马相如所谓“徼牂柯”,就是说越嶲原和牂柯接境,分牂柯、越嶲置益州郡,因之越嶲、牂柯才不相接。《汉志》说犍为、牂柯、越嶲“民俗略与巴蜀同”,不言益州,是因为益州原来就是越嶲、牂柯的缘故,可知益州民俗亦与巴蜀略同。《后汉书·西南夷列传》说:“滇王者,庄跻之后也。元封二年,武帝平之,以其地为益州郡,割牂柯、越嶲各数县配之。后数年,复并昆明地,皆以属之。”这里比之《常志》对益州郡的建置说得更清楚。东汉又割益州西部六县入永昌郡,可见越嶲、牂柯和益州,先后也有些变动。犍为一郡的变动,先后就很繁复。《常志》:“犍为郡,孝武建元六年置,时治鳖县。”“元光五年,郡移治南广。”“孝昭元年,郡治僰道,后遂徙武阳。”《水经注》亦略同此说,王先谦疑治鳖县是郦道元的错误,是不对的。正因为夜郎听唐蒙约才置犍为郡,所以就治鳖县。元鼎六年因斩且兰王置牂柯郡,治且兰。《常志》说分犍为置牂柯郡,足补《汉志》所略。鳖和且兰接近,既置牂柯郡,鳖县划属牂柯,自然犍为就要移治南广。惟《常志》说在元光五年,则疑有误。元封二年分牂柯置益州,可能是此时犍为移治僰道。《常志》说:“朱提郡,本犍为南部(都尉),孝武帝元封二年置,属县四。建武后省为犍为属国。”似西汉曾设过朱提郡,疑未必然。《续汉郡国志》犍为属国:《注》云:“故郡南部都尉,永初元年以为犍为属国都尉。”汉既置犍为南部都尉,然后犍为郡徙治武阳,这也许是孝昭元年的事。《班志》犍为郡,应劭注曰:“故夜郎国。”夜郎内附,汉始置犍为郡治鳖县,可说犍为是夜郎国。但分牂柯以后的犍为,就不能说是夜郎国了。《水经》:江水“东南过犍为武阳县”,郦道元注说:“县故大夜郎国。”因犍为郡最后治武阳,道元不察,以为夜郎故国就在武阳(今彭山县),就更错了。《常志》说:“(元鼎)六年分广汉置犍为郡。”犍为东北部分原属广汉,虽无其他记载可考,却于事理亦合,但不能说犍为全境都从广汉分出。可见每增设新郡,各郡都不免有些变动。广汉郡初治广汉县乘乡(今射洪县境),正足见其南境尚远。既置犍为郡以后,广汉的郡治也就要向北移动了。

常氏《巴志》说:“其地东至鱼腹,西至僰道,北接汉中,南极黔涪。”这里所说巴国的疆域,只能说是巴为楚所侵后为秦所灭时的情况。《燕策》载苏代说燕王曰:“蜀地之甲,轻舟浮于汶,乘夏水而下江,五日而至郢。汉中之甲,乘舟出于巴,乘夏水而下汉,四日而至五渚。”这说明汉水流域是有巴的国土。《史记·周本纪·正义》引《括地志》说:“房州竹山县及金州,古卢国也。”《秦始皇本纪·正义》引《括地志》说:“房陵,即今房州房陵县,古楚汉中郡地也,是巴蜀之境。”可见金州、房州都是古时卢国的地方,后来为巴国的领土,再后为楚所有,终为秦所吞并。《秦本纪·正义》引《括地志》:“上庸,今房州竹山县及金州是也。”《楚世家·正义》引《括地志》:“房州竹山县,本汉上庸县,古之庸国。”这片庸国土地,在公元前611年秦、楚、巴三国灭庸后,又才为巴所有。《楚世家》说:“(怀王)十八年,秦使使约与楚亲,分汉中之半以和楚。”而靳尚说“今将以上庸之地六县赂楚”,正说明上庸也是秦、楚的汉中地域。可知汉水以西,南至竹山县还是巴境,不仅汉水经过的地方才是巴境。《楚世家》说:“楚之故地汉中、析、郦,可得而复有也。”这看出同是楚之故地,但析、郦是不属于汉中的。《水经》湍水出郦县,均水出析县,二水都自北而南,恰好是汉中的东界,也可说是巴国的东界。《常志·蜀志》说:“(周赧王)三年,(秦)分巴、蜀置汉中郡。”可见汉中郡的西面部分是蜀地,东面部分是巴地。在春秋鲁桓公的时候,巴和楚伐邓南鄙鄾人,又与楚伐申。申、邓都在巴的北境,自然是巴的北境到达汉中,才能伐申伐邓,巴的疆域已与秦的南阳郡接境。从《秦本纪》看出南阳原就有上庸部分地方。《路史·国名记》戊引《吕氏春秋》说:“晋文公西伐巴蜀。”河南内乡县以北及卢氏县,是春秋所谓晋阴地,晋有阴地之命大夫。明瞭了巴和晋的国境,对晋文公伐巴蜀就可理解了。

《史记·秦本纪》昭襄王三十年,“蜀守若伐(楚)取巫郡,及江南,为黔中郡。”这是楚原有巫郡,后来秦把巫郡并入了黔中,汉又把黔中郡改为武陵郡。清代学者考证巫郡,仅说湖北之恩施、建始和宜昌的巴东三县是楚的巫郡。《御览》卷一七一引《十道志》说:“施州清江郡……春秋时巴国,七国时为楚巫郡地。”这说巫郡原也是巴国的境土。战国时的郡都比较大,又都是在边境国防线上,仅仅以施州说巫郡就太小了,决不足以当战国一个郡的境土。施州北至房州，凡楚和巴接壤的地区是不能不置郡的。《水经注》说："江水又东迳巫县故城南，县故楚之巫郡也，秦省郡立县，以隶南郡。"《通典》以为即归州巴东县地，这证明了巫郡一部分是并入于南郡的。《盐铁论·险固》说："楚自巫山起方城，属巫、黔中，设扞关以拒秦。"这里说的方城，是庸的方城，在湖北竹山县，即是唐的房州。可知从竹山县起即称巫山，直到巫、黔中都设扞关以拒秦，应该和施州原是一郡。《楚策》说：襄王时"庄辛去之赵，留五月，秦果举鄢、郢、巫上、蔡、陈之地。"这里的蔡是高蔡，在楚的西境，正是《荀子·强国》说的"子发将，西伐蔡，克蔡，获蔡侯"。巫上、鄢、郢并举，知其必然境地相接，应当是在上庸之南，因为地居长江之北，故称巫上。《晋书·地理志》上庸郡有北巫县，在竹山，北巫正是巫上的意思，可以说从施州北至房州都是楚的巫郡。房州、施州，从唐人说都是巴地，自然巫郡全部也都是巴地。《楚世家》说"蜀伐楚，取兹方"，《正义》说是荆州松滋县。《左传》庄十八年，"巴人叛楚而伐那处，……楚子御之，大败于津"，在今宜都。可知松滋、宜都原是楚的西境。《左传》文十六年，"麇人率百濮聚于选"，在今枝江。可知枝江不是楚地，这里应该是巴的东境。巴楚接壤，正在松滋、枝江之间。《吕氏春秋·简选》说："吴阖庐选多力者五百人，利趾者三千人，……东征至于庳庐，西伐至于巴蜀。"柏举之战，正是阖庐的事，吴师入郢在江陵，西伐到枝江地区，显然是可能的。

李斯《谏逐客书》说："惠王用张仪之计，拔三川之地，西并巴、蜀，北收上郡，南取汉中，包九夷，制鄢、郢。"《秦策》谓"楚苞九夷，又方千里"。可见秦并巴蜀以后，秦有九夷。楚的鄢、郢，已在危迫之中。也就是巴、楚之间,原有九夷,是很显然的。既说“又方千里”,面积就应该很广大。巴之东,楚之西,古有群蛮,有百濮,有麇,有罗,有鄀,有高蔡,有賨,有卢,其南又有槃瓠之族,种类甚多,在古籍中都可考。知巴、楚间有九夷所居,其属楚属巴,先后不一。巴、楚在这里是否有明确的疆界,是不易论断的。秦惠王有巴中,巴蛮世尚秦女,知九夷和秦、楚的关系,只不过是略为羁縻而已。

# 【二】巴 黔 中

《史记·秦本纪》说:“孝公元年,河山以东强国六。”“楚自汉中,南有巴黔中。”张守节《正义》说:楚“南有巴渝,过江南有黔中”。这是分巴渝、黔中为二,自古未闻渝州为楚所有。《常志》说:张仪“取巴,执王以归,……仪城江州。”可见巴到灭亡之时犹有江州,自然楚不得有渝州之地。顾观光疑“巴黔中”一语,因之毫无根据的就改巴为巫,而为“巫黔中”。也是因为孝公时巴国尚存,楚自不能有巴,所以才发生这些异义。杜佑《通典》说:唐“黔中郡(治今彭水)……春秋、战国皆楚地,秦惠王欲楚黔中地,以武关外地易之,即此是也。通谓之五溪,秦属黔中郡。”又说："宁夷郡（今酉阳等地）……历代土地与黔中郡同。"彭水、酉阳都在四川，汉属巴郡，可见巴的境内原有黔中。颜师古注《西南夷列传》"巴黔中"一语说："黔中即今黔州是，其地本巴人也。"这说明在川境之黔中，原为巴人之黔中。《秦本纪》说：楚"南有巴黔中"，正是楚夺了巴人黔中地，所以称巴黔中。《常志》说："巴、楚数相攻伐，故置扞关、阳关及沔关。"《括地志》说："阳关，今涪州永安县治阳关城也。江关，今夔州鱼腹县南二十里江南岸对白帝城是。扞关，今峡州巴山县界。"（《通鉴地理通释》卷十、《战国策地名考》卷六）唐时永安在今长寿县，鱼腹在今奉节县。可见长寿以东、大江之南，在秦孝公时已皆为楚地，这原来是巴的黔中之地。

自李吉甫作《元和郡县图志》始为异义，他说："黔州本汉涪陵县，……晋永嘉后地没蛮夷。经二百五十六年，至宇文周保定四年，涪陵蛮帅田思鹤以其地内附，因置奉州，建德三年改为黔州，隋大业三年又改为黔安郡。因周、隋州郡之名，遂与秦、汉黔中郡犬牙难辨。其秦黔中郡所理，在今辰州西二十里黔中故郡城是，汉改黔中为武陵郡……今辰、锦、叙、奖、溪、澧、朗、施等州，实秦、汉黔中郡之地，而今（谓唐）黔中及夷、费、思、播、隔越峻岭，东有沅江水及诸溪并合东注洞庭湖，西有巴江水，一名涪陵江，自牂柯北历播、费、思、黔等州北注岷江。以山川言之，巴郡之涪陵，与黔中故地炳然分矣。"自是以后，宋白、胡三省及清之顾景范、全祖望等，尽皆祖述其说，只以汉之武陵在今湖南者为秦黔中，汉之涪陵在今四川者不得为古黔中。一似北周名涪陵为黔中，是毫无历史根据。但《常志》说：巴国"北接汉中，南极黔涪"。涪陵有黔名，东晋人还这样说，就不能认为周、隋都没有根据。况《通典》说："黔中郡，黔州……秦惠王欲楚黔中地，以武关外地易之，即此是也。"唐黔中郡治今彭水县，只能用汉的涪陵来解释，而决不能用汉的武陵来解释（详辨见下）。杜佑、颜师古而外，张守节在《秦本纪》释黔中云："今黔府也。"释"及江南为黔中郡"引《括地志》说："黔中故城在辰州沅陵县西二十里江南，今黔府亦其地也。"是把辰州和涪陵都认为古黔中，这本是不错的。因为司马错先已拔楚黔中，后来张若又取巫郡及江南为黔中郡，所以他就以辰州和黔府两处并举。《御览》卷一七一引《十道志》也说："黔州黔中郡……战国为楚黔中地。秦昭王伐楚置黔中郡，其地又属焉。"可见唐人都说涪陵为楚黔中地，这即是巴黔中。李吉甫以后，才认涪陵不得为黔中。唐时于黔州置都督府，故诸家又称黔府。司马错取楚商于之地为黔中郡，当时郡治可能在枳，即今涪陵。张若取江南地为黔中郡，在后为辰州，因汉武陵郡在辰州就说秦黔中在此，似为后来之误。

《汉书·西南夷列传》说："楚威王时（今本《常志》也说威王，颜注《汉书》和《史记·正义》引《常氏》和范氏《后汉书》、《水经注》都作顷襄王），使将军庄蹻将兵循江上，略巴黔中以西。……蹻至滇池，方三百里，旁平地肥饶数千里，以兵威定属楚。欲归报，会秦击夺楚巴黔中郡，道塞不通，因乃以其众王滇，变服，从其俗以长之。秦时，常破略通五尺道，诸此国颇置吏焉。十余岁，秦灭。及汉兴，皆弃此国，而关蜀故徼。"这里两次说巴黔中，和《秦本纪》是相合的。颜师古注《西南夷列传》"巴黔中"一语说："黔中即今黔州是，其地本巴人也。"唐的黔州治今彭水，也就是汉的涪陵。颜和张守节、杜佑诸家的解释是一致的。从这一水道更可看清司马错取楚黔中那回事了。常氏《巴志》说："司马错自巴涪水取楚商於地为黔中郡。”又说：“涪陵郡，巴之南鄙，从枳南入，溯舟（旧作析丹，今从《水经·江水注》校改，但刘昭注《郡国志》引《常志》仍作析丹）涪水，本与楚商于之地接。秦将司马错由之取商於地为黔中郡也。”《蜀志》又说：“司马错率巴蜀众十万，大舶船万艘，米六百万斛，浮江伐楚，取商於之地为黔中郡。”合三处的文字来看，这里的浮江伐楚，是溯舟涪水，是从黔江去的。可知巴涪水正是说巴的涪水，也就是今之乌江。涪水的上游遵义一带都是黔中，就说明楚黔中一地不仅限于汉之武陵，而是包括了今遵义一带一大片地区。明是汉的武陵郡小于秦楚的黔中郡。秦时“诸此国颇置吏焉”。当是秦的兵力早已及于滇境，应该就是司马错取楚巴黔中的事。秦已有滇池地区，所以《刀剑录》把滇说为黔中。

《秦本纪》惠文王初更九年，司马错伐蜀灭之，时为周慎王五年（公元前316年）。《史记·张仪列传》载：“秦要楚欲得黔中地，欲以武关外易之。”楚怀王说：“愿得张仪而献黔中地。”（《楚世家》作秦约“分汉中之半以和楚”）《秦本纪》昭王十年（《六国年表》在八年，即公元前299年），楚怀王入秦。《楚世家》说：秦“要以割巫黔中之郡”。秦已得巴蜀，就希望得到黔中。这自然是指在西的巴黔中，和巴蜀是接境的。《秦本纪》昭王二十七年（公元前280年），“使司马错发陇西，因蜀攻楚黔中，拔之”。这是在秦灭巴蜀以后三十六年的事。因两次要求楚割让黔中不可得，遂以兵侵略取之，这是司马错的事。这是在西面的黔中，就是汉的涪陵。到昭王三十年，“蜀守（张）若伐楚取巫郡及江南为黔中郡”，这是在东面的黔中，就是汉的武陵，这是张若的事。地方是两部分，前后用兵是两次，攻取是两人，显然是有分别的。再看这一段时间，秦人在东面对楚用兵的进展，是次第自北而南。昭王十五年，白起攻楚，取宛（今南阳）。二十八年，白起攻楚，取鄢、邓、西陵。二十九年，白起攻楚，取郢，为南郡，楚王亡走陈。三十年，张若取巫郡及江南，为黔中郡。在白起从内乡、南阳攻取楚地到宜昌、江陵以后，自然才有攻取武陵的可能。《白起列传》说他“因取楚定巫、黔中郡”，显然是白起、张若同时进兵。就可见秦人在东面的兵力没有攻到江陵、宜昌以前，是无法取得江南黔中（武陵）的。就更可看出《张仪列传》和《楚世家》两次所说秦要割黔中，是西面涪陵的黔中，而不是东面武陵的黔中。《常志》“南极黔涪”一语，在这里更可证明。司马错取的是西部黔中，是涪陵；张若取的是东部黔中，是武陵；本是先后两事也清楚了。《楚世家》在顷襄王二十二年（即秦昭王三十年）说：“秦复拔我巫黔中郡。”《六国年表》只说“秦拔我巫黔中”，无“复”字。这是后来校书的人只看见秦两次取黔中，不知本来是两部分地方。却在《楚世家》妄加了个“复”字。《年表》无复字是正确的。司马错用十万之众，溯舟涪水，这样的大兵是向西而不是向东。秦在滇置吏，就是这次大军远征的结果。《十道志》说：“施州清江郡……春秋时巴国，七国时楚巫郡。”湖北的施南都是巴国的土地，施南以西的巴黔中，更显然是巴国了。颜师古的《注》是不错的。《水经·沅水注》说：“汉高祖二年割黔中故治为武陵郡。”可见武陵郡是黔中的一部分。汉的涪陵、武陵，在六国时俱名黔中，涪陵这部分黔中原是巴子国地。所以《常志》说“涪陵本巴之南鄙”，颜师古说“黔中其地本巴人也”。因为原是巴人之地，后为楚有，就称之为巴黔中，以别于武陵之楚黔中。巴黔中又为秦所夺，就称之为楚巴黔中。这在《史记·西南夷列传》前后分得极为清楚。牂柯其俗与巴蜀同，可以说明这就是巴的境土，就是巴黔中。汉中上庸是巴地，施州及其以北直到房州，凡枝江以西皆楚的巫郡，也是巴地。施州以西，汉的牂柯，也是巴地。这就说明巴、蜀两国的土地，都不限于今天的川境。

秦时的巴郡，比之六国时的巴国，就小了很多。北面的汉中郡，大部分是巴地。把楚的巫郡并入黔中（汉时才并入南郡）的部分，也是巴地。把巴黔中也并入了黔中郡。到汉高帝又分巴、蜀置广汉郡，汉武帝又分巴、蜀置犍为郡，汉的巴郡比之秦的巴郡就又小了一些。《西南夷列传》说："常頞略通五尺道，诸此国颇置吏焉。十余岁，秦灭。及汉兴，皆弃此国。"可见汉初对滇和夜郎诸国都放弃了，到汉武帝又才恢复。秦分巴、蜀置汉中郡，未置汉中郡之前，汉中就是巴蜀。汉分巴、蜀置广汉郡，又分广汉置武都郡；未置武都之前，武都即广汉地，广汉也即是巴蜀。分巴、蜀置犍为，又分犍为置牂柯；未置牂柯之前，牂柯即犍为地，犍为即是巴蜀。大体是可以这样理解的。但汉的牂柯、益州南境都很远，巴、蜀的国境是不能这样远的。汉先置的牂柯是在元鼎六年，地方并不甚大。到昭帝元凤五年秋罢象郡，分属郁林、牂柯，然后牂柯郡就大得多了。《山海经·海内东经》说："沅水出象郡镡城西，东注江。"郭璞注："镡城县今属武陵。"郝懿行《笺疏》说："《水经》沅水出牂柯故且兰东北入江。""此经言象郡镡城，则知秦时镡城属象郡矣。"《海内东经》又说："郁水出象郡而西南注南海。"《笺疏》说："即豚水也，《地理志》云牂柯郡夜郎豚水东至广郁。……《水经注》郁水即夜郎豚水也。"毕沅《山海经校注》亦大略相同，以此知秦时象郡属地所至，并且说："此（指《山海经》）秦人书也。"《汉书·高帝纪》臣瓒注引《茂陵书》

说:“象郡治临尘县,去长安万七千五百里。”两《汉志》郁林郡都有临尘县,这是象郡治所。《续汉郡国志·注》说郁林在“洛阳南六千五百里”,就显然看出《茂陵书》“万七千五百里”的“万”字是衍文。可见汉在元凤五年后把象郡一部分划入郁林,一部分划入武陵,一部分划入牂柯,原来沅水、郁水流域都不属于牂柯郡而是属于象郡。原来的牂柯,只是乌江流域贵阳以北地区。巴人的南境应该限于这一地带,即是秦的黔中郡。可能是西至威宁南至贵阳就是巴黔中。秦开百越置南海、象郡、桂林,象郡是越地。蜀国南接于越,足见北盘江以南和巂、昆明都不在蜀国境内。汉罢象郡,也可能划一部分入益州郡,和划一部分入武陵郡一样,只是《昭帝纪》都略而未言。蜀的西南境也可大略看出一个界至,而不是整个《汉书·地理志》的益州郡。从《汉志》看,益州郡二十四县,牂柯郡十七县,这四十一县不是很均匀地分布在两郡广大地区,而是约略可分为五组,若干县密集在一块为一组,其余都是虚旷之地,并未置县。五组之间是隔绝分离的。(一)益州的邪龙、叶榆、不韦、云南、巂唐、比苏这六县是一组,这是汉代把编发随畜移徙的巂、昆明并入益州郡而设置的,是西部都尉所领。后汉别置永昌郡了。(二)滇池、双柏、连然、俞元、谷昌、秦臧、昆泽、律高、贲古、毋棳、胜休、建伶十二县和牂柯的同并、漏江、毋单三县,它们又密集在一块。这应该是滇王的区域。(三)牂柯的夜郎、谈稿、宛温和益州的同劳、铜濑、收靡、味共七县密集在一块。这应该是夜郎王的区域,夜郎县设有都尉。(四)牂柯的故且兰、平夷、鳖、谈指四县密集在一块,这应该是且兰王的区域。《元和志》说播州是且兰,是合理的。这一组就是现今遵义一带。清人驳斥《元和志》,是不可信据的。平夷在仁怀(《读史方舆纪要》说),各家又把唐以后的平夷县去解释汉的平夷县,这也没有根据。从《常志》、《晋志》看,平夷郡都有鳖县,它就不能去鳖水很远。其他如毋敛、镡封、漏卧距以上各组都比较远,而接近于郁林郡界,这显然是象郡区域了。至于牂柯的钩町、都梦、西随、进桑各县和益州的来唯县,也是和上列各组隔绝孤悬得更远,可说是第五组。都是处于益州、牂柯的南边,是和郁林郡接壤的地带,而去原来象郡的郡治临尘要近些,更显然是象郡的区域了。这就可说今贵州的黄平、独山、安顺、兴义一线,和云南的罗平、蒙自、元江一线,在它以南大体是属于象郡。这一线以北才是巴蜀区域的南疆。沅水、豚水的上游还是巴蜀境,不可能把整个两水流域都列为象郡。益州郡守治滇池,它的西部都尉后别为永昌郡。牂柯郡守治且兰,别有都尉治夜郎,又有南部都尉治进桑,这也正是把两郡分为五组。漏卧、钩町等接邻郁林各县,可以认为是象郡,是越人。他们和夜郎、滇人是不一致的。《汉书·西南夷传》载:"昭帝始元元年,……牂柯谈指、同并等二十四邑,凡三万余人,皆反,……(遣吕辟胡、王平、田广民等)大破益州。……钩町侯亡波率其邑君长人民击反者,……立亡波为钩町王。""成帝河平中,夜郎王兴与钩町王禹、漏卧侯俞更举兵相攻。"这是越人和与巴蜀同俗的牂柯、益州人之间原有矛盾,也就有些冲突。后来蜀汉时的牂柯、益州、越巂三郡孟获、高定反蜀降吴,于是有诸葛亮南征。独永昌郡的吕凯是反吴附蜀、是和三郡对抗的。这就是因为他是编发之民,和三郡椎结之民本有差别。先后的事是同样的(别有详论),所以钩町侯为汉击反者。王先谦说:"钩町县当在宝宁、百色、泗城、镇安之间"(见《汉志·补注》)。顾祖禹说"漏卧在罗平州南",

和钩町近，和夜郎远。可知进桑的南部都尉，就是专来处理越人的。益州的来唯和西随、进桑近，应该同是象郡越人之地。《常志》说蜀"南接于越"，显然就在这些地带。但汉代益州、牂柯各郡四十余县确在今云贵两省何处，清人考论各不相同，这应该结合汉、晋、宋、齐的郡县来考，结合兄弟民族分布地区来考，不能专依《水经注》来作结论，才可能更合理些。这还是有待于进一步研究的工作。

巴蜀的区域前后变更很大，西南夷君长以百数，他们对巴蜀两国的关系如何，都还应深入探讨。总的说来，犍为是因为夜郎的内附，武都是因为白马的内附，自然比之汉初是有所开拓。但比之于秦，只能是恢复了。汉武帝对瓯闽、两粤、燕代边境的开拓，都不过是恢复秦的土宇，也是同样的事实。

## 【三】 巴蜀分界

巴蜀两国的疆界,也是须得研究的问题。常氏在《巴志》里面说:“天下既定,(汉)高帝乃分巴置广汉郡。孝武帝又两割置犍为郡,故世曰分巴割蜀以成犍、广也。”这是把广汉说成是巴国的境土。但他在《蜀志》里面又说:“益州以蜀郡、广汉、犍为为三蜀。”显然广汉又是蜀国的境土。这里常氏自相矛盾,应该是高祖分巴、蜀置广汉郡才合理。《水经·江水注》:“汉高祖六年,乃分巴、蜀置广汉郡乘乡。”《水经注》于西南地理多本《常志》,今本《常志》“分巴置广汉郡”,应是“巴”下夺“蜀”字。从《汉书·地理志》看,广汉郡最北是葭萌县,其次是梓潼县。《常志》

说:“蜀王别封弟葭萌号苴侯,命其邑曰葭萌。”又说:秦“许嫁五女于蜀,蜀遣五丁迎之,还梓潼,……山崩……分为五岭,……蜀王痛伤乃登之,……为望妇堠,作思妻台。”葭萌是今昭化,可证梓潼、葭萌二县是蜀国。《寰宇记》卷八二载:梓州理郪县,“旧县在今县南九里临江郪王城,基址见存”。《路史·国名记》己亦载:“梓之郪县南八里,临江有郪王城址。”郪是一个小国。这三县以西都是蜀地,就不须证明了。只有广汉一县(今射洪),南接垫江(今合川),那是巴子的别都。合川、射洪之间是巴、蜀接境处,很可能把涪江作界水。这一线以西都是蜀地,以东都是巴地,是很显然的。汉高祖置广汉郡治广汉县,因此广汉县遂兼有涪江东西两岸之地,统一后的建置和分争时的分界应该有所不同,是一定的。后来蓬溪、遂宁两县都是汉的广汉县境。从广汉一郡形势来看,所谓分巴实仅广汉一县。若论涪江为二国界水,则分巴又仅一县之半。《常志》说:“巴国有乱,将军有蔓子请师于楚,许以三城,楚王救巴。”(事本谯周《三巴记》,见《御览》人事部)《说文》:“鄤,蜀广汉乡也。”蔓是地名,蔓子应该是小国之君。蔓子是巴国的将军,就证明广汉县在涪江以东的境土就是巴地,就是蔓子之国。合川有青石山,《寰宇记》卷一三六引李膺《益州记》说:“昔巴、蜀争界,久而不决。汉高帝八年,一朝密雾,山为之裂,自上及下,破处直若引绳,于是州界始判。”这正是垫江、广汉二县之界,亦即两郡之界。若巴、蜀二国,应自有界,何待汉八年始判。《常志》和《水经注》都说:“高帝六年置广汉郡。”八年始判,故说争久不决。因为分巴入广汉,所以才有争执。分巴为广汉必在一郡的东部,是无可疑的。但分巴也仅仅是广汉县的一部分,广汉县的大部分可说全是蜀地。《元和郡县志》说:利州

“本秦蜀郡地，汉分巴蜀置广汉郡”。于梓州说：“秦并天下，是为蜀郡。”于遂州说：“秦为蜀郡地。”于青石县说：“本属巴郡。”于合州说：“春秋时为巴国，秦灭之以为巴郡，今州即汉巴郡之垫江县地也。”于普州（今安岳）说：“秦、汉为巴、蜀二郡之地。”于荣州说：“秦为蜀郡地。”于泸州说：“春秋、战国时为巴子国，秦并天下为巴郡地。（汉）武帝分置犍为郡，今州即犍为郡之江阳、符二县之地。”于昌州说：“本汉资中县之东境，垫江县之西境，江阳县之北境。”这也是巴、蜀二郡之地。于戎州（今宜宾）说：“古僰国也”，《汉志》僰道下应劭注说：“古僰侯国也。”《常志》和《水经·江水注》都说僰道“有蜀王兵阑”，据此应该是蜀地。《常志》说巴国“其地西至僰道”，是说巴和僰道接境。王象之引《元和志》于阆州说：“在秦为巴郡阆中县。”于果州说：“秦灭巴为巴郡，即汉巴郡之安汉县。”于蓬州说：“秦属巴郡。”（以上三处在今本《元和志》缺卷中，故从《舆地纪胜》引）这和《通典》所说也完全一致。更从《汉志》研究，阆中、充国、垫江、江州、江阳都属巴郡，从此而东都是巴国。葭萌、梓潼、涪县、郪县、广汉都属广汉郡，资中、南安、僰道属犍为郡，都从蜀郡分出，由此而西，都是蜀国。就《方舆纪要》所考，今江安、长宁、富顺皆汉江阳地；永川、大足为江州地；合川、武胜、铜梁和安岳之一部分为汉垫江地；今南充为汉安汉县地；西充、南部为汉充国地；苍溪、阆中为汉阆中县地。以上为巴国。今广元、昭化为汉葭萌地，剑阁为汉梓潼地，三台及射洪一部为汉郪县地，盐亭为汉涪县地（《元和志》以为广汉县地，不可据，另详《汉潺亭考》），遂宁、潼南、蓬溪及射洪一部为汉广汉地，资中、内江、隆昌、荣昌及安岳一部为汉资中地，威远、荣县为汉南安地；南溪、庆符（自南溪分出）为汉南广地(《元和志》说南溪本僰道县地,这和《通典》相合)。杨守敬《沿革图》于此即依《通典》,但图于遂州之境,似与《通典》不合。遂宁在《通典》既为蜀郡,专据这一点,蜀境就应该到涪江东岸。杨《图》于此处把巴境却伸到涪江西岸,这就不能令人信服了。《元和志》于兴州说:"战国时为白马氐之东境,秦并天下属蜀郡,汉武帝元鼎六年以白马氐置武都郡,今州即武都郡之沮县是也。"汉分蜀置广汉郡,又分广汉郡置武都郡,自然武都属蜀郡。《常志》说:"武都有一丈夫化为女子,……蜀王纳为妃,……无几,物故。蜀王哀之,乃遣五丁之武都担土为妃作冢,……今成都北角武担是也。"自然在蜀王时武都即为蜀境。《常志》说:周赧王"三年,分巴蜀置汉中郡",自应从南郑以西合武都皆为蜀地。巴蜀分界,自阆中以东为巴,可见汉中自南郑以东即巴境,然后于形势始合。汉武初时但有越巂、牂柯,越巂在前此应为蜀,牂柯应为巴,是很明了的。后分越巂、牂柯为益州郡,可看出益州原为巴蜀两国,可能僰道、南广以西为越巂旧地,以东为牂柯故地。《后汉书·哀牢夷传》说:"显宗以其地置哀牢、博南二县,割益州郡西部都尉所领六县,合为永昌郡。"注据《续汉志》说:"六县:不韦、巂唐、比苏、楪榆、邪龙、云南也。"也说明这六县原可能是越巂,也就是蜀境。

## 【四】 巴蜀境内的小诸侯

古时巴蜀地广，汉之牂柯、越嶲各郡都有很多邑君，如夜郎王、钩町王、邛榖王、漏卧侯之类很多，不下数十。即以汉初巴郡、蜀郡疆内各地而言，也还有不少侯王，兹分别述之。

《汉书·地理志》僰道，应劭注说："古僰侯国也。"《水经·江水注》说："县本僰人居之。"又引《地理风俗记》曰："夷中最仁，有人道，故字从人。"此其一。《水经注》说："江水又东迳鱼腹县故城南，故鱼国也。《春秋左传》文公十六年，庸与群蛮叛楚，庄王伐之，七遇皆北，惟裨、鯈、鱼人逐之是也。"《逸周书·王会》："其西鱼复鼓钟钟牛。"孔注："鱼复，南蛮国也，贡鼓及钟而似牛形者，美远致也。”此其二。《舆地纪胜》卷一五九引《益部耆旧传》说：“昔楚襄王灭巴子，封废子于濮江之南，号铜梁侯。”这亦可证明秦灭的巴在阆中，楚灭的巴在枳（见下）。此其三。《陈留风俗传》：“资姓，黄帝之后，食采益州资中，因此为氏。”《玉篇》也说：“资，故国，黄帝后。”此其四。《水经》：“青衣水出青衣县西。”注：“县故青衣羌国也。……青衣王子心慕汉制，上求内附，顺帝阳嘉二年改曰汉嘉。”此其五。《秦本纪》说：“丹犁臣蜀，相壮杀蜀侯来降。”武王“诛蜀相壮……伐丹犁”。这就是汉的沈黎。此其六。《御览》卷一七一引《十道志》说：“故老云：楚子灭巴，巴子兄弟五人流入黔中，汉有天下，名曰酉、辰、巫、武、沅等五溪，为一溪之长，故号五溪。”这应该是《益部耆旧传》说的“楚襄王灭巴子”。秦先已灭巴，楚襄王又灭一巴，这就是《燕策》苏代说的“楚得枳而国亡”。襄王失了郢都，亡走陈，可说是国亡。上距秦灭巴蜀已四十年了。常氏《巴志》说：“其先王陵墓多在枳。”枳是后一个巴子。也是《通典》说的唐“黔中郡（治今彭水），通谓之五溪，秦属黔中郡”。也许是《逸周书·王会》所说的“枳巳（巴）”。此其七。《常志》说：“巴国有乱，将军有蔓子请师于楚，许以三城，楚王救巴。”《说文》：“鄤，广汉乡也。”可见蔓子是部落诸侯，所以称子。此其八。《常志》说：“蜀王别封弟葭萌，号苴侯，命其邑曰葭萌。”此其九。《寰宇记》载梓州郪县南有郪王城，亦见《路史·国名记》，在郪水。此其十。《常志》说长老言：“宕渠盖为故賨国，今有賨城、卢城。”賨自是李雄的前世，卢是尝从武王伐纣的古国。賨和卢此其十一、十二。《路史·国名记》己有果氏（后之果州），《姓纂》说：“果氏出古巴子国。”此其十三。《姓纂》说：“通氏，巴大夫，食采通川，因氏焉。”此其十四。《元和姓纂》

引盛弘之《荆州记》说："昔蜀王栾君王巴蜀，蜀王见廪君兵强，结好宴饮，以税氏五十人遗廪君。"此其十五。《汉书·扬雄传》说："周衰，而杨氏称侯，号曰杨侯，……杨侯逃于楚巫山，因家焉。楚汉之兴也，杨氏溯江上处巴江州。"此其十六。后汉越巂有旄牛王，论者以为即从武王伐殷之髳。此其十七。《常志》有巴夷王杜濩、朴胡、袁约，《三国志·魏武帝纪》称"巴七姓夷王朴胡，賨邑侯杜濩"，但未说袁约是甚么夷王。此其十八、十九、二十。《后书传》说："廪君死，魂魄世为白虎，……及秦惠王并巴中，以巴氏为蛮夷君长，世尚秦女。"此其二十一。《隶续》载《繁长张禅等题名》碑有邑长爰文山、邑君兰世兴、邑君宋(缺名)、夷侯养达伯、夷侯资伟山、白虎夷王谢节、白虎夷王资伟等十六人。这十几个夷侯、王应该是这一地区的邑君、邑侯。合这些邑君、侯、王共计为三十七。《牧誓》从武王伐纣的有庸、蜀、羌、髳、微、卢、彭、濮八国，《常志》说巴子之国"其属有濮、賨、苴、共(龚)、奴(或即卢)、獽(或作狼)、夷、蜒之蛮"，除去和前面重复的髳、卢、賨、苴、奴不计，巴蜀境内可考见的又有九国。此外，《山海经·海外西经》有巫咸国，《路史·国名记》说："今夔之巫山。"汉中古有褒国。夔州原是楚的同祖国夔子。《史记·五帝本纪》说："昌意取蜀山氏之女。"《常志》说："帝喾封支庶于蜀。"汉高帝封賨人范目为渡沔侯，称范三侯。这已是四十多国。王家祐同志又从甲骨和金文考得巴蜀境内古诸侯十多个，如其更从《路史·国名记》中和汉的牂柯、益州、永昌、越巂、汉嘉(沈黎)、汶山、武都各郡的邑君来看，就有百数十个小部落。《左传》文十六年，"庸人帅群蛮以叛楚，麇人率百濮聚于选"，都是部落联盟。《常志》说："保子帝攻青衣，雄张僚僰。"又于秦灭蜀后说：

“戎伯尚强,乃移秦民万家实之。”这四五十个乃至百数十个小诸侯,就是所谓“戎伯”。司马错说:“夫蜀西僻之国,而戎狄之长。”蜀就是这些戎伯之雄长。古时的巴蜀,应该只是一种联盟,巴、蜀不过是两个霸君,是这些诸侯中的雄长。巴蜀的疆域也只能说是所联盟的疆域,主要的还是要从和巴蜀同俗的文化区来看。蜀自然是个文化的中心,所以蜀就显得更为重要。

古代巴蜀区域内既是有百多个小诸侯存在,《尚书》已举出庸、蜀等八国从周伐纣,可见蜀只是很多小国中的一个,不能把它想象得很大。武王封宗姬于巴,只是子爵,当然也很小。假如说古代梁州那样广大的区域,其间只有巴、蜀两国,那么它的力量就应当比春秋时齐、晋诸大国还要强大,它在晚周所起的作用就更不同了。《荀子·仲尼篇》说:“齐桓公并国三十五。”李斯《谏逐客书》说:“秦穆公并国二十。”韩非说:荆庄王并国二十六,晋献公并国十七,服国三十八(见《有度》、《难二》)。但秦、晋它们也不能全有整个雍州或冀州,而齐、秦、晋、楚在晚周已经是第一等大国;至于巴、蜀,则比之宋、郑、陈、蔡还不如。只是到秦灭巴蜀时,它才是比较大的两个国家,而在巴蜀区域内,却还有某些小的王侯到汉时依然存在。可见巴、蜀发展到强大的时候,也不过是两个联盟的盟主。巴、蜀也一定了火并了一些诸侯来扩大自己的境土。到秦汉时还能考见的邑君君长,大概只是些残余了。《蜀王本纪》等书所说的蚕丛、鱼凫,也等于齐地古代有爽鸠、季萴、伯陵、蒲姑之类。但是,蜀在当时还是一个部落,它的范围一定不会很大。常道将把从武王伐纣的蜀,说成“其地东接于巴,南接于越,北与秦分,西奄峨嶓”。把为秦所灭时的蜀国疆域,认为是西周初年或更在前的蜀的疆域,这实是常氏的错误。庸、蜀从周伐殷，本是八国平列，应都很小。把蜀的疆域认为这样大，其他七国的疆域又如何安排呢？又如常氏说："武王伐纣，实得巴、蜀之师。""巴师勇锐，歌舞以凌殷人。""武王既克殷，以其宗姬封于巴，爵之以子。"这也不够清楚，既是武王克殷才建立巴国，而武王克殷时却已有巴师。且《牧誓》所说八国就没有巴。范目发賨人与汉共定三秦，高祖封范目为渡沔侯。如果早有一个巴国从周伐殷，而武王灭殷后却夺了他的土地来另封一个宗姬，事就可疑了。《常志》说：巴"其属有濮、賨、苴、共"，可知巴的境内原有很多小诸侯，賨人正是其中之一。他从周伐殷，必然是在伐殷之时，賨人服属八国中的某一国。巴国建立以后，賨人后来又服属于巴，它是这样才称为巴师。苴也是巴的属部，但蜀王却封其弟葭萌为苴侯。鱼复在《王会》是自立的小国，到春秋时它为庸之鱼邑，就变成庸的属国了。这样的盛衰起伏变动，应该是很多的。濮既有一部分服属于巴，就应住在巴境。左思《蜀都赋》说："左绵巴中，百濮所充。"巴中也正是濮人住地，很可能武王伐纣时賨是服蜀于濮的。从巴蜀境内很多小诸侯去看，不难想象这些诸侯之间应有它很多很大的变动。武王会师孟津，《史记》说"不期而会盟津者八百诸侯"，牧野誓师又只有庸、蜀八国，应该是八国统率了各自境内的小诸侯去伐殷，未必有八百之多，但不止八国是可以肯定的。后来的人都强调秦、汉是得了巴、蜀之助，才完成了统一大业。但牧野誓师，明显提出的只是八国，学者把八国都解释在今天西南，那么就可以说武王克殷，同样是得巴、蜀之助，然后才能完成它的灭殷大业。如其像一般人所认为那样，秦灭巴蜀之后，四川才和中原有交通，这就未必妥当了。

《史记·六国年表·序》说:“禹兴于西羌。”《集解》:“皇甫谧曰:孟子称禹生石纽,西夷人也。传曰禹生自西羌是也。”石纽在汉时汶山广柔县,可见在汶山也有最古的国。《尚书·皋陶谟》说:禹“娶于涂山”,《常志》:“今江州涂山是也。”这也是个古国。杜预也说:“巴国有涂山,禹娶于涂是矣”(《读史方舆纪要》卷六九引)。《水经·江水注》说:巴郡江州,“江之北岸有涂山,南有夏禹庙、涂君祠,庙铭存焉。常璩、庾仲雍并言禹娶于此。余案群书咸言禹娶在寿春当涂,不于此也。”这是前人争论很大的问题,但他们提出的证据都不够早,都是些六朝的材料。《吕氏春秋·音初篇》:“涂山氏之女,乃令其妾候禹于涂山之阳,女乃作歌,……实始作为南音,周公及召公取风焉,以为《周南》、《召南》。”在《诗》三百篇里,《周南》有汝、汉,《召南》有江、沱,必须要在江、沱、汝、汉这个区域找涂山是一定不移的。但是在这一二南区域找涂山,就只有巴县的涂山了。禹兴于西羌,娶于涂山(巴县),是很近理的。在二南区域以外、距西羌很远的地方找涂山,又根据是汉晋以下的材料,说服力就不强了。“以雅以南”的“雅”就是“夏”字,《荀子·荣辱》:“越人安越,楚人安楚,君子安雅。”《儒效》又说:“居越而越,居楚而楚,居夏而夏。”《史记·货殖列传》说:“颍川南阳,夏人之居。”把南和夏区别开,就容易解决南的所在。《逸周书·史记》。“昔有南氏,有二臣贵宠,力钧势敌,……君弗能禁,南氏以分。”《水经·江水注》说:“南氏用分二南国也”,秦“使白起拔鄢郢,以汉南地而置南郡焉”。南郡这名字,是沿南国来的,二南之分就是因为南国分而为二。韩婴解释二南也说:“其地在南郡、南阳之间。”(《江水注》引)从南国、南音来看涂山,就比从魏晋以后注家的话可靠性要强些。《史记·夏本纪·索隐》引《系(世)本》说:“涂山氏名女娲。”《世本》的话,当然比后来纬书说“女娲为古天子”的话可靠。经传里只《礼记·明堂位》说过女娲氏作笙簧,晚周也只屈原《天问》谈到女娲,其他伪妄的书所谈女娲是不必置信的。惟《风俗通义》等书所说女娲,似乎有附带在这里提到的必要。《御览》卷七八引《风俗通》说:“俗说天地初开辟,未有人民,女娲抟黄土作人,剧务,力不暇供,乃引绳于泥中,举以为人。故富贵〔贤智〕者黄土人,贫贱凡庸者,〔引〕绳人也。”于此可见女娲当是南方民族所传人类的创造者。所以屈原就要反问道:“女娲有体,孰制匠之?”意思是说,人如其是女娲造的,那就要问,女娲也是人,又是谁造的呢?王逸《章句》在这里说:“传言女娲人头蛇身,一日七十化。”蛮、闽字都从虫,是蛇,巴也是大蛇,女娲蛇身,正是南方民族的传说。许慎《说文》说:“(女)娲,古之神圣女,化万物者也。”这是说万物都是她所造的。《淮南子·览冥》说:“往古之时,四极废,九州裂,天不兼复,地不周载,火爁炎而不灭,水浩洋而不息,猛兽食颛民,鸷鸟攫老弱。于是女娲炼五色石以补苍天,断鳌足以立四极,杀黑龙以济冀州,积芦灰以止淫水。苍天补,四极正,淫水涸,冀州平,狡虫死,颛民生。”这是女娲乃开天辟地之人,万物都是她所造。当时有水灾,有火灾,有猛兽鸷鸟之灾,都是她一手解决的。人类之有贵贱之分,也从她起就有了。到三国时代,汉族才知道有盘古的说法。在这以前,只有女娲的神话,而她就是涂山氏之女。在川境长江一带,发现一些新旧石器遗存,说明早就有人类在这里活动,创造多种工具。有信仰,有神话发生,也是自然的。这一传说在两汉极为普遍,在魏晋以后,盘古的传说才代之而起。

# 【五】 蜀的古代

褚少孙说:“蜀王,黄帝后世也。至今在汉西南五千里,常来朝降输献于汉。”(《史记·三代世表》)褚少孙在元、成间为博士,可见在《蜀王本纪》、《华阳国志》之前,西汉时代早有蜀为黄帝子孙之说。《常志》说:“黄帝为其子昌意娶蜀山氏之女,生子高阳,是为帝喾(《水经注》作颛顼,与《大戴记》、《史记》皆合,但别书亦有作帝喾者,兹不径改。《淮南子·天文》:“共工与颛顼争为帝。怒而触不周之山。”《原道》又说:“共工之力,触不周之山,使地东南倾,与高辛争为帝。”是高辛、高阳互异,古籍多此类)封其支庶于蜀,世为侯伯,历夏、商、周。”这可和褚说相印证。蜀王后代既是在元、成间还常朝献于汉，这说明是汉代所谓西南夷中的邑君。黄帝子孙之说，可能是从这些邑君朝献时自己称述得来。在汉西五千里之说，其地所在，也可推求。《续汉书·郡国志》刘昭注中，把各郡去洛阳若干里都明白注出。它说蜀郡“在洛阳西三千一百里”，可见褚说蜀王的后代是不在汉的蜀郡。它说牂柯郡“在洛阳西五千七百里”，越嶲郡是“四千八百里”，益州郡是“五千六百里”。又说京兆（长安）“在洛阳西九百五十里”，除去洛阳、长安之间的里数，就看出只有在越嶲之南，益州、永昌之北的地带恰好是在长安西南五千里。《三代世表·正义》引《谱记》：“蜀之先……昌意娶蜀山氏女，生帝喾。立，封其支庶于蜀，历虞、夏、商。周衰，先称王者。蚕丛国破，子孙居姚、嶲等处。”这里用唐的姚州、嶲州来说蜀王后代所在，正和五千里之说相当，也证明了《谱记》亦有蜀王为黄帝子孙之说。《西南夷列传·正义》又说：“昆州、郎州等本滇国，去京西五千三百七十里也。”又说：“靡非在姚州北（靡非为靡州之误，《史记会注考证》删“非”字亦误。唐靡州在云南永北县。《旧唐书·地理志》靡州在京师西南四千九百四十五里，南接姚州），去京师西南四千九百三十五里，即靡莫之夷。”可见所谓“其西靡莫之属以什数，滇最大”，其间当有蜀王子孙。靡莫在云南的姚州，正合五千里之数。《蜀王本纪》说：“（蜀）人萌椎髻左衽，不晓文字。”这是古代蜀人的标识。《西南夷列传》说夜郎与滇和邛都“皆魋结、耕田，有邑聚”。这正是牂柯、益州、越嶲三郡也是椎结，和蜀人同，这就是《汉志》说的与巴蜀同俗。从椎结来看，蜀王子孙在益州、越嶲也是对的。《西南夷列传》又说：“其外西自同师以东，北至



楪榆，名为嶲、昆明，皆编发，随畜迁徙，毋常处，毋君长，地方可

数千里。”编发和椎髻显不同,蜀王的子孙可决定不在这里了。也可见与巴蜀同俗的地区,其间有许多邑君,是早期巴蜀统治者的子孙所建的国。他们和竹王、庄豪各系的子孙相杂处,也证实早期的蜀人原有南迁的事实,由民族移住而形成了文化的传播。蜀封苴侯,也就是这种事例。不过蜀王的后代,在汉时只残留住在距长安西南五千里之地的孑遗了。

褚少孙所称述,“蜀王,黄帝后世也”之说,证明巴蜀古代史料在西汉时早已存在。这应该是西南邑君所传,和《史记》说:“昌意娶蜀山氏女生颛顼”是一致的,可说是同一来源。《三代世表·索隐》引《世本》:“蜀无姓,相承云黄帝后世子孙也。”《世本》和《帝系姓》都有汉儒增加的材料,也就是黄帝后世西南邑君所传的材料。因为他们还常来朝献于汉。一般说来,在汉代如竹王的材料,九隆的材料,当然是夜郎和哀牢所传。就是槃瓠、廪君的材料,也一定是他们本族所传。夜郎、哀牢有历史,蜀不应该没有历史。《蜀王本纪》一类资料,就是西南邑君靡莫之属家传的资料。蜀王子孙在汉时依然存在,别人就不能找些“无稽之谈”来妄称蜀的历史。尤其是蚕丛、柏濩、鱼凫、蒲泽这些名称,也不是谁能凭空杜撰的。这和班固说齐国在“少昊之世,有爽鸠氏,虞夏时有季荝,汤时有逢公柏陵,殷末有蒲姑氏,皆为诸侯,国此地”(《汉志》)是同样的,毫无足奇。认《蜀王本纪》是扬雄作,可能是错误,但一个著蜀古代史的人,他不能不向当时存在的蜀王后代探访,是无可怀疑的。正如杨升庵搞的《白古通》、《年运志》,是从南诏的后代找得了南诏的历史。今天从凉山彝族就可访得彝族的历史,也是一样的。从《蜀王本纪》佚文和常氏《蜀志》对读,可见《常志》大部是依据《本纪》。今所见《本纪》

佚文，最晚的事是汉宣帝时穿盐井。《常志》也是在这一条后，接着便总论两汉人物。常氏叙事也止于此，可见《本纪》所纪实止于此。足证这是西汉时书，可能还在扬雄稍前一点。朱逷先先生据《常志·序志》以为作《蜀王本纪》有多家，今群书所引佚文未必皆扬书；又常有异说参差，必非一书。按《隋书·经籍志》仅扬雄一家书存，征引《蜀王本纪》者皆唐宋人书，当只能根据扬雄一家。虽刘逵、裴松之、刘昭亦有所征引，但皆与唐宋人所引文同。其间所存异说，自是本书兼存异闻，《常志》亦是如此，不足为异。惟此非扬雄之作，后人误以为雄，斯不足据。《常志》首有"蜀之为国肇于人皇"之说，但他先就说这是出于《洛书》。合《本纪》、《常志》来看，它纪事都有年数，这就不是民间传说所能记叙。但纪年多与《史》、《汉》不合，如惠王二十七年城成都，赧王七年司马错取楚黔中（昭王十年还要楚割黔中，昭王元年是赧王九年），秦孝文以李冰为蜀守，和他又杀蜀侯恽，此等错误不少，但其他年岁也大体能和《史》、《汉》相合。从不合处看，若是通人考订所加，就不应错误；从其相合处看，若是出于不学者之手，决不能杜撰得和《史》、《汉》相仿佛，就可能出自蜀王的家史。正和《六国年表》和各《世家》的互有参差一样，各国之史本来就不相同。春秋各国年代相合，反是后人改的。所以它能纪年，却又不免错误，即便是扬雄、常璩，也是不能擅改的。从褚氏的话来看，既说"蜀王，黄帝后世也，至今在汉西南五千里"，大概他们依然还称蜀王。因《正义》说蚕丛国破，子孙居姚、巂，他自有他的家谱，也就是《本纪》。《路史·国名记》说："蜀山（依《全蜀艺文志》引补'山'字），今成都，见扬子云《蜀纪》等。然蜀山氏女乃在茂，详后《妃后国》。"同书《上世妃后之国》载："蜀山，昌意娶蜀山氏，益土也。”这应该是《常志》等所称“昌意娶蜀山氏女，生帝喾，封其支庶于蜀”的说法所从出。可证蜀王为黄帝后世之说已见于《蜀王本纪》，只是清代洪、严诸家辑本遗漏了这一条。更可见《史记》、《帝系姓》“昌意娶蜀山氏女”之说，和《蜀王本纪》之说是同源的。《初学记》和《史记·夏本纪·正义》都引《蜀王本纪》：“禹本汶山郡广柔县人，生于石纽。”《夏本纪》依《世本》说：“禹之父曰鲧，鲧之父曰帝颛顼，颛顼之父曰昌意。”可见《蜀王本纪》序禹生广柔，正是序夏朝和蜀王都是昌意后代，又同在蜀。《世本》、《史记》皆说“昌意降居若水”。若水在蜀，是后来的雅砻江。这一系列的说法，觉得都是自为一个系统，又都已为《史记》所采用。青阳降居江水，禹生于西羌，也是为《史记》所采用。这些说法，都是后来所怀疑的。但这些所疑之处，正是另成一个系统而和正统说法相牴牾之处。《世本》、《帝系姓》采取这部分材料，与北方所传材料合在一起，自然不免矛盾可疑。但因为它是自为一系的历史，所以就更觉可贵。这里可见蜀和中原的史料分合同异之间，有共同的传说，而又有各别的传说，这就不可忽视了。它和南方材料《山海经》有些相似，却又不尽同，是更可注意的。关于蜀古代史的材料如《先蜀记》、《蜀论》之类还多，却都是这一系统，是应该与《蜀王本纪》合并研究的。这批材料中，自有很多神怪妄诞之说。其实，真正古旧史料总多妄诞，不妄诞者反而难于相信其为真正古旧史料。《常志》说“世俗间横有为《蜀传》者”。从它所称述《蜀传》的内容来研究，可以断定它就是指的《蜀王本纪》。常氏既采取了《蜀传》许多材料入他的书中，也批驳了一些材料斥而不用。其说都见于本书《序志》一篇。从这些材料中，是可看出一些史迹，其中一部分不合理的，是应当加以否定。不过常氏所承认的未必是，常氏所否定的未必非，这是有待于今天重新研究。晚周时期，秦在献公、孝公以前，还是个不很大的落后国家，它已有自己的历史。《史记·六国年表·序》说："《秦纪》不载日月，其文略不具。"吴、越很小，也很落后，从《吴地记》、《会稽录》来看，也是有自己的历史记载的。蜀也同样如此，把《巴传》等当作《山海经》和《天问》一类的材料，当作哀牢、夜郎的材料同等来看待，或不会大错。西南少数民族中旧日很多土司都有家谱，蜀王也可能有自己的家谱。藏文的吐蕃史，蒙文的蒙古史，和汉文记载有时也出入很大，但是谁也必须重视这些材料。研讨古代巴蜀历史也不能例外，这些原是珍贵的史料，是不能废弃的。

刘渊林注《蜀都赋》引扬雄《蜀王本纪》说："蜀王之先名蚕丛、柏濩、鱼凫、蒲泽、开明。是时人萌椎髻左言，不晓文字，未有礼乐。从开明上到蚕丛，积三万四千岁。"《古文苑》章樵注引扬雄《蜀本纪》亦有"蒲泽"。其他诸书所引，脱此"蒲泽"二字。《常志》说："望帝更名蒲卑"。古睾字往往作皋，太皞《潜夫论》作太皞可证。可能卑即是郫字，卑误为皋，又误为泽字。《初学记》、《类聚》、《御览》引《蜀王本纪》皆说："蜀王之先名蚕丛，后代曰柏濩，又次者名曰鱼凫，此三代各数百岁。"《常志》作"柏灌"，"濩"是字误。从这里可见蚕丛等都是一代之名，而非一人之名。犹之开明氏十二世都称开明，蒲泽也是一代之号，杜宇才是一人之名。章樵又引《蜀纪》："上古时，蜀之君长治国久长，后皆仙去。自望帝以来，传授始密。"这正是说蚕丛、鱼凫三代各数百岁，望帝、开明就传世短促。所以扬雄《蜀都赋》说："昔天地降生杜鄘(宇)密促之君。"刘逵注引《本纪》云"三万四千岁"，《御览》

引作“四千岁”，显然牴牾。《常志》说：“世俗间横有为《蜀传》者，言蜀王蚕丛之间周回三千岁。”又言：“蜀椎髻左衽，未知书。文翁始知书学。……蚕丛自王，杜宇自帝，皆周之叔世，安得三千岁。”这正是驳斥《蜀王本纪》之文。常氏一再说“三千岁”应该是他所见的《蜀王本纪》只是三千岁。《御览》作“四千岁”，古书三、四字原多互误。《文选注》三万四千岁，应是后来附益上去的。从刘歆《三统历》起，才有三万六千岁之说。这是历法之言，而不是史文，可决其为后人所改。至纬书所说二百七十万年，这些更是与历史无关。《韩非子·显学》说：“殷、周七百余岁，虞、夏二千余岁，今乃欲审尧、舜之道于三千岁之前。”张寿王说黄帝到西汉元凤三年是六千余岁，安陵栝育说黄帝以来三千六百二十九岁，这些不同的说法在西汉都是存在的。世俗间《蜀本纪》之类从而有三千岁的说法不足为奇，到是很可表示它是南方一系的说法。常氏又说：“周失纪纲，而蜀先生。七国皆王，蜀又称帝。……皆周之叔世，安得三千岁？”常氏不信三千岁之说，而他却说：“帝喾封其支庶于蜀，世为侯伯，历夏、商、周。”由帝喾历夏、商、周三代，即依一般用三统历之说(《世经》)，也将近三千岁了，这就不免自相矛盾。《常志》既说“开明氏凡王蜀十二世”；《六国年表》秦惠王四年，“诸侯会徐州以相王”；又九年，为惠文王初更元年；初更九年，秦灭蜀。从七国相王到蜀之灭亡，仅十八年。杜宇又在开明之前，很像十八年间蜀已经十三代，在秦却只是惠文王一代。常氏对这一问题，真是太不思考了。《路史·余论》说开明传三百五十年，若以二十五年一世计算，十二世也应该三百年。《蜀王本纪》说：“望帝积百余岁。”假定杜宇的蒲卑氏为五世、六世来计算，应该是一百二十五年到一百五十年。蒲卑、开明这两代就共有五百年内外。秦灭蜀在周慎王五年，为公元前316年，上推五百年为公元前816年，是周宣王十二年。这是杜宇称帝的开始，也是周失纪纲的时期。蚕丛、柏灌、鱼凫自然更在其前了。《蜀王本纪》说“蚕丛、柏濩、鱼凫此三代各数百岁”，那就可能相当于夏、殷、西周了。把蚕丛称王、杜宇称帝，都说为是周之叔世，是毫无是处。《古文苑》章樵注引《先蜀记》说：“蚕丛始居岷山石室中。”《汉志》湔氐道：“《禹贡》岷山在西徼外，江水所出。”可证在江水以西，才是汉人说的岷山。湔氐道为今松潘，江水以东，湔水所出，古称湔山，又称玉垒山。《史记·正义》引《谱记》云：“黄帝与子昌意娶蜀山氏女生帝喾，立，封其支庶于蜀。”又说：“蚕丛国破，子孙居姚、嶲等处。”唐嶲州是四川的西昌，姚州是云南的大姚，可惜未说明蚕丛为谁所破，但可见各代之间还是有战争的。帝喾子孙历虞、夏、商，和《常志》的说法相同，还可见三千岁之说并非无稽。《三代世表·索隐》又引《蜀王本纪》说：“朱提有男子杜宇，从天而下，自称望帝，亦蜀王也。”朱提在云南昭通，自然和蚕丛、鱼凫都不是一个部落。《舆地纪胜》卷一六四引《华阳国志》云：“荆（原误经）州有一人从井出，自号鳖灵。灵死，其尸溯流而上，至汶山忽复生，杜宇神之，立为相。会巫山壅江，蜀地潴水，鳖灵遂凿巫山，开广汉金堂江，民得安居，宇遂禅以位，灵嗣位，自号丛帝。”（这段材料仍然是根据《蜀王本纪》又小有异同，因今本《华阳国志》佚此文，故引于此）《水经·江水注》说：“南安县，治青衣江会，即蜀王开明故治也。”也许开明溯江而上，先在南安（今乐山），又北上至广都（今双流），后移成都。这显然是从南安北上，与此前杜宇的部族相代替。《蜀王本纪》说：蚕丛、柏灌、鱼凫，“此三代各数百岁，皆神化不死。其民亦颇随王化去，鱼凫田于湔山得仙，时蜀民稀少。”又说：“望帝治汶山下邑曰郫，化民往往复出。”这一资料，可理解为鱼凫是一个部族，为杜宇别部族所侵，遂退入西山，它的部民也随之而去，这就是“民亦随王化去”。后来这些部民又从山中出来归附了杜宇，这就是“化民往往复出”。后开明又侵逐望帝。似可认为鱼凫、杜宇、开明的相代禅，是不同部族的代禅。鱼凫田于湔山仙去，望帝升西山隐焉，秦灭开明时，“其傅相及太子退至逢乡，死于白鹿山”。他们在失掉成都平原后，都入西山。蚕丛国破，子孙居姚、巂，是又西南下而建国去了。

《常志》说：“临邛县，本有邛民，秦始皇徙上郡实之。”《汉志》严道：“邛来山，邛水所出。”这是邛民的区域。在越巂郡又有邛都县，有邛池泽，应劭说：“故邛都国也。”《常志》：“邛崃山，本名邛筰山（原脱‘山’字，据《西南夷列传·正义》补），故邛人、筰人界也。”（刘昭注《郡国志》引）由《西南夷列传》看来，邛是越巂郡，筰在沈黎郡（即汉嘉郡），可能是临邛的邛民南徙越巂去了。越巂也有定筰、大筰、筰秦各县，也可能是筰人由沈黎南迁去的。《汉志》蜀郡有旄牛县，但《后汉书》说：“或为氂牛种，越巂羌是也。”这是旄牛也由沈黎南徙越巂。在三国时重开旄牛道招降旄牛王的，也是越巂太守张嶷而不是另一个汉嘉太守，都可见在北边的小部落有继续南徙的情形。《常志》说：“僰道县，本有僰人，汉民多，渐斥徙之。”《常志》又说：“阑县，故邛人邑。”“会无县……故濮人邑也。”濮原在巴境，但后来也到越巂，这和“蚕丛国破，子孙居姚、巂”是先后一致的。这和很大的地区都与巴蜀同俗，是有关联的。

蜀在梁州，梁州以外还别有个蜀。《逸周书·世俘》说：“庚子，……新荒命伐蜀；乙巳，新荒蜀磿至，告禽。”从庚子到乙巳，不过五天，往伐蜀的将领就已经回来了。这显然不是梁州的蜀，而是距离牧野不远的蜀；也就不是从武王伐纣的蜀，而是与纣同党的蜀。这必然别是一个蜀。决无刚刚败殷于牧野的几天之后，就来伐自己伙伴的道理。梁州以外既别有个蜀，还有一些有关巴蜀的远古资料，也只好存而不论。《天问》“桀伐蒙山”的材料也只能付之阙疑。“肇于人皇”之说也就更不必谈。常氏《巴志》所引《洛书》人皇兄弟九人之说就更是荒谬，常氏反信之不疑，倒是奇怪。

蜀是个古国，“历夏、商、周”，是常道将所承认的。他却又反对三千岁的说法，真使人不解。四川最早就见于《禹贡》，在这篇书里说：“华阳黑水惟梁州，岷、嶓既艺，沱、潛既道，蔡、蒙旅平，和夷底绩。”郑康成注说：“《地理志》：岷山在蜀郡湔氐道，嶓冢山在汉阳西。”又说：“沱、潛二水亦谓自江、汉出者。《地理志》在今郫县。……潛盖汉，西出嶓冢，……东南至巴郡江州入江……即为西汉水也。”“蔡、蒙在汉嘉县。”“和夷，和上夷所居之地也。和读曰桓。《地志》曰：桓水出蜀郡蜀山西南，行羌中者也”（凡郑所称《地理志》多非班书，而与司马彪《郡国志》同，应当是东汉的《地理志》，在《东观汉记》内，司马与郑同用此书）。西汉水就是嘉陵江，桓水也可以说是白龙江。从这一些地名，可以看出《禹贡》的梁州，偏在今四川的西北，这是最早开拓的地方。嘉陵江以东广大地区都未提及，那是未开拓的。也可见这个开拓区是很小。如《禹贡》说：“岷山之阳，至于衡山。”“嶓山导江，东别为沱，又东至于澧。”这可说对西南地区知道的实在不多，而又显然有错误。《禹贡》又说：“导嶓冢至于荆山，内方至于大别。”

可见作《禹贡》的人对东西汉水之间的大巴山区是全不知道的，所以对荆州的西部也一字不提。这说明嶓、嶓以南的蔡、蒙（在雅安名山）地区和以成都平原为中心的一小块地方，才是最先开拓区域，这正是蜀的范围。后来的学者往往以为《周官》没有梁州，而说秦灭巴蜀，四川和中原才有交通，因之定《禹贡》为秦后所作。其实武王伐纣，《牧誓》就说有庸、蜀、羌、髳，《左传》也载詹桓伯说："巴、濮、楚、邓，吾南土也。"《逸周书·王会》说成王时"巴人以比翼鸟"、"蜀人以文翰"来朝贡，这不能说周时没有巴、蜀。孙诒让就说过周把梁州一部分划入雍州、一部分划入荆州（见《周礼正义·职方》），这是正确的。秦人灭了巴、蜀，《吕览》的九州反没有梁州。汉从汉中、巴、蜀统一全国，《淮南子》书中也没有梁州。我们是不能据《吕览》、《淮南》序九州没有梁州，就说秦、汉都没有巴、蜀。从《禹贡》以后，梁州的确和中原的接触不多。这是因为四川偏在西南，和中原容易脱节，这是很正常的。正如汉代开拓西南，牂柯、益州（建宁）、越嶲、永昌都置郡县，有好几百年，但在晋以后把这些地方都隔绝了。直到元代灭大理又才在云南设置州县。假若只据明清的云南省来看，因之说两汉、三国时不曾有过益州、永昌诸郡，这是讲不通的。

# 【六】 巴蜀的史迹

春秋时也有少量关于巴国的记载，如《左传》桓九年，“巴子使韩服告于楚，请与邓为好”。“邓南鄙鄾人攻而夺之币，楚及巴师围鄾”。后又与楚伐申，“楚惊巴师”。庄十八年，“巴人叛楚而伐那处，取之。遂门于楚。……巴人因之伐楚，楚子御之，大败于津”。文十六年，“楚人、秦人、巴人灭庸。”哀十八年，“巴人伐楚，败巴师于鄾。”鄾、邓、申都在楚的北境，巴人常常在北方和楚交涉，这是可以理解的。《常志》说：“巴子时虽都江州，或治垫江（今合川），或治平都（今酆都），后治阆中。”春秋时巴、楚有关的事既多在北境，可能当时是都在阆中。今天的奉节是春秋庸国的鱼邑，可能在灭庸以后，巴才南迁江州（今巴县）。房州和鱼邑都是庸国的土地，后来都是巴国的土地。巴成为大国应在灭庸以后，是很显然的。这类事件在北境，和《商君列传》赵良说：百里奚相秦，“发教封内而巴人致贡”，同是北境的事，这是很可注意的。百里奚相秦在穆公五年，说：“百里奚年已七十余”，赵良说百里奚“相秦六七年，……三置晋君，一救荆国之祸”，事皆在穆公早期。奚于穆公三十三卒，可证巴人致贡应在鲁僖公时，这也是巴早期的事。《常志》卷十二载巴郡士女，前汉十三人，其十二皆阆中人，后汉以下始见江州、垫江各县人物，可见巴郡文化发达最早期之地是阆中，武王封宗姬于巴自应在阆中。《常志》叙秦灭巴、蜀后说：赧王“三年，分巴、蜀置汉中郡”。可见秦、汉的汉中郡原有古时巴的土地，不仅仅是蜀的土地。自然巴和申、邓、鄾、秦的关系要多一些，这些都应该是从陆路交通。至于巴人伐那处，在南郡编县，阎敖游涌而逸，涌水在华容，大败于津在江陵，巴也从南境和楚有交涉。这时的夔峡属于庸，当时的秭归也还有与楚同祖的夔子（楚灭夔在僖二十六年），巴是否可以从水道伐楚也成疑问。《十道志》说：“施州清江郡……春秋时为巴国，七国时为楚巫郡。”可见楚的巫郡，原是巴国的土地。《晋书·地理志》说“秦取楚巫郡地为黔中郡”，汉高祖“改黔中为武陵郡”。本来武字就与巫字相通。《汉志》武陵郡的无阳县有无水。洪北江《贵州水道考·无水考》说：无阳三国吴时作潕阳，晋、宋志作舞阳，水亦作潕与舞，唐名武溪，又曰巫溪，置巫州，“盖口音轻重，字亦随音而改”。可见这个无字在地名上有时作潕、作舞，也作巫、作武。秦把巫郡合并于黔中，汉把黔中改为武陵，用武字代巫字，这是有依据的。施州、武陵既都是巴境，《后汉书》说这里有佷山，有扞关。《夷水注》说："廪君浮土舟于夷水，据扞关而主巴。"也可见巴、楚之间有陆道的扞关，不仅水道才有扞关。《三国志·先主传》说刘备自率诸将自江南"缘山截岭于夷道猇亭驻营"，又"自佷山通武陵"。从刘备攻吴的路来看，也可想见巴人攻楚的路。

《周本纪·正义》引《括地志》说："房州竹山县及金州，古卢国。"《楚世家·正义》又引《括地志》说："房州竹山县，本汉上庸县，古之庸国。"巴和秦、楚三国灭庸的时候，已不见卢，可见卢的地方后来并入于庸。三国灭庸，庸的地方自然一部并入于巴。《常志》说宕渠有卢城，是古卢国。卢的西境在宕渠，东境在房陵，翻过巴岭，必然有它的交通线。庸的东境在郧阳，西境在奉节，也是越过巴岭的。庸既有卢地，可能和卢越巴岭的路是相同的。汉建安二十一年，曹操使张郃督诸军徇三巴，进军宕渠，巴西太守张飞与郃相拒五十余日，飞击郃，大破之，郃走还南郑。《水经·沔水注》："汎水出梁州阆阳县，魏遣夏侯渊与张郃下巴西，进军宕渠，刘备军汎口，即是水所出也。张飞自别道袭张郃于此水，郃败，弃马升山走还汉中。"《寰宇记·校勘记》说："筑水自房陵自穀城入沔，张飞取道巴西，无缘相拒于穀城"（按《寰宇记》引"汎"作"筑"）。"《先主传》说："张飞进兵宕渠，与郃等战于瓦口（"瓦"即《水经注》之"汎"）。"《张飞传》说：张郃"进军宕渠蒙头、荡石（《常志》飞等进军蒙头，邀郃战于阳石），与飞相拒五十余日。"《舆地纪胜》卷一六二说："八濛山在流江县东北，……《三国志》张郃自汉中（原误汉州）进军宕渠，……飞遂破郃，巴土获安。"把张郃进军的路说在流江，与《水经注》不同，但此说最有理。《张郃传》说："郃别督诸军降巴东、巴西二郡，进军宕渠。”《魏武帝纪》说：“巴七姓夷王朴胡、賨邑侯杜濩举巴夷賨民来附，于是分巴郡以胡为巴东太守、濩为巴西太守。”郃进军宕渠，如偏在北，就和巴东无关。必在流江，今渠县，才能降巴东、巴西两郡。这也正是计划中四川通襄阳、信阳铁路所经的道路。有关地方志说渠县有勒石“汉将张飞率精卒万人大破贼首张郃于八濛”。皆说是“飞所自题”(见《蜀中名胜记》卷二八、《方舆纪要》卷六八)。这是越过巴岭最合理的路，卢、庸建国时东西的主要交通可能就在这里，古时巴国通汉中也应该在此一道。汉中、房州一带以至湖北的施南都是巴国的境土，这说明古巴国疆域之大，绝不是为大巴山所范围，就必然要有越过大巴山的道路。其他如米仓道，也是古来巴中、汉中的交通要路。《舆地纪胜》卷一八七说：“近者开禧(吴)逆曦之变，士大夫之逃难多由米仓以东归，此正趋荆襄之路。”由巴入汉中的道路，米仓道在宋代仍然是很重要的。

关于巴事的记载，是春秋时稍多，战国时就很少。关于蜀的记载，战国时稍多一些。《常志》说“卢帝攻秦至雍”，不知确在何年。从开明氏十二世而亡计算，上推卢帝是十一世。从秦惠王灭蜀上推到悼公是十一世，厉公是十世，躁公是九世。《秦本纪》载：孝公下令国中曰：“往者厉、躁、简公、出子之不宁，国家内忧，未遑外事，三晋攻夺我先君河西地，诸侯卑秦。”躁公二年，南郑反，义渠来伐至渭南。可见秦在此时期并不强盛，卢帝攻秦至雍是可能的。厉共公二年蜀人来赂，二十六年左庶长城南郑，躁公二年南郑反，可见这一时期是秦、蜀多事之秋。惠公十三年，《六国年表》说“蜀取南郑”，《秦本纪》说“伐蜀取南郑”，《史记》在这里是自相矛盾，应该是《秦本纪》错了。《常志》说：“周显王之世，蜀王有褒汉之地，因猎谷中，与秦惠王遇。”知惠王以前，蜀早有褒汉之地。太史公说：“献、孝之后，稍以蚕食六国”（《秦楚之际月表》），“献公之后，常雄诸侯”（《六国年表》）。秦失南郑，必然在献公之前。惠公后仅隔出子二年就是献公，如依《秦本纪》说惠公十三年取南郑，就找不到秦失南郑的时候，自然要从《六国年表》才对。《秦本纪》惠文王元年蜀人来朝，此为周显王三十二年，《常志》作“周显王二十二年蜀侯使朝秦”，这是《常志》的文字之误。从秦、蜀争南郑经六十五年而南郑为蜀所有，且兼有武都之地。自蜀有南郑，经七十一年而蜀亡于秦。秦惠王初更九年，司马错伐蜀灭之。《常志》说：“卢帝攻秦至雍，生保子帝，帝攻青衣，雄张僚僰。”可见开明开国的二、三代间，北攻秦，南攻青衣，蜀在此时就开始扩张，渐成为大国。秦惠公十三年蜀伐秦取南郑，是周安王的十五年。楚肃王四年，“蜀伐楚取兹方”（《楚世家》），是周安王二十五年。这十年之间，北伐秦，东伐楚，可见这是蜀最强盛的时候。《常志》说：“武王伐纣，蜀与焉。其地东接于巴，南接于越，北与秦分，西奄峨嶓。”这里所说蜀的疆域，不应该是武王时蜀的疆域，而是蜀有南郑以后的疆域。汉中的褒城是古褒国，幽王时还存在的。幽王既败，郑人南迁，始有南郑之名。蜀不可能早在周初就有南郑地区。如西周初年蜀已有汉中，此时关中之地为周王畿，就应该说“北与周分”。秦在西周孝王时代，始封非子邑之秦为附庸。到东周之初，《史记·秦本纪》说：“十六年，文公以兵伐戎，戎败走。……至岐，岐以东献之周。”北与秦分，应在秦穆公前后，而不得在周初。蜀伐青衣，“雄张僚僰”以前，也不可能“南接于越，西奄峨嶓”。这都是常氏用材料不审慎，真贻误后人不少。

《史记·楚世家》:“肃王四年,蜀伐楚,取兹方。于是楚为扞关以拒之。”《正义》说:“荆州松滋县,古鸠兹地,即楚兹方也。”蜀何以那样远越过巴境来伐楚,这是值得讨论的一个问题。《左传》庄十八年,巴人叛楚而伐那处,“楚子御之,大败于津”,在今宜都。文十六年“麇人率百濮聚于选”,在今枝江。所以昭十九年“楚子为舟师以伐濮”,应该是濮在大江,即是枝江。显然可见楚的西界在宜都、松滋,至于枝江就不是楚地了。就可看出在此以西,是后来巴的土地,也就是巫郡的东界。巴在四川的土地(巴中),就是百濮的土地,到濮入荆,从汉入江,巴后来也有汉水区域的濮地。枝江是濮,巴也可能后来取得枝江。从楚肃王四年到秦孝公元年,中间仅隔十六年。《秦本纪》说:“孝公元年,楚自汉中南有巴黔中。”肃王卒,宣王立,和秦献公同时。《楚世家》说:此时“秦始复强,而三晋益大,魏惠王、齐威王尤强。”这段时间既齐、秦、三晋都强,所以楚不能向北发展。肃王之前是悼王,《史记·蔡泽列传》说:吴起事悼王,“南收扬越”,《后汉书·南蛮传》说:“吴起相悼王,南并蛮、越,遂有洞庭、苍梧。”可见悼王以后楚是向西南发展的。《楚世家》说:惠王十六年,“越已灭吴而不能正江淮北;楚东侵,广地至泗上”。在此以后楚灭蔡、灭杞、灭莒。这段时间越为强国,楚是不能向东北发展的。吴起相悼王以来,楚就向西南发展,因之南有巴黔中。就说明肃王前后是楚西侵巴境的时期,巴、蜀就必须联合起来对抗楚的侵略。周安王十五年,蜀伐秦,取南郑。安王二十五年,蜀伐楚,取兹方。十年之间,东伐楚,北伐秦,这应该是蜀最强大的时候。把楚在不同时间的侵略方向搞明白,对蜀伐楚兹方的问题也就可以理解了。从此时(周安王二十五年)起,到秦灭巴蜀(周慎王五年)这六十年间，楚对巴、蜀的威胁稍稍解除，于是“巴与蜀雠”（《蜀志》），“世战争”（《巴志》），各来“告急于秦”（《张仪列传》），秦一举遂灭巴、蜀。巴、蜀都是由小部落扩张起来，在它们联合抗楚的时间，可能两部的扩张还没有到彼此接触。到它们境土相接的时候，便自然要发生冲突，而都去向秦求援，为秦人造成吞并的机会。它们之发展渐成为两大盟主，也不过是春秋战国时间的事。《楚世家》载：怀王十一年，“苏秦约从山东六国兵攻秦”。秦灭巴、蜀在怀王十三年，是秦兵不能东出，于是转向西南，遂灭了巴、蜀。

秦灭蜀后，三封蜀侯，三个蜀侯又都被杀，这事最是可疑。在《史记》一书内，本纪和年表、列传叙说此事既简略，又处处矛盾颠倒，可能是司马迁原来就把这事没有弄清楚。常氏纂《华阳国志》，依《史记》来写，又略增加了些如《蜀本纪》之类的材料，但把秦封蜀侯的事还是说不清楚。《史记》本书的矛盾原来即太多，如《秦本纪》说惠王十一年“公子通封于蜀”，《六国年表》作十二年“公子繇通封蜀”。《常志》作“赧王元年，秦惠王封子通国为蜀侯，以陈壮为相”。《蜀王本纪》作“封公子通为蜀侯”。赧王元年，于《年表》为惠王十一年，与《本纪》合。应是《年表》误后一年。《本纪》惠王十四年“相壮杀蜀侯来降”。是年惠王卒，武王立，元年“诛蜀相壮”，《年表》同。但在《史记·甘茂列传》说：“惠王卒，武王立，……蜀侯煇、相壮反，秦使甘茂定蜀。”杀相壮是在此年，是甘茂的事，杀蜀侯煇在《本纪》和《年表》都是昭王时，不是甘茂的事。《常志》说赧王“七年封子恽为蜀侯”，是在武王三年（《蜀王本纪》也作蜀侯恽），更可证不会武王元年就诛煇。《本纪》说昭王六年“蜀侯煇反，司马错定蜀”，《年表》作六年“蜀反，司马错往诛蜀守煇，定蜀”，把煇说成是蜀守而非蜀侯。但《甘茂传》作蜀侯煇，作蜀侯是正确的。可见《史记》牴牾太甚，是并未弄清事实的。《常志》说赧王十五年(秦昭王七年)“封其子绾为蜀侯”，三十年(秦昭王二十二年)“疑蜀侯绾反，王复诛之，但置蜀守”。《史记》就没有记蜀侯绾的事，可见《史记》的确误失很多。但《常志》又把蜀侯恽的被杀，说为是孝文王的事，就更不对了。惠王十四年蜀相壮杀蜀侯，武王元年诛蜀相壮，是在赧王四年和五年，《常志》两年的事说为都是六年，也是错的。《史记》和《常志》记蜀侯事都不明白，《本纪》说“蜀侯煇反”，说“相壮杀蜀侯来降”，可能蜀侯通也是因反而被杀的。《常志》说“疑蜀侯绾反”，蜀相壮也是反。《本纪》说“丹犁臣蜀(不是臣秦)，相壮杀蜀侯来降”。武王“诛蜀相壮，伐义渠、丹犁”，又可见丹犁和蜀侯反秦是有关系的，这都很奇怪。从秦灭蜀后三十年，到诛蜀侯绾才算定蜀。秦三次封的蜀侯，都是因反叛而被诛。六国和秦都不把国土来分封子弟，《史记·李斯列传》说：“秦无尺土之封，不立子弟为王、功臣为诸侯。”但秦在蜀地却是几次反，又几次封，这是很难理解的。秦既置蜀相，又置蜀国守，这在当时的制度上也很特殊。但从汉代越嶲、牂柯来看，很多县既有县令，又还有邑君，如钩町王之例却很不少。《汉书·两粤传》说：“闽粤王无诸及粤东海王摇，其先皆粤王勾践之后也，……秦并天下，废为君长，以其地为闽中郡。及诸侯叛秦，无诸、摇率粤……从诸侯灭秦。”这就可见秦汉对少数民族的政策，和对内地不同，虽设置郡县，但邑君侯王依然存在。蜀侯、蜀相之外又置守，也就是这个缘故。所说“秦封其子”，想来都是从前蜀王之子，而不是秦王之子。秦人封义渠的情形也是这样，《六国年表》惠文王七年，

“义渠内乱，庶长操将兵定之”，十一年“县义渠，……义渠君为臣”（亦见《秦本纪》）。但初更五年秦又伐义渠，七年义渠败秦于李伯（见《后汉书·西羌传》），初更十年“伐取义渠二十五城”（见《秦本纪》）。到赧王四十三年（秦昭王三十五年），秦诱杀义渠王于甘泉宫，因起兵灭之，始置陇西、北地、上郡，事见《后汉书·西羌传》。从《史记·范雎列传》看，也证明灭义渠是在这一年。从秦定义渠，县义渠，又伐义渠，到义渠灭亡，经过了四十六年，时间也长，用兵次数也多。《史记·西南夷列传》载：“汉诛且兰、邛君，并杀莋侯，……乃以邛都为越巂郡，莋都为沈黎郡。”《后汉书·公孙述传》说“邛、莋君长皆来贡献”，也是置郡县后其君长犹在。义渠、闽、粤、巴、蜀都是当时少数民族，情形也可互相证明。《史记·张仪列传》：“卒起兵伐蜀，十月，取之，遂定蜀，贬蜀王更号为侯，而使陈庄相蜀。”《战国策·秦策》也说：“蜀主更号为侯。”可证明是贬原来的蜀王为侯，后来屡次所封，都自然是蜀王的子孙，而不是秦王之子孙，是显然的事。可能是因为旧史文字简略，汉人没有搞清楚，所以《史记》自相牴牾，《华阳国志》更是根据民间传说之误，而收了一些不足信的材料入史籍。

再从所封各个蜀侯的具体情况看，如果认为是秦王的子弟，是难于讲通的。惠文王十一年封公子通为蜀侯，十四年惠王卒，子武王立，《世本》言武王十九而立（《秦始皇本纪·索隐》引）。知惠文王十一年武王十五岁，如公子通为武王弟则只能十三岁，不可便立为蜀侯。惠王十四年时只十六岁，竟因谋反被杀，也殊难理解。秦武王元年诛蜀相壮，武王三年“封子恽为蜀侯”。依《秦本纪》说：“武王取魏女为后，无子，（武王卒），立异母弟，是为昭襄王。”武王明明无子，则武王所封子恽，岂能是武王的儿子。秦昭王六年诛蜀侯恽，七年“王封其子绾为蜀侯”。《秦本纪》说：昭王“三年，王冠”，昭王立时很年幼。昭王在位五十六年，子孝文王立。《秦始皇本纪》说：“孝文王生五十三而立。”孝文王应该是昭王四年出生的，其次子应该是五年或六年出生的。蜀侯绾如其是孝文王之弟，受封时才一岁或二岁，这是绝不可能的事。昭王二十二年蜀侯才十五六岁，又疑他谋反而杀之，这也是不可信的。公子悝和公子显都是昭王同母弟，但也仅封为高陵君、泾阳君，何以绾独封侯。同样，惠王异母弟樗里疾，于惠王初更七年称庶长疾，累建武功，虏赵庄豹、楚屈丐，乃于十二年仅封严君，在蜀严道。而繇通无功无位，以一孺子竟封蜀侯。这都是难以理解的。

《常志》又说：“蜀侯恽祭山川，献馈于孝文王。恽后母害其宠，加毒以进。……文王大怒，遣司马错赐恽使自裁。……秦诛其臣郎中令婴等二十七人。蜀人……为蜀恽立祠，……水旱祷之。”孝文王立时年已五十三，可能有子封于蜀。但《秦本纪》说：“孝文王除丧，十月己亥即位，三日辛丑卒，子庄襄王立。”孝文王在位才三日，恐来不及封其子为蜀侯，更来不及献馈和加毒，也来不及杀之。《秦本纪·索隐》引《华阳国志》：“秦封王子煇为蜀侯，蜀侯祭，归胙于王。后母疾之，加毒以进。王大怒，使司马错赐煇剑。”唐人所引作秦王不作孝文王，不作“文王大怒”，而作“王大怒”。《常志》记杀恽事在赧王十四年，于《年表》为昭王之六年。《本纪》叙此事正在昭王六年，则今本《常志》作孝文王显然有误。且蜀侯既为武王之所封，称为“子恽”，孝文王为武王之侄，孝文王之妻何得为恽之后母。若恽为昭王所诛，昭王为武王之弟，昭王之妻亦不得为恽之后母。是子恽“归胙”事显为春秋时晋骊姬、申生事之民间讹传，而常氏竟取以入《志》，是不足凭信的。再根据秦汉的制度和闽粤的实例来看，三封蜀侯，只能是蜀王的子孙。根据秦王朝的世代实际来看，蜀侯之封，绝不是秦王的子孙，而必然是蜀的子孙。

《水经·叶榆河注》引《交州外域记》说："交趾昔未有郡县之时，土地有雒田，其田从潮水上下，民垦食其田，因名为雒民，设雒王、雒侯主诸郡县，县多为雒将。……后蜀王子将兵三万来讨雒王、雒侯，服诸雒将。蜀王子因称为安阳王。后南越王尉佗举众攻安阳王。……南越知不可战，却军住武宁县。……遣太子名始，降服安阳王，称臣事之。……安阳王有女名媚珠，见始端正，珠与始交通。……（始）便逃归报南越王。南越进兵攻之，安阳王遂败，王下船径出于海。今平道县后王宫见有故迹。越遂服诸雒将。"这个安阳王就是开明王，明字古读芒，蜀的开明王到交趾，以音读之殊称为安阳王。秦灭蜀后，仅仅百年而秦亡，赵佗遂称南越王。此时已有蜀王之后安阳王在交趾建国，这和殷亡而箕子往朝鲜建国大致相同。安阳王王交趾事，亦见诸书所引《广州记》、《南越志》、《日南传》诸书，越南旧史亦莫不备载。盖皆来自民间传说，征诸史志，当为足信。余别有专论，此不赘述。

《十道志》说："故老云：楚子灭巴，巴子兄弟五人流入黔中。汉有天下，名曰酉、辰、巫、武、沅等五溪，为一溪之长，故号五溪。"秦灭的巴是姬姓，这是楚灭的巴，和《益部耆旧传》说的楚襄王灭巴子是同一件事。很可能别是一个巴子，就是楚得枳而亡的枳，其时其地都合。《常志》说巴子，"其先王陵墓多在枳"，应该是说的楚灭之巴。所谓楚得枳而国亡，即是秦拔郢都，襄王亡走陈（徙都寿春），这正在顷襄王二十一年，距秦灭巴蜀已四十年。但秦昭王二十七年,司马错从枳南入,溯舟涪水,取楚黔中,为顷襄王十九年,知楚灭巴(枳)子应在秦取黔中之前。秦取黔中,距秦灭姬姓之巴已三十六年(巴灭为楚怀王十三年)。先后是两个巴子,是显然的。楚襄王封巴废子于濮江之南,号铜梁侯。《蜀都赋》"外负铜梁于宕渠",知古之铜梁在宕渠。而所谓濮江之南,应是渠河之南。或铜梁即高梁山,在梁山县。至于唐置铜梁县,是汉垫江县地,特名同耳,此非古之铜梁。平都也是这个巴子的旧都,而秦灭姬姓之巴,只能说在阆中了。《常志》载巴郡士女,前汉十三人,阆中十一人;后汉三十九人,江州仅三人。见两汉之世,江州文化远不及阆中,足知姬姓之巴子在北而不在南。《后汉书·南蛮传》李贤注引干宝《晋纪》说:"武陵、长沙、庐江郡夷,槃瓠之后也,杂处五溪之内。"《水经·蕲水注》所说的五水蛮,即是庐江郡蛮。《涪州图经》:"其俗有夏、巴、蛮、夷,蛮则槃瓠之种。"《夔城图经》:"夷蜒居山谷, 巴夏居城郭"。《北史》:"蛮之种类,盖槃瓠之后,在江淮之间,部落滋蔓,布于数州,东连寿春,西通巴蜀,北接汝颍,往往有焉。……陆浑以南,满于山谷。"又说信州(白帝城)向五子王等都是蛮,"屯据三峡,遏断水路"。《寰宇记》忠州、万州、开州同有唱竹枝,二月郊外迎富的风俗,和僚人用铜鼓不同,也不是廪君系,可能都是槃瓠系。诸史所说河南王兰雒州和梁王、谯王,可能都是楚灭的巴子之后, 在六朝时北入淮水建国的。元魏也迁很多蛮于六镇、秦陇,更在北方。巴子之后的蛮,活动的地区就更广了。

# 【七】 蜀的经济

《常志》说:"杜宇教民务农,……巴亦化其教而力农务。"又说:"以汶山为畜牧,南中为园苑。"可见此时的巴蜀还是畜牧和耕稼并行的社会。《蜀王本纪》说;"蜀王从万人东猎褒谷。"《常志》说:秦昭王时,廖仲、药何、射虎、秦精等作白竹弩于高楼射虎。所以明峥《越南史略》也说:"蜀部族(指蜀王子泮,即安阳王)的材料不多,从旧史知道蜀部族善于狩猎,可以推测蜀部族是以畜牧和狩猎为生的。"秦灭蜀后六十年,安阳王就在越南建国,它和《常志》说的畜牧狩猎生活情形是一致的。从杜宇时已知务农,又作杜宇城因名杜宇(《艺文类聚》引《蜀王本纪》)。《常志》说“开明九世始立宗庙，以酒曰醴”，也是有农业的证明，又有城郭宫室。《常志》又说：周赧王七年（此误，应为秦昭王二十七年，赧王三十五年），“司马错率巴蜀众十万，大舶船万艘，米六百万斛，浮江伐楚”。可知在李冰守蜀开二江灌溉之前，蜀已大量产米。昭王三十年乃是张若守蜀取楚巫、黔中，知李冰守蜀必在昭王三十年后。《常志》说：“周灭后，秦……以李冰为蜀守。”据《秦本纪》周亡在秦昭王五十二年，李冰守蜀至早也不过此年，显然已在司马错浮江伐楚之后二十五年了。但在昭王二十七年蜀已能输六百万斛出去，可见产量相当丰富。

《水经·江水注》说：“江水又东别为沱，开明之所凿也。”成都平原可能在李冰前已有水利灌溉。从近年来发现的考古材料来看，知战国时蜀已有铁器和纺织品。《常志》载司马错说：“其国（指蜀）富饶，得其布帛金银，足给军用。”所以《秦策》说：“蜀既属秦，（秦）益富厚轻诸侯。”从此可以窥见在秦灭巴蜀之前，蜀的劳动人民在生产方面是有高度成就的，它并不落后于七国，这才为汉代蜀刀、蜀布驰名全国准备了条件。

《常志》说开明九世，“蜀有五丁力士能移山，举万钧。每王薨，辄立大石，长三丈，重千钧，为墓志。”秦惠王时，蜀“遣五丁迎石牛”。从开明九世到十二世应该有百年，前后服劳役的都是五丁。显然十二世三百余年间，都有五丁服沉重的劳役，可见五丁就不是偶然天降的五个大力士了。《春秋繁露·王道》说：“梁内役其民，……使民比地为伍，一家亡，五家杀。”蜀的五丁，想来和梁一样，是一种劳役组织形式，可能是一种奴隶制度。司马错说：蜀“有桀、纣之乱，……故拔一国而天下不以为暴，……而又有禁暴正乱之名。”（《秦策》）可见蜀当时的剥削统治是残酷的,秦灭巴蜀倒是拯救了巴蜀的人民。明峥《越南史略》说:"蜀战胜了文郎之后,文郎的人民就变成了奴隶。"可见这一个长时期蜀还是奴隶制度,两种材料是很符合的。

秦灭巴蜀,使巴蜀经济向前迈进了一大步。灭巴蜀是秦惠王,但《汉书·地理志》却说"秦昭王开巴蜀"。作辕田、开阡陌是秦孝公、商鞅的事,在《秦始皇本纪》中却说:"昭王四年初为田开阡陌。"这只能认为是把商鞅的辕田制度在此时推行于巴蜀。应该是在杀蜀侯恽、司马错再次定蜀以后,秦对巴蜀的改革才能积极进行。商君变法的一切有效设施,秦是可能推行于巴蜀的(秦灭六国,到汉时还有东田存在,可见秦的田制并未在山东全面推行)。商鞅废井田、开阡陌,是在秦国社会经济发展到一定的水平才实现的。昭王在蜀开阡陌,显然也需要蜀具有相当的条件才能推行。这就不难想见蜀在此时的经济发展水平可能已和商君时秦国的情况大致相近。蔡泽说:范雎相秦,"栈道千里,通于蜀汉"(《史记·蔡泽列传》),这是整治交通。范雎相秦也是在昭王时。《水经注》引《风俗通》说:"秦昭王使李冰为蜀守,开成都两江,溉田万顷。"《史记·河渠书·正义》引《风俗通》亦正相同。《常志》说"秦孝文以李冰为蜀守",前面讨论过,孝文王在君位仅三日,不可能有重大的措施,认为巴蜀的开发始于昭王是比较合理的。李斯说:"昭王得范雎,废穰侯,逐华阳,强公室,杜私门,使秦成帝业。"说明范雎是法家,是商君政策的继承者,可惜太史公只把他认为是一个游士,那就错了。

《常志》说:张"仪与(张若)城成都,周回十二里,高七丈。郫城周回七里,高六丈。临邛城周回六里,高五丈。造作下仓,上皆有屋,而置观楼、射兰(栏)。"张若"营广府舍,置盐、铁、市官，……市张列肆，与咸阳同制。”与咸阳同制，在当时可算是了不起的规模。也正显示出当时蜀的经济水平。《常志》说：李冰“穿郫江、检江，别支流双过郡下，以行舟船。岷山多梓、柏、大竹，颓随水流，坐致材木，功省用饶。又灌溉三郡，于是蜀沃野千里。”冰“又识察(旧误作齐，依《水经注》校改)水脉，穿广都盐井诸陂池，蜀于是盛有养生之饶焉。”这都是有关经济文化极重大的措施。《常志》说：“秦惠文、始皇克定六国，辄徙其豪侠(即工商业者)于蜀，资我丰土，家有盐铜之利，户专山川之材，居给人足，以富相尚，故工商致结驷连骑。”《项羽本纪》说：“秦之迁人皆居蜀。”《货殖列传》载的蜀卓氏、程郑，都是六国灭亡后来的，他们都是以冶铸致富。到汉时，《贡禹传》说：“蜀、广汉主金银器，岁各用五百万。三工官岁费五千万。”颜注：“三工官，少府之属官。”如淳说：“蜀郡成都、广汉，皆有工官，工官主作漆器物者也。”可见蜀的手工业情形，它的岁用比之长安三工官的岁用要占五分之一。《汉书·酷吏传》载武帝责杨仆说：“欲请蜀刀，问君贾几何？对曰率数百。武库日出兵而阴不知，挟伪干君。”可见汉代武库最重蜀刀。《后汉书·公孙述传》载李熊说：蜀地“女工之业，覆衣天下”。可见其产量之多。《西南夷传》载张骞言：“使大夏时，见蜀布、邛竹杖，问所从来，曰从东南身毒国，可数千里，得蜀贾人市。”可见蜀布行销之远。近世于朝鲜乐浪郡出土汉广汉工官漆器，更可见当时手工业和商业之发达是如此之盛。《事类赋·注》引《丹阳记》说：“江东历代尚未有锦，而成都独称妙。故三国时魏取市于蜀，而吴亦资西蜀。”这不是偶然的。长安八万八百户，二十四万六千口。成都是七万六千二百户，是当时全国第二大城市。可见在秦时和咸阳同制，不是偶然的。最奇特的是长安为当时中央政府所在，统治者和他们的附从必定很多，但比成都只多四千户，这更可见成都的重要。蜀的盐铁手工业都是秦时展开的，所以成都有盐铁官。盐铁在秦汉间占经济最重要的地位，蜀刀、蜀布在汉代也是名产，可见蜀的经济从秦时起是迈进了一大步。

四川从古至今因为经济文化的逐步发展，变动很大，所以从形势方面来看，有许多区域在古代很重要，但后来却不为人所注意，也有许多地方在宋明以后渐次重要起来，但在古代就不那么重要。这种转变，前后是很大的。从有文献可考的时候来说，临邛和成都，几乎有同等的地位。《常志》说：秦惠王二十七年，张仪与张若筑成都城、郫城、临邛城。《文选·蜀都赋·注》谓惠王二十七年使张若、张仪筑成都城，是《蜀王本纪》文。从《古文苑·注》可证《水经注》也作二十七年，可说即是根据《常志》。清人顾广圻校《常志》，认为二十七年错了，是宋人改窜的。他不知道《文选·注》早已如此，不是宋人妄改。现仍依《常志》文。惠王十三年合初更十四年适得二十七年，《蜀王本纪》是并惠王前后计之。初更十四年相壮杀蜀侯。《常志》："陈壮反，杀蜀侯通国，秦遣庶长甘茂、张仪、司马错复伐蜀，诛陈壮。"这正是二十七年。秦复定蜀，遂城成都、临邛、郫城。《史记·樗里子列传》说："秦惠王二十五年，使樗里子为将伐赵，虏赵将军庄豹。"案之《秦本纪》为惠王初更十二年。《六国年表》与《本纪》同。以初更十二年通前十三年计之，适得二十五年，知《文选·注》引《蜀王本纪》二十七年之说不足疑。《御览》九百三十一引《华阳国志》"秦惠王十二年（《事类赋·注》引作十三年），张仪、司马错破蜀，克之。仪因筑城，城终颓坏。后有一大龟从硎而出，周旋行走，因依龟所行筑之，乃成。”《六国年表》“惠王初更十二年公子繇通封蜀，十四年蜀相(壮)杀蜀侯。”疑《常志》原文稍详，故记年不同。这三个城是高五丈、六丈、七丈，正如商君在秦“大筑冀阙，营如鲁、卫”，这不是一般的工程。据《常志》说：郫是杜宇的旧都，成都是开明的旧都，要不是临邛有和成都、郫城同等的价值，就不会在这次同筑三个城之中。《常志》又说：临邛县“本有邛民，秦始皇徙上郡实之”。这和秦惠王灭蜀，“以张若为蜀国守，……移秦民万家实之”，显然是同样的道理。

《水经注》说：南安县“治青衣江会，衿带二水矣，即蜀王开明故治也”。《舆地纪胜》卷一四六载：“秦水在峨眉县西南。”又引《旧经》云：“秦惠王伐蜀克之，徙秦人万家以实焉。秦人思秦之泾水，于其水侧置戍，谓之泾口戍，天宝六年改名秦水。”《寰宇记》亦有这样的记载，而系之罗目县，这又可见青衣一道在当时的重要，故有移民。《舆地纪胜》卷一四七载：芦山县有“开明王城”，又引《旧经》云“开明王所筑”，开明故治在南安，又由广都迁成都，这四处就形成了一个三角地带。《常志》说：望帝“自以功德高诸王，乃以褒斜为前门，熊耳、灵关为后户，以汶山为畜牧，南中为园苑。”熊耳、灵关正是青衣水的首尾，这里也有移民，可见秦开西蜀的措施是多样的，不仅是穿二江灌溉工程而已。

李冰在蜀对水陆交通的工程做得更多，又都是在岷江和它的西岸，这都是很可注意的。(一)《史记·河渠书》：“蜀守冰凿离堆，辟沫水之害，穿二江成都之中，此渠皆可行舟，有余则用溉浸。”(二)《常志》说：“青衣有沫水，出蒙山下……会江南安，触山胁溷崖，水脉漂疾，破害舟船，历代患之。冰发卒凿平溷崖，通正水道。”这是青衣江。(三)《常志》又说：僰道有“大滩江中，其崖崭峻不可凿,乃积薪烧之。”这是岷江。(四)《常志》又说:“青衣江会,汉河平中山崩地震,江水逆流,悬溉有滩曰雷坻,亦曰盐溉,李冰所平也”(原本有夺误,据《水经·江水注》补正)。这是岷江和大渡河。(五)《常志》又说:“冰又通筰道文井江,与蒙溪分水,径临邛与布濮水会,至武阳天社山下合江”(旧文错倒,今依《江水注》校正。布濮水旧作白木水,唐宋人引亦作白木水,但《江水注》作布濮水,与《常志》临邛县有布濮水合文井江符)。这是文井江。(六)又说:“又导洛通山洛水,或出瀑口,经什邡、郫别江,会新都大渡。”(七)又说:“又有绵水,出紫岩山,经绵竹入洛,东流过资中,会江阳(今泸县)。”(八)又说:“自湔堰上分穿羊摩江、灌江。”除洛水外,李冰所治全在岷江和岷江西岸,这些都属于水道交通。“通筰道文井江”,又正是通筰都的陆路交通。这也反映出临邛在古代的重要。

《禹贡》说:“华阳黑水惟梁州,岷、嶓既艺,沱、潜既道,蔡、蒙旅平。”蔡山、蒙山在雅安、名山县境,也正是汉的徙、筰都,青衣江发源于此,有灵关,下流到乐山合岷江,有熊耳峡。《常志》说:“高后六年,城僰道,开青衣。”从《禹贡》蔡、蒙的提出,直到秦汉,都见出这一地带的重要。公孙述先为王莽的导江卒正,治临邛,后来才到成都,岂不是反映了临邛的重要。开明三世保子帝攻青衣,《水经注》说:“青衣县,故青衣羌国也。”又引《竹书纪年》:“梁惠成王十年,瑕阳人自秦道岷山青衣水来归。”足以证明青衣的古老。蜀伐楚,取兹方,是蜀最强的一段时间。从取兹方到惠成王十年是十六年,蜀请别国的工程师治水,也是国家强盛的表现。《蜀王本纪》说:“蜀王本治广都樊乡(今双流),徙居成都,秦惠王遣张仪、司马错定蜀,因筑成都而县之。”《常志》

也说“开明王……乃徙治成都”，开明原治青衣江会，在乐山，又治广都，后移成都，这也看出开明是从南面沿着岷江北上，最后才到成都的。成都、临邛、青衣（下游），秦都移民往实之，这是一个三角形地带，就反映当时地理形势，表示蜀的经济繁荣是在什么地区了。凡《常志》所记七桥以外的桥和七津都在岷江一道，也正与这一形势符合。《汉书·货殖传》说：“蜀卓氏之先，赵人也，用铁冶富。秦破赵，迁卓氏之蜀。……卓氏曰……吾闻岷山之下沃野，民工作布，易贾。乃求远迁，致之临邛，大喜。即铁山鼓铸。”这说明临邛早已发现铁矿，所以专搞冶铁的卓氏求远迁临邛。他说“民工作布”，汉时蜀刀、蜀布是最有名的。可见早在秦时，临邛作布、作刀的手工业就有相当的基础。《常志》说：“临邛县有火井，井有盐（旧误作“二”，依《水经注》改正）水，取井火煮之。”汉时临邛有盐、铁官，临邛的火井是否秦时所穿，《志》无明文，但广都的井就是李冰凿的，也可能秦时临邛已有盐井。《常志》说：“宣帝时又穿临邛、蒲江盐井二十所，增置盐、铁官。”盐、铁在西汉前期占经济上很重要的地位。盐、铁、布三者都是临邛的产物，那就无怪张仪在成都、临邛筑城，秦在成都、临邛移民了。公孙述在开始就是要控制这一经济富裕地区的。从《汉书·地理志》看，有盐官的地方仅二十八郡，蜀郡的临邛、犍为的南安（治今乐山）都有盐官。有铁官的地方是四十郡，但蜀郡临邛、犍为的南安、武阳二县都有铁官。卓氏、程郑是用冶铁致富，成都罗裒“往来巴蜀间，擅盐井之利”（亦见《货殖传》），这是以盐致富。从以上可以看出临邛、南安、武阳在长时期经济地位颇高，李冰的设施和秦的移民都在这一地区，是可以理解的。

# 【八】 经济中心的转移

从人口的密度来推测，可以看出成都小平原和临邛、南安这一小小三角地带，几乎占巴蜀户口的三分之二。汉时广汉、犍为郡主要是从蜀郡分出，把当时这一精华地区，三郡各得一部分，所以称为“三蜀”。蜀户二十六万八千余，广汉十六万七千余，犍为十万九千余，巴郡十五万八千余。晋时又分汉的广汉为三郡：新都郡户二万四千五百，是在成都平原，梓潼郡户一万二百，广汉郡户五千一百。可说晋的新都占汉时广汉郡人口的八分之五，其余二郡共占八分之三。晋时分汉的犍为为三郡：江阳郡户三千一百，朱提郡户二千六百，犍为郡户一万。后者正在南安、武阳的岷江两岸，占汉时犍为人口的三分之二，其他二郡只占三分之一。以汉时广汉人口八分之五的十万户，犍为人口三分之二的六万户，和蜀郡共计在四十二万户以上。以汉时广汉人口八分之三的六万户，汉时犍为人口三分之一的三万户，和巴郡共计是二十四万户以上。据这种约略估计，说这一小小三角地带，秦汉时期大致占巴蜀人口三分之二，是不大过分的。说古代四川经济文化是集中在这个小地区，大致是不错的。

在《山海经·中山经》中很可看出蜀的情况。中次九经序岷山以次入江的水。中次十经无水，内有涿山。郝懿行说："《史记·索隐》：涿鹿或作蜀鹿，是此涿山即蜀山矣。"这应该是梁州。中次九经说："岷山之首曰女几之山，……洛水出焉，东注于江。"又东北曰："岷山，江水出焉，东北流注于海。"又东北曰："崃山，江水出焉，东流注大江。"又东曰："崌山，江水出焉，东流注于大江。"又东曰："鬲山，……蒲鸝之水出焉，而东流注于江。"又东北曰：隅阳之山，……徐之水出焉，东流注于江。"又东曰："岐山，……减水出焉，东南流注于江。"又东曰："风雨之山，……宣余之水出焉，东流注于江。"此篇凡见八水，其七皆注于江。其可考者首四水，其末四水不可考。以全书之例求之，八水各水相去应该相近，都未必到岷江以外，甚至可能不在乐山以下。这里提出了江水、洛水，又提出了崃山、崌山的江水，这和《禹贡》所提的"沱、潜既道，蔡、蒙旅平"是一致的。《禹贡》是北系的作品，《山海经》是南系的作品，蔡、蒙、崃、崌，都显示了临邛和青衣、严道在古代的重要。因丹犁臣蜀，蜀遂叛秦。秦定蜀就同时伐丹犁，这也可见当时的形势。

《中山经》言；"崃山，江水出焉"；"崌山，江水出焉"。郭注于前者说："邛崃山，南江水所自出也。"于后者说"北江"。《海内东经》说岷三江；"首大江出汶山，北江出曼山，南江出高山，高山在城（成）都西。"崃山、崌山和曼山、高山显然有别。三江之说应是说大江的发源，崌山、崃山的江水应该是下流入江之水。前后二者不能牵合为一，《水经注》对此就不免混淆不清了。郦道元把崌山、崃山叙于汶江道之上、蚕陵县之下，郝懿行因之以崌山、崃山即高、曼二山。蚕陵、汶江和严道、青衣相去太远，是不能混淆的。王先谦也同样错了。刘昭注《郡国志》于汶江道下引《常志》说；"涉水、駹水出焉，多冰寒，盛夏凝冻不释。"说此二水是出于高山、曼山的南江、北江，于地理位置才合，这正是在成都之西的。《山经》、《常志》同记古代著名山水，当可互相印证。此二地区，两书皆详记其山川，可能古代蚕丛建国即在蚕陵，蒙山建国则在严道，两处都是人民聚居之处。《中山经》这样详细列举各水，详西略东，和《禹贡》是一致的，也可见两书对此一地区的重视。就在《汉书·地理志》里，也同样有详西（雅安诸地）略东（川东）的倾向。《汉志》严道下说："邛来山，邛水所出，东入青衣。"于青衣下说："《禹贡》蒙山溪大渡水，东南至南安入渽。"于汶江下说："渽水出徼外，南至南安东入江。"这里的渽水，即今之大渡河。《汉志》不言沫水，《水经》、《常志》皆言沫水与青衣水合入江，此即《汉志》之大渡水。《水经·沫水注》："沫水出岷山西，东流过汉嘉郡。……《华阳国志》曰：'二水（青衣水、沫水）于汉嘉青衣县东合为一川。'自下亦谓之青衣水。沫水又东泾开刊县，故平乡也。"《水经注》沫水似即用《常志》之文，刘昭注《郡国志》青衣下所引《常志》应有误衍。《沟洫志》说："蜀守李冰凿离堆，避沫水之害。"正是青衣江，颜师古的注也错了。杨守敬作

《水经注图》以今之大渡河为涐水，而沫水为青衣上游来会之水，是合于《班志》、《常志》和《水经注》的。《江水注》：南安县“有濛水，即大渡水也，水发濛溪（这是《班志》的大渡水，即青衣水），东南流与涐水合。水出徼外，迳汶江道，……南至南安入大渡水，大渡水又东入江。”这里所说的涐水，正是今天的大渡河。《青衣水注》：汉嘉“县有蒙山，青衣水所发，东迳其县，与沫水会于越嶲县之灵关道。青衣水又东，邛水注之。水出汉嘉严道邛崃山，东至蜀郡临邛县东，入青衣水。”道元所说“沫水过汉嘉合青衣水，又东，邛水注之”，这和刘昭注引《常志》所说“沫水合郡下青衣水”是一水。可见《中山经》说的“崃山，江水出焉”，是指的邛水。《初学记》卷八引《山海经》“峡山，邛水出焉”，“峡”字显为“崃”字之误，作“邛水”则是正确的。《中山经》说的“崌山，江水出焉”，应该是指沫水（即青衣水，非今之大渡河）。郭璞以崃山所出为南江，崌山所出为北江，沫水正在邛水之北，郭注这样理解是可以的。《沫水注》说：“沫水出岷山西，东流过汉嘉郡”，这里的“岷”字即是《中山经》的“崌”字。崌山之名，《山海经》外别无所见，崌山所在，古人也无解说。雅安一个狭小地区，崌、崃、蔡、蒙部是古代名山，而同在一处，是不易理解的。从“沫水出岷山西”来看，显然崌山应是岷山。岷字《汉书》或作“崏”。“崌”字当为“崏”字之坏。正如《竹书纪年》的“乾荒”，《山海经》作“韩流”；《山海经》的“老童”，《史记》作“卷章”，同是一例。至于《禹贡》蔡山，孔颖达、司马贞都说“不知所在”。蔡、崃韵近，应该蔡山即是崃山。叶梦得以周公山释蔡山（《通监地理通释》引），正是邛崃山支系，是可以的，这是雅安的南山。崌山即是蒙山，是雅安的北山。《禹贡》北传的蔡、蒙（岷）即是《山海经》南传的崃、崌，这一问题就分明了。大江出岷山是在岷山之东，沫水出岷山西，岷山所在也就清楚了。崍山、崌山和邛水、沫水见于《中山经》，这和《海内东经》说的大江出汶山，北江出曼山，南江出高山，地区各别，不是一事。《郡国志》汶江道刘昭注引《常志》说："涉水、駹水出焉，多冰寒，盛夏凝冻不释。"这二水才可能是曼山、高山的北江、南江，沫水、邛水则是崌山、崍山的北江、南江。这样小小一个地区的山水，《山海经》如此详为序列，就和《禹贡》见出蒙山、蔡山一样，正足表示临邛、青衣、严道在古代的重要。所以郭璞在《江赋》中也要说"流二江于崌、崍"。可能蜀文化的开始是在这一地区，而成都平原反是第二步的发展。

《汉志》临邛县下自注云："仆千水，东至武阳入江，过郡二，行五百一十里。"《水经·江水注》说："江水又与文井江会，李冰所导也。自莋道与濛溪分水，至蜀郡临邛县与布仆水合。水出徼外成都西沈黎郡，……水从县西布仆来，分为二流，一水迳其道，又东迳临邛县入文井水。文井水又东迳江原县……又东至武阳县天社山下入江。"这里说的"与濛溪分水"，即是与青衣江分水。《常志》临邛县"有布濮水，从布濮来，合文井江。"常氏于《蜀志》首说："冰又通莋(道)文井江，迳临邛与濛溪分水('迳临邛'三字应依《水经注》在'濛溪分水'下)，(与)白木江会，(至)武阳天社山下合江。"临邛县著布仆水，这里又作白水江，《水经注》是依《常志》作布濮水是对的，就是《班志》的仆千水。作白木江大概是唐人改的。《元和郡县志》作"白木水"，可见唐时布濮水名白木水。而《寰宇记》卷七五作"泉水江"，又显然是"白木江"的字误。《常志》和《水经注》都说文井江与濛溪分水，即是与青衣江分水，说明二水是相通的。常道将是江原人，说应可据。

但从今天的地形说是不可能的，不知是古今之变否？仆千水行不到二百里，但《班志》说“行五百一十里”，这也应当和青衣水通，才有这样长的水程。从崃山、崌山的邛水、沫水来看，《中山经》说的“鬲山，蒲鸘之水出焉，而东流注于江”，蒲、布音近，可能是布濮水。不过这类问题可以存疑，不必去强作解释。这都可见《汉志》依然是详于川西。

《五藏山经》叙洛水、江水，崃山、崌山，正是表示这一区域可能是蜀文化的发祥之地，和《禹贡》之叙蔡、蒙是一致的。《古文苑·注》引《先蜀记》说：“蚕丛始居岷山石室中。”从岷山下居低地，可能先在青衣、临邛一道的河谷里。若成都平原，总须经过治水才能居住，也必须在农业发展以后才能显得重要。《蜀王本纪》说：“后有男子名杜宇，从天堕，止朱提；有一女子（梁氏）名利，从江原井中出，为杜宇妻。乃自立为蜀王，号曰望帝。”《常志》说：“杜宇教民务农，……巴亦化其教而力农务。”巴蜀知耕稼始于杜宇，如其认为西南耕稼始于朱提，这是不可能的。应该是杜宇自朱提来至江原，和江原女酋长梁利结合，两部落融合后再入成都平原的郫邑，农业是由江原入成都平原的。江原、临邛正是岷山河谷，蜀的文化可能是从这里开始。《路史·国名记》引《姓纂》说：蒙，“高阳后，封以为蒙双氏”（今孙辑本《姓纂》漏此条》），别有姓氏书说高阳后封于蒙山，在雅州。《路史·国名记》说：“桀伐蒙山氏（事出《天问》），即岷山氏（《韩非子·难四》说：“桀索岷山之女”），今蒙州蒙山郡。（西魏、隋初有蒙山郡，宋元无蒙州，应为雅州之误）。足见帝喾封其支庶于蜀，原在蒙山。《竹书纪年》：“桀伐岷山，岷山庄王女于桀二女”（《类聚》卷八三引）。清人雷学淇诸家皆以蒙山即岷山（见《竹书纪年义证》）。蜀郡严道即此庄王之国。《寰宇记》说:“秦灭楚,徙严王(庄王)之族以实其地,因名。”此未必然。严道之名已见于秦惠王时,《樗里子列传》载樗里疾封号严君,《索隐》说:“严君是爵邑之号,当是封之严道。”知严道之名,非关灭楚。秦灭六国,徙其族于关中,不闻徙蜀,亦不能于楚之宗室中独徙庄王之族于此。这显然是后人惟知严道之名由于庄王,而不知其实因岷山庄王,盖世仅知有楚庄王,故致此误说。岷山之称庄王,殆亦有故,说详另文。蒙山之国在严道是无疑的。

《蜀王本纪》说蜀之先有蚕丛、有柏濩、有鱼凫、有蒲泽、有开明。《常志》作蒲卑、柏灌,《御览》和《舆地广记》作伯雍,应该《常志》是正确的。杜宇号蒲卑,居汶山下,邑曰郫,郫字从卑,正是蒲卑之邑。《常志》有灌江,有观坂,这是柏灌之邑,可知泽、濩、雍三字是古籍传写之误。鱼凫之邑在温江(此说最早见于宋代,见《蜀中广记》卷五引《成都文类》)。昌意降居若水,青阳降居江水,《大戴礼记》作“青阳降居泜水”,《元和志》温江县有泜江,在县西。这可看出由岷山河谷发展到成都平原,是蜀的历史先后之迹。《禹贡》说蔡、蒙,《山海经》举崌、崃,这就可以理解了。

《汉书·地理志》:“青衣,《禹贡》蒙山溪大渡水,东南至南安入涐。”王先谦《补注》说:“依文例当云:《禹贡》蒙山在西,有蒙溪,疑夺文。”王说是确当的。《水经》:“青衣水出青衣县西蒙山。”《注》说:“县有蒙山,青衣水所发。”《江水注》有“濛水,即大渡水也,水发蒙溪”。这都说明《班志》的大渡水是源出蒙山的。《江水注》又说:“江水又东与文井江会,李冰所导也。自莋道与濛溪分水,至蜀郡临邛县与布濮水合。”这说文井江也从蒙山的濛溪发源,可见大渡水、文井江都源出蒙山。临邛既是汉代经济发展最早而又最古的地区,就应当说蜀的文化是从这一河谷发生孕育起来的,以至蜀刀、蜀布、盐井都是从这里发展起来的。"蚕丛始居岷山石室中",蜀的先代从山岳下居河谷,可能最先即住在文井江和青衣江这些河谷,所以《禹贡》和《五藏山经》特别重视蒙山、蔡山、崌山、崃山这一地区。《南山经》首有鹊山,郭注在蜀汶山(旧误作伏山),可能即甲骨文的"雀"。既在汶山,自然是邛崃县潲水所出之山。《中山经》有涿山,郝氏以为即蜀山氏。昌意居若水,《水经·若水注》叙此事在鲜水注若之上。蜀山也许即鹊山,这一地区早有诸侯部落。又青衣水出蒙山,故亦称蒙水。颛顼之后国于蒙,宜即在此。旧说青衣神即蚕丛,青衣神应在青衣水,或蚕丛建国亦在此。《鲁语》"禹致群神于会稽之山",神是君长。《封禅书》:"黄帝时万诸侯,而神灵之封七千。"也是说神即君长。可知青衣神即是青衣君长。说蚕丛之国曾在青衣水,或许是可以的。

四川古代的水道,也是不易清理的问题。《汉志》青衣县的大渡水,是现在的青衣江。汉汶江的渽水,是现今的大渡河。汉旄牛有鲜水、若水,若水至大莋入绳。若水是现今的雅砻江,绳是金沙江。《汉志》又说:"桓水出蜀山西南,行羌中,入南海。"金沙江以西的水,就是澜沧江,确是入南海的。《史记·大宛列传》:"乃令(张)骞因蜀、犍为发间使四道并出,出駹、出冉、出徙、出邛僰(《汉书·张骞传》作'出駹、出莋、出徙、邛、出僰'),皆各行一二千里。"当时发使远出,既能到金沙江,也自然能到澜沧江。《汉志》绵虒有"湔水,东南至江阳入江"。是清代叫的沱江。《汉志》郫下说:"江沱在西,东入大江。"是后来的郫江。《汉志》宕渠

“潜水西南入江”。“不曹水出东北，南入潜”。《水经注》说：“宕渠水即潜水，渝水也。”是现今的南（难）江，不（又作徐）曹水是现今的渠河。因近人误说很多，附论于此。

广汉郡是汉高祖六年分巴蜀所置，沱江和涪江在汉时也渐渐重要起来。李冰导洛水经广汉郡洛县过资中（《汉志》洛水、洛县字皆作雒，《水经注》皆作洛，《常志》县作雒、水作洛，今并作洛），也看出洛水被重视了。其实绵水比之洛水还长，但李冰时显然没有重视绵水，更说不到涪水，也说明这些地区还没被重视。广汉郡初治广汉县绳乡（今射洪），元初二年移涪（今绵阳），后移洛县（今广汉）。《常志》说：“此处州中，益州恒治此郡。”这是说汉武帝分十三部刺史，广汉郡正在益州一州的中心，所以益州刺史常住此郡。因为汉前一时期刺史是无定处的。《江水注》说：益州“初（初是恒字之误）治广汉之洛县”。从《公孙述传》看，说“王岑亦起兵于洛县，……王莽庸部牧”。可知王莽庸部牧也是住在洛县。“庸部牧”是王莽把益州刺史改变的新官名。《汉志》广汉洛县有工官，蜀成都有工官，据说蜀、广汉工官作金、银、漆器。广汉距成都不过数十里，认广汉处州中，而成都不是州中，这是从经济的发展说，从绵、洛水说，可见广汉在当时的重要。临邛铁官只搞铁，广汉工官作金、银、漆器，成都的工官可能主要还有锦官了。《常志》说：锦江，“织锦濯其中则鲜明，故曰锦里。”《寰宇记》说：“洛水水性刚，宜淬刀。”这说明成都是蜀布的产地，广汉是蜀刀的产地，洛县在汉代已经形成政治和经济（工商业）的重心了。所以后来发现汉代的古器物很多是广汉工官所造，那不是偶然的。刘焉为益州牧，先治绵竹（今德阳的黄许镇），移治洛县，后才移成都。这也足见绵水受到重视了。洛县去成都很近，为甚么说洛县“处州中”？从刘焉治绵竹来看，可见是绵、洛水处在一州之中，而岷江却偏在西部了。从李冰导洛水，到汉的刺史、工官在洛县，刘焉住绵竹，这是四川经济得到进一步发展，所以它的重心就有移动，到三国时涪县（绵阳）才重要起来，唐初仍然如此。剑南东道节度使先是住在绵州，后来才到梓州。至于泸州和重庆，又是在南宋和元代才发展起来的。从公孙述起临邛，刘焉起绵竹，到明玉珍据蜀都重庆，都应当是和当时经济发展的形势分不开的。不过这些问题只能在以后详论。

自秦惠王灭巴蜀，昭王时范雎、张若、李冰相继经营，把巴蜀地区发展为可能比六国更进步的地区，所以秦益富饶。范雎把秦孝公、商鞅的新法，推行到新开拓的巴蜀广大地区，本是意中之事。这是四川的繁荣，正如前面所举，对秦成帝业，巴蜀是起了一定的作用。陈胜、吴广起义，直到汉的统一，看不见蜀有甚么扰动，很可能社会长期是安定的，没有遭到战争的破坏。《史记·高祖功臣侯年表》：“曲周侯郦商，以将军从起岐，攻长社以南，别定汉中及蜀，定三秦，击项羽，侯四千八百户。”又“平棘侯林执以客从，起亢父，斩章邯所署蜀守，用燕相侯千户。”在汉初为高祖定蜀的就是此二人，这也反映出他们的战功都不大，所以封户也少。在《郦商传》中根本就没有提到定蜀的事，林执在《史》《汉》中别处更看不见他的名字，《高祖本纪》也无一字提到定蜀，可见蜀没有甚么大的战事。《汉书·高帝纪》说：“元年，夏四月，诸侯罢戏下，各就国。……汉王至南郑，……听（韩）信策，部署诸将，留萧何收巴蜀租，给军食。五月，汉王引兵从故道出袭雍。”以富饶的巴蜀，未受到战争的破坏，社会繁荣，依然如故，所以说“高祖因之成帝业”，这是蜀对汉的统一又起了很大的作用。西汉的大都市是长安，它是京师，是八万户。其次就是成都，是七万六千户。其余新兴都市如南阳有名的宛，仅四万七千余户，是远不能相比的。京兆十一县，十九万五千七百户，六十八万二千四百口，每十户三十五口。蜀郡计十五县，二十六万八千二百户，百二十四万五千九百口，每十户四十八口，从人口看，就比京兆多一倍，从平均人口看，蜀郡也显得殷实。若并广汉、犍为、蜀郡这三蜀计算，共二百三十九万七千余口，比之三辅仅少三万余口，可说大致相当。其他战国以来许多大都市，此时都已下降了。《后汉书·廉范传》：“成都民物丰盛，邑宇通列，旧例禁民夜作，以防火灾。”也可见当时成都户口之多。《汉书·高惠高后孝文功臣表》说：“酂侯萧何，以客初从入汉为丞相，守蜀及关中，给军食，佐定诸侯，……侯八千户。”这里说的“守蜀”，显然是曾任蜀郡守。《汉书·郦食其传》载：“汉王起蜀汉之兵击三秦。”又说：“诸侯之兵四面而至，蜀汉之粟方船而下。”《英布传》载：“汉王守成皋、荥阳，下蜀汉之粟。”《萧何传》载：“汉王引兵东定三秦，何以丞相留收巴蜀，填抚谕告，使给军食。”此时天下汹汹，蜀却得到休养生息。《常志》说：“汉祖自汉中出三秦伐楚，萧何发蜀汉米万船而给助军粮，收其精锐以补伤疾。”又说：“阆中有渝水，賨民多居水左右，天性劲勇，初为汉前锋。”这正是收其精锐。《高祖纪》载：二年，“关中大饥，米斛万钱，人相食。令民就食蜀汉。”又尝发巴蜀材官。《史记·平准书》：“山东被河灾，及岁不登，天子(武帝)诏下巴蜀粟以赈之。”武帝开拓西南，也屡次发巴蜀之众。所有这些都说明巴蜀在汉初以来，是足食足兵之地，正反映在秦汉间巴蜀社会是安定的，是繁荣的。

# 【九】 巴蜀的文化

《常志》说：世俗间横有为蜀传者，“言蜀椎髻左衽，未知书，文翁始知书学。……彭祖本生蜀，为殷太史。夫人为国史，作为圣则，……至于汉兴，反当荒服而无书学乎？《汉书》曰：‘郡、国之有文学，因文翁始。’若然，翁以前齐、鲁当无文学哉？”常道将驳斥世俗“蜀未知书，文翁始知书学”之说，以为“汉末祝元灵性滑稽，聊著翰墨”。常氏是主张先秦时蜀已有文学，文翁之前，蜀已知书。吾友徐仁甫著论《司马相如与文翁先后辨》，据《司马相如传》：“相如事孝景帝为武骑常侍，因疾免，客游梁，得与诸侯游士居。”又据《文翁传》“景帝末为蜀郡守，选郡县小吏开敏有材者张叔等十余人,遣诣京师,受业博士。”他说:“可见文翁尚未到蜀,相如早已游宦在外。文翁所遣的是郡县小吏,绝不是游宦京师诸侯,以文辞显于世的司马相如。现在弄清楚了史实,司马相如是在文翁之前。那么四川为甚么会产生这样一个杰出的人物,这倒是值得研究的问题。”(见1959年6月21日《四川日报》)徐先生的论点是正确的。他提出蜀为甚么会产生司马相如这一问题,也是应该有解释的。《常志》说:“秦惠文、始皇克六国,辄徙其豪侠于蜀。”《项羽本纪》说:“秦之迁人皆居蜀。”这些豪侠迁人,很有讨论的意义。《货殖列传》说:“秦末世迁不轨之民于南阳。”《平准书》说:“不轨逐利之民,蓄积余业,以稽市物。”所迁的不轨之民,豪侠之徒,正是卓氏、程郑一流工商业者。迁罪人的事例就更多。《汉书·高帝纪·注》引如淳说:“秦法:有罪,迁徙之于蜀汉。”《史记·吕不韦列传》:“诸嫪毐舍人皆没其家,而迁之蜀。”又始皇赐文信侯书:“其与家属徙处蜀。”《始皇本纪》:“不韦死,其舍人临者,六百石以上夺爵,迁。五百石以下不临,迁,勿夺爵。”这种被迁的舍人,其中知识分子就很不少。《吕不韦列传》:“亦招致士,至食客三千人。……不韦乃使其客人人著所闻,集论以为八览、六论、十二纪,二十余万言。”《李斯列传》:“斯乃求为吕不韦舍人。”《始皇本纪》说:嫪毐“舍人夺爵迁蜀四千余家”。此等史料,都可以看出迁蜀之多。共同撰著《吕氏春秋》的知识分子,在被迁之列者当然不少。迁蜀的工商业者,既然提高了巴蜀的经济,迁蜀的知识分子,自然也会提高巴蜀的文化。这或者可以解释徐先生提出的四川为甚么会产生司马相如这样杰出人物的问题。文翁遣张叔等京师受业,《汉书》说:“数岁,蜀生皆成就还归。……(文翁)又修起学官于成都市中，招下县子弟以为学官弟子。县邑吏民见而荣之。数年，争欲为学官弟子。……蜀地学者比齐、鲁焉。”如果巴蜀前此没有一定的文化基础，在短短时期之间就比于齐、鲁，是不可想象的。如以蜀郡之学始于文翁，则巴、汉二郡亦多文学，又是哪一位太守倡导的呢？

刘逵注《蜀都赋》引《地理志》说：“蜀守李冰凿离堆，穿两江，为人开田，百姓享其利。是时，蜀人始通中国，言语颇与华同。”这个《地理志》当然不是班固的《志》，可能是华峤各家中的一种。既说颇与华同，也就是略有不同。蜀在汉代谓之南夷，它的语言和中原到底不同到甚么程度？如果根本别是一种语言，就无从“颇与华同”。在秦灭蜀后百余年间，旧的语言不可能完全消灭，而新的文学又得到了高度发展，能产生司马相如这样杰出的文学家，是很可注意的。即如今天西南许多兄弟民族，如么些，如彝族等，在明清两代五六百年统治下，他们的语言和文字依然保存，若在古代，恐怕民族融合更要缓慢得多，不能在百余年间就消灭到无踪无影。《蛮书》说：“言语音，白蛮最正，蒙舍蛮次之，诸部落不如也。但名物或与汉不同，及四声讹重。……犀谓之矣，饭谓之喻，盐谓之宾，鹿谓之识，牛谓之舍，山谓之和。”如此不过二十余条。同书又说蒙舍“自言本永昌沙壶（《后汉书》作壹，《常志》作壶）之源也”。蒙舍是南诏的统治者，它的语言音读，还无大异，只是名物与汉有些不同。它是哀牢夷之后，可能哀牢夷也同是汉语系统，其余滇僰也可能是汉语系统。《蛮书》“乌蛮言语不通”，这是另一种民族，至今还是另一种语言、另一种文字。可见巴蜀言语应与华同，只是方言的差别。孟子曾说，楚大夫欲其子说齐语，须“引而置之庄、岳之间数年”。

可见南北语言距离之远，学习如此困难，孟子就指楚为“南蛮鴃舌之人”，但齐、楚还是同文字的。蜀既与华同，也就是颇相接近。宋玉对楚王问说：“客有歌于郢中者，其始曰下里巴人，国中属而和者数千人。”楚人能和巴歌，必须巴与楚是同一语言才有可能。楚和中原同文，这是从铜器可以证明的，可见巴和中原语言也是相同。又从《说文》的“氏”字看，许慎说：“巴蜀名山岸胁之𠂤(堆)旁著欲落堕者曰氏，氏崩声闻数百里，象形。”可见氏字是巴蜀的字，是起于巴蜀而很早的字。从氏的字也很多，说明它是中原远古文字中的一个字，也就说明，巴蜀和中原文字是相同的。从《蜀王本纪》和《常志》所记叙来看，“蜀先称王”的“王”字，“杜宇称帝”的“帝”字，“先祀杜主”的“主”字，“庙称青、赤、黑、黄、白帝”这五个名词，“五妇山”这个名词(古代地名译音的多，如盂诸、彭蠡之类)，“五丁”更是蜀长时期所见的名词，“以酒曰醴”的“醴”字，都显然是华文华语，意义是一致的。“乐曰荆人”可说是方言，也许乐是由荆人传来的。可见“言语颇与华同”的说法是极为正确的。

而且，蜀先祀杜主，《史记·封禅书》说：“雍菅庙亦有杜主。”蜀很早就祀五帝，而《封禅书》所说“雍有四畤”，是秦宣公作密畤祠青帝，灵公作上畤祠黄帝，下畤祠炎帝，献公作畦畤祠白帝。汉兴，高祖曰：“吾闻天有五帝，而有四，何也？乃待我而具也。”乃立黑帝祠，命曰北畤。蜀在开明九世(《张衡传·注》引《蜀本纪》作五世)已祀五帝，而秦始终只有四畤，到汉才具五畤。蜀祀杜主，就更早于秦。这就不仅是巴蜀与中原同语同文，而且在某些方面，还是先出现于蜀，而后来才渐次影响于秦。《蜀志》说



蜀有傅、相、太子，又说“秦诛其臣郎中令婴等二十七人”，足见

蜀的官职亦与华同。常道将是东晋时人，去古未远，他极力反对"蜀未知书"的说法，至引"彭祖生蜀，为殷太史"为证。也可见蜀和中原语文同否，他认为是不存在这个问题的，假如蜀是别种语文，他不会一点影子也不知道。又如裴骃在《史记·孟荀列传·集解》引用刘向《别录》说："商君被刑，(尸)佼恐诛，乃逃亡入蜀，自为造此二十篇六万余言。卒，因葬蜀。"尸佼逃蜀，能在蜀著书，这必须有一定的环境和条件。如蜀人不尊重他、不了解他，他著书就不能得到蜀人的支持。他死后葬蜀，他的书也必定是蜀人为他传下来，这绝不是在一个文化毫无关联而又落后的地区所能实现的，必然是要懂得尸佼的文字和学问，才能这样做。裴骃、刘向都是第一流学者，所称述的这件事当然可信。

《汉书·艺文志》道家有《臣君子》二篇，班注云："蜀人。"次有《郑长者》一篇，班注云："六国时，先韩子，韩子称之。"张澍说"臣"是姓，"君子"是尊敬之称。这说明六国时蜀人臣君子远在韩子之前已有著述，并传于汉代，书在道家，这可能是严君平学术的来源。《志》于兵家阴阳有《苌弘》十五篇，注云"周史"。《志》云："阴阳者，顺时而发，推刑德，随斗击，因五胜，假鬼神而为助者也。"《庄子·外物》"苌弘死于蜀"，这可说是洛下闳一派学术的来源。先秦时蜀人有著述，存于汉代，其学仍传于蜀中。《山海经》的《海内经》四篇和《大荒经》五篇，我认为是巴蜀的作品(别有详论)，这就可知更远在西周时期，巴蜀已早有著述了。从这几件事看，可知巴蜀和中原语言的不同，可能还不到齐、楚不同的那种程度。如果巴蜀语言和中原根本不同，也如像么些、彝族语言那样和汉语不同，就不仅是方言的不同，这种语言也不可能在蜀灭之后百余年间，到汉代就消灭得毫无踪迹。故扬雄《方言》记:“梁、益之间裁木为器曰銧,裂帛为衣曰掜”;又“梁、益之间凡物长谓之寻”;又“跻,登也。……梁、益之间曰狢,或曰跂”;又“梁、益之间,凡人言盛及其所爱曰伟”;“梁、益之间,凡物之小者谓之私,小或曰纤。”像这样一些异同,和“南楚江湘之间”,“东齐海岱之间”不同的方言是一例的。齐人说美大为登来(《公羊传》隐五年),楚人谓虎为于菟(《左传》宣四年),这都不害其与中原是同一语言。许慎说:七国之时,“言语异声,文字异形。秦始皇初兼天下,丞相李斯乃奏同之,罢其不与秦文合者。斯作《仓颉篇》,赵高作《爰历篇》,胡毋敬作《博学篇》,皆取史籀大篆,或颇省改。”(《说文解字·序》)班固认为“篆体复颇异”,他又说:司马相如作《凡将篇》,史游作《急就篇》,李长作《元尚篇》。《急就篇》、《元尚篇》“皆《仓颉》中正字,《凡将》则颇有出矣”。这里反映诸字书的文字都从《仓颉篇》来,但《凡将篇》虽同出《仓颉篇》,却别有些蜀地的新字,出《仓颉篇》之外,这正表示蜀文字和中原是一致的,而又有部分新字。这部分新字,也表示是同一系统的,而非根本是别种文字。文字总是“孳乳浸多”的,《仓颉》以下十四篇凡五千三百四十字,到许慎作《说文》是九千三百五十字,就是这个道理。形体音读的差异,和新字的增加,在不同的区域,应该是有所不同。但新字必然是从旧字来的。今天广东人的木鱼书,就是这种情况,但不能不说它同是汉字。巴蜀与中原应该同是一种语言,只是有部分不同的方言,和不同的新字,在当时有些突出。正因为对这种文化有深厚的基础,才可能有很多的新字出来。既然同是一种文字,所以扬雄才能采以作《训纂》和《方言》二书。巴蜀在这样的情况下,才为迅速发展高度文化提供了条件。近年来成都平原出土许多铜器，彭县濛阳镇也出土多件，可能是西周古物。器形和中原文物相同，显然是有关系的。这种关系，谁也不曾反对。至于巴，更是周人所封的姬姓之国。周代封国，同时要带去一些周人，周文化能广泛地扩大，就在于此（别有专论），不可能姬姓的巴国把自己的语言和文字都忘掉了。巴自然受楚的深刻影响，但楚和周还是同文。在研究巴蜀文化时，这些条件是应该考虑到的。

《蜀王本纪》说：蜀古"时人萌椎髻左衽，不晓文字"。常道将极力反对这种意见，却是不必。古代的人民都是从不晓文字到后来才晓文字的，只是要问是甚么时间不晓文字。常氏反对"文翁始知书学"这一说，却很重要。但是常氏叙述文翁的事，不免错误。如说："孝文帝末年，以庐江文翁为蜀守。……孝景帝嘉之，令天下郡国皆立文学。"从《汉书·文翁传》看，他是"景帝末为蜀郡守。……至武帝时乃令天下郡国皆立学官，自文翁为之始云"。《常志》不依据《汉书》，把文翁的时代大大提前了。这可能是秦宓、陈寿以来就弄错了的，《常志》依据这些传记，因此未能依据《汉书》。他序蜀郡先贤，是以品德为次第，把司马相如列在张宽（即张叔）之后，这自然别有他的意思，但前一错误是必须指出的。又如《常志》说："遣张叔等十八人东诣博士受七经。"汉置五经博士是在武帝建元五年，张叔等诣博士受经必在建元五年以后。"数岁，蜀生皆成就还归，文翁以为右职"，应该是在元光、元朔年间的事了。既在武帝时仍为蜀守，说文翁在文帝末年已为蜀守，前后历三十年，这就绝不可能了。景帝时，鲁、齐、韩三家《诗》早在博士。《儒林传》说："初，《书》唯欧阳，《礼》后、《易》杨、《春秋》公羊而已。"可以说就是这七经。不过七经总是东汉人语。把张宽东受业的时间确定,司马相如和文翁时间先后就更易明了。《史记》本传说:“相如以赀为郎,事孝景帝为武骑常侍。……会景帝不好辞赋。是时梁孝王来朝,从游说之士齐人邹阳、淮阴枚乘、吴庄忌夫子之徒,相如见而说之,因病免,客游梁。……居数岁,乃著子虚之赋。会梁孝王卒,相如归而家贫,无以自业。”“景帝不好辞赋”,说明相如当是早就擅长辞赋,只是不为景帝所重。从《梁孝王传》看,孝王大治宫室,招延四方游士邹阳之属,是在吴、楚七国乱后。“二十九年十月孝王入朝”是在景帝七年,相如客游梁应在此时,梁孝王是景帝中元六年卒,知相如就在此时从客游而还蜀了。文翁守蜀,或即在此时,或更在后,才可说是景帝末年。相如本传说作《子虚赋》,“赋奏,天子以为郎。……相如为郎数岁,会唐蒙使略通夜郎西僰中,发巴蜀吏卒千人,郡又多为发转漕万余人,用兴法,诛其渠帅,巴蜀民大惊恐。上闻之,乃使相如责唐蒙,因喻告巴蜀民。”《本纪》“发巴、蜀治南夷道”,事在元光五年。本传说:“相如还报,唐蒙……通西南夷道,发巴、蜀、广汉卒,作者数万人,治道二岁,道不成,……乃拜相如为中郎将,建节往使。”他就在此时著书《难蜀父老》,说:“汉兴七十有八载。”从元光六年(公元前129年)上推到汉高祖元年(公元前206年)正是七十八年。这时相如为郎已数岁,这是相如第二次宦游京师。从建元五年到元光五年,中间不过六年,司马相如在京师早已是卓著的大文学家,为郎已数年。张叔诣京师受业,至早也就是在这数年间。景帝七年以前,相如已作武骑常侍,从此年到建元五年,中间是十四年,相如已经宦游京师了,当然不可能文翁遣相如东受业。汉武帝为博士置弟子员是元朔五年，张叔东受业也可能在此时，那就更在建元五年以后十三年了。常道将反对由“文翁始知书学”的说法，而搞错了遣张叔和文翁为蜀守之年，这和研究文翁以前蜀的文化有关，所以再附论于此。

# 【十】 巴蜀文化的特征

秦之迁民皆居蜀，迁民的品类是复杂的，如吕不韦、嫪毐的舍人，其中一部分显然是知识分子。像这样的迁人，除此二家的舍人以外，当然还有很多，是可以想象的。晚周文化应该早在巴蜀有些传播，如商鞅之师尸佼，鞅死后佼逃入蜀，就是最早的例证。晚周百家之学，巴蜀应该早就有了。到张宽等东受七经，邹鲁儒学从此在巴蜀也播下种子。但从汉代巴蜀所表现的文化来看，似乎和前二者都不甚相干，影响都不大。《汉书·地理志》说："文翁为蜀守，教民读书法令，未能笃信道德，反以好文刺讥。"这说明文翁虽遣张叔等从博士受经，但蜀人有自己的传统文化，未能笃信儒家的学说，仍然酷好文学。西汉一代，司马相如、王褒长于辞赋，严君平、李宏、扬子云是道家，子云同时也长于辞赋。司马相如的《大人赋》和屈原的《远游》是相承袭的。《远游》也显然是道家思想，就使人联想到蜀和楚文化必然有深厚的关系，这从地下发现的古器物也是可以证明的。从来四川的文化有它的特殊性，即如"《易》在蜀也"一句话，确乎是有历史根据的。名、法、儒、墨和六经的经师，巴蜀在西汉时是找不出来的。张宽受经术，但《蜀志》称他"明天文灾异，作《春秋章句》"。扬雄、李宏都是"不为章句"(《先贤士女总赞》)。《三国志·尹默传》说："益部多贵今文而不崇章句。"这是和当时博士们的经学不同的一种学风。《儒林传》说："蜀人赵宾好小数书，后为《易》，……持论巧慧，诸《易》家不能难，皆曰非古法也。云受孟喜。"这应该是蜀人之法，所以和一般讲《易》之家不同。阆中的洛下闳、任文公，都长于律历灾异。这些学者似乎反映了巴蜀文化的特点。《汉书·律历志》说："已得太初本星度新正，(射)姓等奏不能为算，愿募治历者更造密度，各自增减，以造汉太初历。乃选治历邓平……及与民间治历者凡二十余人，方士唐都、巴郡落下闳与焉，都分天部，而闳运算转历。"这也是文翁以前巴蜀独传之学。在《常志》著录的杨厚、任安等一派，自西汉末年直到晋代，师承不绝，都是以黄老灾异见长，共有三十余人，这在两汉最为突出。其余如杨宣、赵翘以天文推步知名的还很多，张道陵更是显著事例，以后另作详细讨论。把辞赋、黄老、阴阳、数术合为一家的很多，这种风气好像在巴蜀有深厚的基础。《三国志·秦宓传》载李权说："仲尼、严平会聚众书以成《春秋》、《指归》之文。"秦宓说："严君平见黄老作《指归》，扬雄见《易》作《太玄》。”辞赋、黄老和卜筮、历数这才是巴蜀古文化的特点（对严君平学术别有讨论）。屈原所称道的王乔、彭祖，皆巴蜀之人，《楚辞》中的巫山、高唐，皆巴蜀之地，巴蜀文化和楚文化，应有一种深远的关系。巴和楚在春秋时是婚姻之国，交接频繁，这是可以深入研讨的。

从春秋战国的学术文化来看，燕、代、吴、越都没有甚么突出的成就，即是东齐、南楚也没有甚么特出的成就，当然巴蜀也未必能有很高的文化。秦时灭学，所不焚者“医药、卜筮、种树之书”，巴蜀所得于秦的，除经济而外，在文化方面也不过是医卜之类，是可以这样理解的。辞赋、黄老、天文、灾异之学，在两汉时巴蜀颇以此见称，这不可能得之于秦。在思想系统上，环境关系上，只能说是接近于楚。我觉得晚周文化系统只有三派，就是齐、鲁的《诗》《书》六艺和三晋的法家（包括兵、农、纵横）、楚的道家。司马相如、王褒是长于辞赋，《汉书·艺文志》区别辞赋为三派，屈原为首的是南方一派，荀卿为首是北方一派，司马、王褒是列在屈原派下的。又《汉书·艺文志》，《尔雅》、《小雅》和《古今字》都列在《孝经》家，这是齐鲁经学派；《史籀篇》以下别为小学家，这是六经派以外的书学。司马相如的《凡将篇》，扬雄的《训纂篇》，是列在小学家而不在《孝经》家，这都表示西汉时期巴蜀间的思想文化（虽有张宽受业博士）和东方齐鲁派似乎无关。从北方一派的秦是得不到甚么，的确也没有得到甚么。显然只有楚的一派，与巴蜀有深切的关系，有高度的发展。我在别的论文中曾讨论过晚周的仙道也分三派，燕齐是服食，秦是房中，楚是导引。若从王乔、彭祖来说，又绝不是秦的一派，而与屈原、庄周所称的相同。王乔、彭祖是屈原、庄周所羡称的人，也可说是蜀影响了楚。《三国志·乌丸传·注》引《魏书》说:乌丸(桓)"使护死者神灵归乎赤山,赤山在辽东西北数千里。如中国人以死者之魂神归泰山也。"顾亭林《日知录·泰山都尉治鬼》条有详考,此不赘引。《蜀王本纪》说:"(李冰)谓汶山为天彭阙,号曰天彭门,云亡者悉过其中,鬼神精灵数见。"古时中原说人死后魂魄归泰山,巴蜀说魂魄归天彭门,东北方面又说魂魄归赤山,都是原始宗教巫师的说法,显然各为系统。从这一点来看,巴蜀神仙宗教之说不妨是独立的,别自为系。宋玉对楚王问,说客有歌于郢中者,其始曰下里巴人,国中属而和者数千人,这说明巴文化对楚的广大人民是有广泛影响。前揭《吕氏春秋》载:涂山氏女始作南音,周公、召公取以为《周南》、《召南》。我们又曾指出涂山在今巴县,《周南》有汝、汉,《召南》有江、沱,皆为楚地。这就说明二南之作始于巴蜀而流行于楚地。这也就说明楚文化是受到巴蜀文化的影响。巴蜀和楚,从文化上说是同类型,应该是可以肯定的。近时有研究中国农业史的科学家认为,中国农业在古代是从三个地区独立发展起来的,一个是关中,一个是黄河下游,在长江流域则是从蜀开始的。农业使人们定居下来,"以我为中心"的思想也就逐渐产生,三个独立发展的农业区,产生了三个"天下之中"。认嵩高为中岳,这是秦汉一般的看法,《尔雅·释地》、《淮南子·地形》则又存在中央为岱岳(泰山)的看法,《山海经·大荒经》却以都广为天下之中。《山海经》中《大荒经》最神怪,应是最古的书,是蜀人之书。《五山经》神怪少了,这是略后的楚人之书。蜀的中央都广之野很小,楚则要把自己的全境和巴蜀都说在中央区,显然是后起的看法。应该是楚人继承了蜀人之说,才会认为蜀也是中。吕子方先生从古历法研究,也认为蜀先于楚，说文化先于楚，也还是有依据的。

讨论汉代巴蜀的文化，关于星历灾异许多问题，洛下闳(《史》《汉》都作落，以下统作洛)是一个重要人物，因为他是汉代巴蜀研究星历最早而又最精的一个。《史记·历书》说："至今上(武帝)即位，招致方士，唐都分其天部，而巴洛下闳运算转历。"《史记·自序》说："太史公学天官于唐都，受《易》于杨何，习道论于黄子。"唐都是司马谈的前辈，可见唐都、洛下闳在汉武帝时都已经是老师宿学了。但是《汉书·律历志》说：武帝元封七年诏："其以七年为元年，遂诏……大典星射姓等议造汉历，……十一月甲子朔旦冬至，日月在建星，太岁在子，已得太初本星度新正，姓等奏不能为算，愿募治历者更造密度，各自增减，以造太初历。乃选治历邓平……及与民间治历者凡二十余人，方士唐都、巴郡洛下闳与焉。"《史记》序招致唐都、洛下闳，然后造太初历改元，然后封泰山。《汉书》序造历招致唐都、洛下闳在太初改元之后，显然是颠倒了。应该是班固序述太初改元，从而追序造历的经过。议历造历这一艰巨事件，绝不是在元封七年这一年内就可完成太初历，同时也就颁历。这是不可能的。招致唐都、洛下闳应当在太初元年之前，不应反在改元之后。又如《律历志》说："自汉历初起，尽元凤六年，三十六岁而是非坚定。"由元凤六年上推三十六年，是元封元年，而不是元封七年。可见元封元年时汉历是非之争已起，经七年而太初历始成，遂颁行新历。《史记·历书》明言"闳运算转历，然后日辰之度与夏正同，乃改元，更官号，封泰山。"《史记·自序》说："迁仕为郎中，奉使西征巴蜀以南，南略邛、筰、昆明，还报命。是岁天子始建汉家之封，而太史公(司马谈)留滞周南，不复与从事。……曰今天子接千岁之统，封泰山，而余不得从行。”《自序》又说：“谈卒三岁而迁为太史令，……五年而当太初元年。”《集解》引徐广说：“元鼎六年平西南夷，明年元封元年。”这是解释汉武帝封泰山在元封元年。司马迁自巴蜀还是在元鼎六年，这和《本纪》相合。《集解》又引李奇说：“迁为太史，后五年适当武帝太初元年。”可知迁为太史令是在元封三年。即是汉武帝封泰山在太初元年以前六年，造太初历又在封泰山之前，就可证招致唐都、洛下闳至少也远在太初以前七八年。不过司马迁为太史令是在元封三年，《兒宽传》和《律历志》都说：“太史令司马迁等言历纪坏废。”似乎开始议改造汉历是在元封三年，是司马迁为太史令以后的事。这也不足为疑，古书常常是称说一个人最后的官，司马迁早已仕为郎中，自可请改汉历，不必定在元封三年为太史令以后。洛下闳在元封前已是老宿，是无疑的。《汉书·公孙弘传·赞》说：“汉之得人，历数则唐都、洛下闳，……后世莫及。”可见唐都、洛下闳在当时既是耆宿，而造诣又很精深。射姓等奏不能为算，乃选治历者二十余人，而最后是洛下闳“运算转历”，可见他是首屈一指的历数家。洛下闳既是精通历数的宿学耆老，他的学术显然是有渊源的。《律历志》说他：“其法以律起历，……与邓平所治同。于是皆观新星度、日月行，更以推算，如闳、平法。”就可见他的学问和邓平是同学派，而这派学术的授受，在巴蜀是早已存在的。

吕子方先生对五天庭进行了深刻的研究，他说：“从《楚辞》可证太微是楚人所认定的天庭。从《山海经·南山经》之首曰鹊山，其首曰招摇之山，……与五帝神农等来看，则天市自为蜀人所认定的天庭。”这就说明蜀人在天文学上是有贡献的。这绝不是汉以后观念。《古文苑·蜀都赋·注》引李膺《益州记》:“七星桥一曰长星,二曰员星,三曰玑星,四曰夷星,五曰尾星,六曰冲星,七曰曲星。”这七个星名,和《开元占经》所称述古代七星之名皆不能合。吕子方先生他更提出洛下闳在天文历法上的贡献:(一)他根据《益部耆旧传》“闳改颛顼历作太初历”,认为太初历是闳所造。“射等不能算”,而洛下闳就是运算转历的能手。太初历的特点是创造八十一分法,来代替了旧的四分法,结合当时所发现的日食周期为一百三十五个月,用的方法是合于近代连分数方法的初步。所以新城新藏说:“八十一分法考虑及交点月之周期,于理论上为极为优良之历法。”后来的四分历反而把日食割裂开了。洛下闳更卓绝的是,他说“八百岁后此历差一日,当有圣人定之”。他并不认为八十一分法是至精不易之法,而预料后来有更精的历法。(二)根据《晋书·天文志》说:“洛下闳、鲜于妄人等造员仪以考历度,后贾逵又加黄道,张衡又作浑象以漏水转之,星中出没与天相应。”员仪就是浑天仪,是测天的仪器,《耆旧传》说:“洛下闳于地下转浑天定时节。”这是天球仪,是浑天象。地下转浑天,是利用水力发动,是精密的漏水法。贾逵、张衡是在洛下闳的成果上又进了一步,所以近人朱文鑫说:“自汉洛下闳作浑天仪,始立仪象之权舆。”(三)根据《旧唐书·天文志》说:“武帝诏司马迁等造汉历,乃立晷仪,下漏刻,以追二十八宿相距星度,与古不同。故唐都分天部,洛下闳运算转历,今赤道星度其遗法也。”这是考二十八宿沿赤道线广狭不同的度数,定出二十八个基本点,将各个不同的时间观察太阳的结果标识在二十八宿中某个地位,这必须先把二十八宿相距度数搞清楚,自然对于定季节就精密得多,从历法上来说是大进了一步。所以清人齐召南说:“角十二亢九云云,……此洛下闳所度星度,只据赤道,《唐志》详言之。……今以此文较之宋皇祐、元丰所测,元至元所测,大致不异,则洛下闳之术亦神矣。”这样,我们就可以知道:(1)八十一分法结合了日食周期,于理论上是最优良的历法;(2)浑天仪、浑天象在测天学上起了重大推进作用;(3)奠定了二十八宿的基础。吕先生的研究,把洛下闳的巨大贡献,具体地阐明介绍给了我们。

应当指出,马、班都是以“分天部”作为唐都的工作,二十八宿相距星度早见于《淮南子·天文》一篇,这是不足为疑的。《旧唐志》认为当时所定星度“与古不同”,淮南王死在太初颁历之前,就不能和太初历同,那段文字在《淮南子》中仅九十余字,很可能是后人加入的(也许是刘向)。至于分天部是否只是唐都,我想洛下闳如果不参加这一工作,为甚么他作浑天仪?如果淮南先测好了,他作浑天就毫无意义。《史记》所说,《淮南》所记都未必完全可信。这说明洛下闳贡献之大。清人汪日桢《古今推步诸术考》说:“考汉太初术,上元庚辰天正甲子朔旦,冬至太初元年丁丑,积四千六百一十七年,……即三统一元之数。……司马彪言自太初元年始用三统术,而何承天以刘歆之生不逮太初讥之。盖未明三统之即太初也。”阮元也说:“《汉书》载三统术而不著太初本法,或疑太初与三统不同,非也。……盖太初术有三统即得谓之三统术,……称名或异,其实则一而已。……至于运算推步,造立法数,则闳、平之功居多。”(《畴人传》卷二)可见三统历是源于太初历的,刘歆又略有改易,从《续汉书·律历志》可知。所谓横断年数、损夏益周,则是刘歆之误,是画蛇添足了。

吕先生又说:“大火、析木等十二次只见于《左传》、《国语》,

不见于《吕览》、《淮南》、《史记》,而摄提格、单阏十二个名字只见于《离骚》、《吕览》、《淮南》、《史记》,而不见于《左传》、《国语》,可能是南北天文之学派别不同。惟《尔雅》、《汉书》是两者都有,这是后来混合的著作。浑天思想本源于道家,洛下闳是浑天派,可说他的历学是南方系统。"这也看出在文翁以前,巴蜀很早就有天文历数之学,并且属于南方系统,同是浑天一派。而这一学术在东汉可以考见的人更多,此派传授在巴蜀始终很盛,这对研究文翁以前巴蜀文化,其重要性并不亚于司马相如。相如和洛下闳的学问,都显然与王朝博士无关。

洛下闳无疑是当时杰出的历算家,也可看出巴蜀在前此时期若是没有这种科学的基础,就不能产生洛下闳这样的人才。《史记·历书·索隐》引姚氏案《益部耆旧传》云:"闳字长公,明晓天文,隐于洛下(《文选》卷四九李注引《耆旧传》作'明晓天文地理,隐于洛亭'),武帝征待诏太史,于地中转浑天,改颛顼历作太初历,拜侍中,不受也。"《汉书·律历志》说:"宦者淳于陵渠复覆太初历,晦朔弦望皆最密,日月如合璧,五星如连珠。"吕子方先生认为地下转浑天,这是用水力发动的,是高科学技术工作。新城新藏认为:"结合五星,结合日月食,是最理想的历法。"但后来四分历仍然是把日月食割裂开。洛下闳在这里显然是超过前人,而又为后世所难及,是一位值得崇敬的科学家。一般都承认太初以前是中国历法的创制时期,太初是历法成立时期,太初以后是历法改进时期。我国发展到有系统的历法,并成为一种科学,洛下闳有很大的功劳。《寰宇记》卷八六说:"洛下闳字长公,阆中人,隐于洛下,武帝征待诏太史,改造太初历。"《舆地纪胜》卷一八五洛下闳条,即用《寰宇记》原文,惟作"隐于上亭"

为异。应该是地名洛下亭,《寰宇记》作“洛亭”,是脱了“下”字;《纪胜》作“上亭”,是脱了“洛”字、而又误“下”为“上”。引《耆旧传》或作“隐于洛下”,是省“亭”字,或脱“下”字。《常志·陈寿传》:“寿遂卒洛下。”足知地名本作“洛下”。洛下闳是历算天文一派的代表人物,任文公、杨厚、谯周,皆属此派。占候灾异,本来就是从气象和生物的反常变态体验出来的,原是一种科学。只是在古代不免夹杂一些荒谬的神秘观念,就不免谬妄了。这也是古代常有的现象。辞赋、黄老、天文,可以说司马相如、严君平、洛下闳是这些文化的杰出代表。他们和秦的迁人,和汉五经博士的学术是无甚关系的。司马相如、洛下闳时代都早,是在文翁作蜀守以前。洛下闳在元封元年已经是老前辈,上距武帝立五经博士不过二十五年,他也和文翁无关。这些都可说是巴蜀早期原有的高级文化,他和楚是同一类型。它的语言文字,也必然和楚是共通的,若是文字语言不同,而文化却又显得很高,这种语言文字和文化就是不能磨灭的。尤其是短短百年之间,是不能消失无痕的。

关于洛下闳和黄门作浑天老工的材料,清人多误认为一人,把洛下闳的时间拉晚了,这也不能不辩。吕子方先生详考《御览》卷二引桓子《新论》曰:“扬子云好天文,问之于黄门作浑天老工,曰我少能作其事,但随尺寸法度,殊不达其意。……其言可悲可笑也。”《北堂书钞》卷一三〇洛下闳浑天条引《桓子新论》:“扬子云好天文,问之于黄门作浑天老工,闳曰:我少作其事,不达其意。”这两条材料是相同的。只是《书钞》把洛下闳转浑天和黄门作浑天老工的材料混淆在一起。这是传写的错误,又于“曰”上误衍一“闳”字。到清代孙冯翼辑《桓子新论》作:“扬子云好天文，问之于洛下黄闳以浑天之说，闳曰：……”自注云：“《太平御览》，又《北堂书钞》一百三十。”这里显然是误改黄门为黄闳，又误增洛下二字于黄门上，改“作浑天老工”为“以浑天之说”。孙星衍也是这样。阮元又依之以作《畴人传》，也未改正，都是把洛下闳和黄门作浑天老工误认为一人。这位作浑天老工说：“到今年七十，乃甫适知。”考《文选·王文宪集序·注》引《七略》曰：“子云《家谍》言以甘露元年生也。”《汉书·扬雄传》言：“雄年四十余，自蜀来游京师，王音（王根之误）荐雄待诏。岁余，奏《羽猎赋》，除为郎，给事黄门。”《通鉴考异》卷一引雄《自序》云：“郊祀甘泉、泰畤，召雄待诏承明之庭，奏《甘泉赋》，其十二月，奏《羽猎赋》。”《汉书·成帝纪》：元延“二年春正月，行幸甘泉，郊泰畤”。从甘露元年至元延二年，适四十二年。最早也不过是在这一年。这位老工年已七十，他就应该出生于昭帝始元五年。从此年上推到太初元年是二十二年，把作太初历的老前辈洛下闳，和太初历颁行后二十二年才出生的作浑天老工说成是一个人，这是何等的荒谬。吕子方先生这一工作，是突破清代许多考据家的。张澍作《蜀典》说：“按君山所言，黄闳即撰太初历之洛下闳，是洛下闳姓黄也。颜师古以为‘姓洛下名闳’，误矣。历世相沿，莫知其非。林宝、郑樵辈遂增洛下一姓，直是目不视书者。”又说应劭《风俗通》“洛下姓出皋落，亦误”。又说“《汉书》落字不从草”，而不察《史记·历书》、《汉书·律历志》皆从草，仅《公孙弘传·赞》不从草。清人好以类书为学，自矜淹博，而好丑诋宋人，口不择言。张澍《蜀典》亦今世究四川史者喜读之书，以洛下闳深有关于研究巴蜀早期文化，故不辞烦琐，辩之于此。非吕先生之深思勤究，是不能发二孙、张氏之覆的，好诋宋人如张氏者可以休矣。张氏以未参与修《四川通志》,于《通志》成书后作《蜀典》,专以攻《通志》为事。然《蜀典》之谬误亦多,兹因洛下闳而略言其可笑而已。

《常志》言:“世俗间横有为蜀传者,言……周苌弘之血,变成碧珠。”知旧传蜀事,也就可能是《蜀王本纪》原有苌弘化碧之说,为道将所不取。《庄子·外物》:“苌弘死于蜀,藏其血,三年化为碧。”足见其本之《庄子》。《史记·封禅书》言:“苌弘以方事周灵王,诸侯莫朝周,周力少,苌弘乃明鬼神事,设射狸首。狸首者诸侯之不来者,依物怪欲以致诸侯。诸侯不从,而晋人执杀苌弘。”《天官书》说:“昔之传天数者,……殷商巫咸;周室史佚、苌弘;于宋子韦,郑则裨灶。”《淮南子·氾论》说:“昔者苌弘,周室之执数者也。天地之气,日月之行,风雨之变,律历之数,无所不通。然而不能自知,车裂而死。”《周语》下说:“敬王十年,刘文公与苌弘欲城成周,为之告晋,……(卫彪傒)曰:苌弘其不没乎?《周诗》有之曰:天之所支,不可坏也。其所坏,亦不可支也。……周若无咎,苌叔必为戮。……二十八年杀苌弘。”这是鲁哀公三年。苌弘事亦见《左传》昭十一年,载苌弘说:“蔡凶,此蔡侯般弑其君之岁也。岁在豕韦,弗过此矣。楚将有之,然壅也。岁及大梁,蔡复,楚凶,天之道也。”这明是历数灾异之言。哀三年也有苌弘的记载。这都是说苌弘欲尊周室,与《封禅书》所述的意思相同。《淮南子》所说苌弘的学术也和《封禅书》近似,《汉书·艺文志》兵家阴阳类有《苌弘》十五篇,《志》言:“阴阳者,顺时而发,推刑德,随斗击,因五胜,假鬼神而为助者也。”《淮南子·天文》说:“北斗之神有雌雄,十一月始建于子,月从(王念孙云:“从”当为“徙”)一辰,雄左行,雌右行,五月合午谋刑,十一月合子谋德。”《淮南子》所述的这些理论，也可能是苌弘之术，显然和洛下闳是一派。苌弘是历法家，他死于蜀，蜀地应该有他的学术传于后代。宋林鬳《庄子口义》说：“苌弘被放归蜀，刳肠而死，蜀人以匮藏其血，三年化为碧玉。”这里第二句用的《庄子》，后二句用的是《吕览·必己》之文，“被放归蜀”二句，见成玄英《庄子疏》。

辞赋、黄老、律历、灾祥是巴蜀固有的文化，司马、洛下都是值得研究的人物，严君平自然也值得研究。但今天所保存的《道德指归》，不是严君平原来的作品。《四库提要》依据明代曹学佺《玄羽外篇》下谓：《道德指归》“近刻乃吴中文士所伪作”，因之后人都轻视这部书，这就不然了。唐代的强思齐、宋代的陈景元所著书中引“严君平曰”很多。和今存本是完全符合的，曹氏之言自然不攻自破。《汉书·王贡两龚鲍传》仅说君平”依老子、严周之旨，著书十余万言”。可见君平原有著书，不过无指归之名。《常志》说君平“专精大《易》，耽于《老》、《庄》，……著《指归》为道书之宗”。可见常道将在永和以前就看见《指归》了。《汉书·司马迁传·注》引晋灼注，两称“严君平曰”皆在今本《指归》第七卷中。据《颜注·叙例》，知灼当为永嘉以前人，又可见此书在西晋时就已流传。《三国志·秦宓传》说：“严君平见黄老作《指归》。”同传李权也说：“仲尼、严平，会聚众书，以成《春秋》、《指归》之文。”秦宓所说当然是晋灼所见的书。陈寿、常璩都是蜀人，时代和秦宓、晋灼亦相接，他们所说是具有可靠性的。从文体来看，这部书应该是汉魏人所作。皇甫谧作《高士传》仅说君平“闭肆下帷，以著书为事”，不言著《指归》。可能这部书是汉末蜀人所作，仅传于蜀中，尚未流行到别的地方。汉末著《指归》的人，必然见过严君平的原书，也必以严君平的学说为宗旨，书中称“庄子曰”很多，这些应当就是君平书的原文。后世不知这个“庄子”就是严君平（君平原姓庄，因避汉讳，后人代用严字），而误为是周漆园吏庄周，反疑惑何以《指归》所引庄周的话都不见于今本《庄子》，这是可笑的看法。因为是依据君平原书改作《指归》，用来解释《老子》，所以秦宓他们仍认它是君平的书。杜光庭分别道家为六派，说它是“明理国之道”，和王弼一派清谈的道家是大不相同，也是值得研究的。巴蜀古文化的代表人物，都有学术可寻了。

我对天文历法根本不懂，由于吕子方先生的大力支持，把他未发表的作品让我大量引用，使这篇稿子得以完成，这是我深为感佩的。敬志谢忱于此。

文 通

# 整理本讲义主要参考书目

尚书正义　十三经注疏本
中华书局1980年影原世界书局缩印阮刻本,下同
尚书今古文注疏　孙星衍著　清经解本
上海书店1988年影学海堂刻本,下同
禹贡锥指　胡渭著　清经解本
禹贡郑注释　焦循著　续经解本
诗经正义　十三经注疏本
诗地理征　朱右曾著　续经解本
春秋左传正义　十三经注疏本
春秋公羊传注疏　十三经注疏本

春秋穀梁传注疏　十三经注疏本

春秋大事表　顾栋高著　续经解本

春秋地名考实　江永著　清经解本

春秋左传注　杨伯峻著
　　中华书局 1981 年 3 月第 1 版

周礼注疏　十三经注疏本

周礼正义　孙诒让著　商务印书馆 1934 年国学基本丛书本

礼记正义　十三经注疏本

逸周书集训校释　朱右曾著　续经解本

穆天子传　四部丛刊初编影天一阁本

国语　嘉庆五年黄氏重刻宋明道二年刊本

战国策　嘉庆八年黄氏重刻宋绍兴十六年姚氏本

竹书纪年义证　雷学淇著　民国时修绠堂排印本

古本竹书纪年辑校订补　范祥雍编
　　新知识出版社 1956 年 7 月出版

世本(两种)　商务印书馆 1937 年丛书集成初编据问经堂丛书本排印本

史记　开明书店 1934 年以殿本二十四史为底本缩印二十五史本

汉书补注　王先谦补注
　　中华书局 1983 年 9 月影虚受堂刻本

后汉书集解　王先谦集解
　　中华书局 1984 年 12 月影虚受堂刻本

三国志集解　卢弼集解
　　中华书局 1982 年 12 月影古籍社排印本

晋书　开明二十五史本
宋书　开明二十五史本
南齐书　开明二十五史本
魏书　开明二十五史本
周书　开明二十五史本
北齐书　开明二十五史本
隋书　开明二十五史本
唐书　开明二十五史本
新唐书　开明二十五史本
北史　开明二十五史本
孟子正义　焦循著　清经解本
管子　四部丛刊初编影宋本
荀子集解　王先谦集解　光绪长沙刊本
韩非子集解　王先慎集解　光绪长沙刻本
吕氏春秋　四部丛刊初编影明本
淮南鸿烈集解　刘文典集解
商务印书馆 1935 年万有文库排印本
尚书大传辑校　陈寿祺辑校　清经解本
说苑　四部丛刊初编影明抄本
潜夫论　汪继培笺　中华书局四部备要据湖海楼本排印本
说文解字注　段玉裁注　清经解本
风俗通义校释　吴树平校释
天津人民出版社 1980 年 9 月第 1 版
蜀王本纪　洪颐煊辑　经典集林本(民国丙寅慎初堂影印)

七国考订补　缪文远订补

上海古籍出版社 1987 年 9 月第 1 版

国策地名考　程恩泽著　粤雅堂丛书本

路史　四部备要据光绪印本排印本

日知录集释　黄汝成笺　商务国学基本丛书本

山海经新校正　毕沅著　光绪善成堂仿毕氏原本刊

山海经笺疏　郝懿行著　光绪郝氏遗书本

山海经地理今释　吴承志著　民国十一年刘氏求恕斋刻本

华阳国志　民国成都志古堂据题襟馆影刻本

华阳国志校补图注　任乃强校注

上海古籍出版社 1987 年 10 月第 1 版

水经注疏　杨守敬、熊会贞疏

江苏古籍出版社 1989 年 6 月第 1 版

元和郡县图志　李吉甫撰

中华书局 1983 年 6 月校点本

太平寰宇记　乐史撰　据光绪八年金陵书局刻本影印本

舆地纪胜　王象之撰　粤雅堂单刻本

汉唐地理书抄　王谟辑　中华书局 1961 年 9 月影旧刻及抄本

读史方舆纪要　顾祖禹著　道光成都敷文阁刻本

中国历史地图集　中国历史地图集编辑组编

中国地图学社 1975 年第 1 版

观堂集林　王国维著

中华书局 1959 年据商务版校改重印

中国科技史论文集　吕子方著

四川人民出版社 1984 年 4 月第 1 版

天问纂义　游国恩主编
中华书局 1982 年 10 月第 1 版
六臣注文选　四部丛刊初编影宋本
古文苑　四部丛刊初编影宋本
古学甄微　蒙文通著
巴蜀书社 1987 年 7 月第 1 版
古族甄微　蒙文通著
巴蜀书社 1993 年 3 月第 1 版
古地甄微　蒙文通著
巴蜀书社 1998 年 3 月第 1 版